U0596561

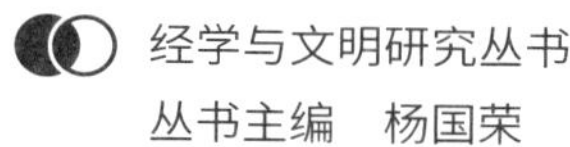
经学与文明研究丛书
丛书主编　杨国荣

经学与文明研究丛书

《经典与经学》
杨国荣　著

《孔子、六经与中华文明的奠基》
陈赟　著

《文本视野下的诗经学》
虞万里　著

《六艺互摄：马一浮经学思想》
于文博　著

《出土文献与周礼》
贾海生 · 著

《汉末经学的分殊与融会》
高瑞杰　著

作者简介

杨国荣

教育部长江学者，国务院学位委员会第五、第六届哲学学科评议组成员，华东师范大学哲学系教授，浙江大学马一浮书院院长。现任华东师范大学学术委员会副主任、中国现代思想文化研究所所长，中国哲学史学会会长，中华孔子学会理事会副会长，上海中西哲学与文化比较研究会会长。主要学术兼职包括国际形而上学学会（ISM）主席、国际哲学学院（IIP）院士、国际中国哲学会（ISCP）会长。

主要研究领域包括中国哲学、中西比较哲学、伦理学、形而上学等，出版学术著作《善的历程》《心学之思》《庄子的思想世界》等二十余种，多种论著被译为英文、韩文，在 Indian University Press、Brill 等出版。

浙江大学马一浮书院资助出版

杨国荣 著

中国出版集团 東方出版中心

图书在版编目(CIP)数据

经典与经学 / 杨国荣著. -- 上海 : 东方出版中心, 2024. 8. -- (经学与文明研究丛书). -- ISBN 978-7-5473-2489-9

Ⅰ. Z126

中国国家版本馆 CIP 数据核字第 2024CR6835 号

经典与经学

著　　者　杨国荣
丛书策划　刘佩英
责任编辑　肖春茂
装帧设计　钟　颖

出 版 人　陈义望
出版发行　东方出版中心
地　　址　上海市仙霞路 345 号
邮政编码　200336
电　　话　021-62417400
印 刷 者　上海万卷印刷股份有限公司

开　　本　890mm×1240mm　1/32
印　　张　9.75
插　　页　1
字　　数　216 千字
版　　次　2024 年 10 月第 1 版
印　　次　2024 年 10 月第 1 次印刷
定　　价　78.00 元

总　序

浙江大学马一浮书院以传统学术为研究方向之一，具有开放的形态。本丛书也体现了这一特点：一方面，它主要聚焦于古典的人文（包括传统经学）领域；另一方面，其作者又不限于浙江大学，而是兼及更广范围的学人。

如所周知，经学研究现在呈现复兴之势，已成为现代的显学之一，这是值得关注的现象，也有其学术意义。然而，如何理解经学，这是一个现在依然需要思考的问题。历史地看，经学形成于两汉，其原初形态以《诗》《书》《易》《礼》《春秋》等文献为经典。在汉以前，以上文献已经存在，但它们并未取得"经"的形态，只有在经学出现以后，《诗》《书》《易》《礼》《春秋》等文献才被赋予"经"的品格。从产生的背景看，经学是在政治上的大一统格局诞生之后才形成的；作为思想形态，其出现与建构统一的王权观念或政治意识的历史需要相联系：随着政治上大一统的奠立，观念层面也要求形成统一的王权意识。荀子在先秦末年就已提出："天下无二道，圣人无两心。"①这

① 《荀子·解蔽》。

一看法似乎已预示了大一统政治格局形成之后，需要建构与王权相关的统一政治意识。经学的产生，在一定意义上适应了这一历史需要。

以王权观念或政治意识为实质的内容，经学在不同的时代，具有不同的历史形态。明代的何良俊曾指出："汉儒尚训诂，至唐人作正义而训诂芜秽矣，宋人喜说经，至南宋人作传注而说经遂支离。"①这里既涉及明代以前经学的演进过程，也关乎经学在这一发展过程中的不同特点。广而言之，汉初的文帝已开始立鲁诗和韩诗的博士，汉景帝则进一步设置《公羊春秋》博士和齐诗博士，虽然此时经学尚未取得独尊的地位，但经学作为与统一的政治格局一致的王权意识内容已经初步形成。汉武帝时确立"五经博士"，经学逐渐趋于昌盛。西汉经学注重今文经学，所立博士大都是今文学家。《诗》有申（培）、辕（固）、韩（婴）、毛（亨），《书》有欧阳（生）、夏侯（建）、夏侯（胜），《易》有施（雠）、孟（喜）、梁丘（贺）、京（房），《礼》有戴（德）、戴（胜），《春秋》有公羊、穀梁、左传，等等，其中，只有《毛诗》《左传》等属于所谓"古文经学"。

在其衍化过程中，汉代经学形成了两个令人关注的现象。其一是烦琐化。经学的展开以疏解经典为主要形式，然而在汉代后期，这种诠释越来越趋于繁复，以至于一个字的释义，常动辄运用数万字的篇幅。其二，随着经学成为正统的王权观念或政治意识，其内容也趋向基于名教系统的教化。作为经学衍化形态的名教在形式化、强制化之后，也开始趋于虚伪化，各种为了迎合外在品评以获取名利的人与事频频出现。烦琐与虚伪交互作用，使两汉的经学渐渐失去活力。魏晋时期，王弼、何晏等以玄学变革汉代经学，用简明的

---

① 何良俊：《四友斋丛说》，中华书局，1959 年，第 26 页。

义理取代了汉儒的繁复释义,一扫笼罩在经学之上的迷雾,学风为之一变。同时,魏晋时期,名教与自然之辨成为重要论题,从总的趋向看,魏晋儒学(经学)注重名教与自然的关联:在名教出于自然的观念中,自然为名教提供了根据;以越名教而任自然为主张,名教合乎自然超越了名教对自然的抑制。与之相关,两汉经学中名教的虚伪化趋向也得到了某种限定。

经过南北朝的长期分离与对峙,隋唐在政治上重归统一,与之相联系的是重建王权观念或政治意识的一统格局。唐太宗命孔颖达等编撰《五经正义》,初步体现了以经学统一政治意识的历史要求。后来唐高宗要求儒士进一步考订《五经正义》,并确立了其在官方的正统地位。《五经正义》的注疏基本上采用了"疏不破注"的原则,但也并非完全拘泥于某一注文。就《尚书正义》而言,其内容便整合了《今文尚书》、伪《古文尚书》,以及孔安国的《尚书传》等。《五经正义》既承继了汉儒的经学观念,又兼容南北经学,其形成和修订之后,逐渐成为科举考试的标准参考书。在《五经正义》之外,陆德明的《经典释文》也构成了唐代经学的重要著作,该书兼及《易》《书》《诗》等十余种书,按皮锡瑞的说法,"为唐人义疏之先声"。《五经正义》和《经典释文》所代表的唐代经学,体现了经学统一化的趋势,这种统一的背后,是传统王权观念或政治意识的重归一统,它从一个方面体现了经学的政治品格。《五经正义》之后,科举取士有了圭臬,与政治上的大一统格局相呼应,王权观念或政治意识也趋于一致。

宋代的经学与理学有着内在关联,何良俊说"宋人喜说经",这里的"说"具体表现为义理的阐发。宋儒有怀疑趋向,流风所至,也及于经,《易》《诗》《书》等,都曾成为怀疑对象。除了疑经之外,宋儒侧重于以学理解释经典,关于《易》《诗》《书》等经典,宋儒不限于字词的训诂，而是注重从心性、理气、性命、知行等方面加以阐释，其中既包含形而下的观念，也渗入了形而上的内涵。在《经学理窟》中，张载便指出："万事只一个天理。"①具体到礼学，张载认为："礼别异不忘本，而后能推本为之节文，乐统同，乐吾分而已。礼天生自有分别。"②这里既有对传统礼学关于礼别异、乐合同的承继，也蕴含基于理的推论，所谓"万事只一个天理"即构成了这种推论的前提。在二程、朱熹、陆九渊那里，经学与理学进一步融合为一。

清代经学以乾嘉学派为主干，训诂考据则构成了其主要进路。尽管乾嘉学派有皖派、吴派等区分，但在以考证为治经的主导方式上，又有相通之处。这一意义上的经学，具有实证的特点。从文献的角度看，其中涉及勘定、校勘、辨伪等等；在名物考释方面，则关乎广搜博考："至若经之难明，尚有若干事：诵尧典数行至'乃命羲和'，不知恒星七政所以运行，则掩卷不能卒业。诵周南召南，自关雎而往，不知古音，徒强以协韵，则龃龉失读。诵古礼经，先士冠礼，不知古者宫室、衣服等制，则迷于其方，莫辨其用。不知古今地名沿革，则禹贡职方失其处所。不知少广、旁要，则考工之器不能因文而推其制。不知鸟、兽、虫、鱼、草、木之状类名号，则比兴之意乖"③；从训诂的层面着眼，则与字词的理解相关，而字词的释义，又基于音韵考察：清儒对音韵的研究，构成了实证化经学的重要方面。当然，清代也有注重义理的研究取向，如戴震的经学便不限于考据，而是包括哲学的探索，但主流的经学则展开于名物训诂。

步入近代以后，经学依然得到了延续，今文经学的复兴则是其

---

① 《张载集》，中华书局，1978 年，第 256 页。

② 同上书，第 261 页。

③ 戴震：《与是仲明论学书》，载《戴震集》，第 183 页。

中引人瞩目的现象。龚自珍以公羊春秋论政事、谈变革，魏源也注重“公羊三世说”，并以此议时代变迁。康有为进一步将今文经学与托古改制结合起来，并以“三世说”沟通《礼记·礼运篇》的“大同”“小康”，提出了“据乱世”进化到“升平世”（小康），再由“升平世”进化到“太平世”（大同世界）的历史衍化过程，并把这一过程视为人类社会进化的普遍规律。由此，“公羊三世说”成为其改良主义的政治主张的理论依据。以上看法把西方进化论运用于“三世说”中，改变了“天不变，道亦不变”观念，并转换了“理想在过去”的历史观，赋予公羊学的历史理论以某种近代的形态。当然，上述看法尽管为经学注入了近代内涵，但其学说仍具有传统的印记。历史地看，“经学博士”的设立与科举制度曾在不同意义上为经学提供了制度的担保。如果说“博士”制的衰微虽然使这一官方化体制开始退出历史舞台，但经学本身依然得到延续，那么1905年科举制的终止，则在较为宽泛的层面标志着作为传统王权观念或政治意识的经学，已逐渐完成了其历史使命。

可以注意到，经学既具有学术的意义，也包含意识形态的内容，经学的政治意识品格，主要与后者相关。作为具有政治意识特点的思想系统，经学经过不同的衍变阶段，取得了相应的历史形态：与王权观念或政治意识的奠基相关，两汉经学同时形成了名教的历史形态；魏晋的经学在解构两汉经学的同时又重建了具有玄学形态的经学；唐代的经学适应了回复大一统政治格局的需要，表现为基于《五经正义》的统一的经学；宋代以理说经，与之相应的是理学化的经学；清代以考据为进路，所形成的是实证化的经学；近代以来，经学被赋予近代的内涵，并表现为近代经学。在学术的层面，经学有今文与古文、考证与义理等区分；在思想和观念的层面，则以政治意识为内涵。

具有政治意识品格的经学的消亡，并不意味着经学本身的消亡。事实上，晚清以来，经学仍在继续延续，20 世纪 90 年代以后，随着国学热的兴起，经学在某种意义上呈现复兴之势。然而，这里需要区分经学的不同形态：经学在历史上曾呈现多样性，其现代的延续或复兴，同样应取得不同于以往的形态，后者可以视为现代经学或经学的现代形态。如前所述，在思想观念的层面，传统意义的经学首先具有王权观念或政治意识的品格，其形成、衍化以及社会功能，都体现了这一点。伴随着科举制的终止，作为传统政治意识的经学也开始渐趋消亡，现代经学或经学的现代形态显然无法延续这一形态的经学。回溯历史，不难注意到，经学以《诗》《书》《易》《礼》《春秋》等文献为原始的经典，而在两汉经学出现以前，这些经典文献已经存在，与这一历史事实相应，现代经学在消解经学的王权观念或政治意识内涵的同时，也以回到更原初的经典文献为指向。

如上所述，经学既以思想观念为内涵，又有学术的面向，后者首先与文献的研究相关，并展开为文献整理、考订、训释等方面。经学的学术内容在后来逐渐形成某种实证化的趋向，并形成了与近代科学相近的研究方法，包括注重证据、善于存疑、无征不信，以及运用归纳、演绎的逻辑方法。经学同时表现为具有某种政治意识功能的思想和观念形态，从前面的论述中，不难看到这一面。经学的政治意识内涵具体体现于普遍的价值观念和价值原则，并从思想观念、行为方式等方面引导着传统文化，无论是两汉名教化的经学，还是后来玄学化、理学化的经学，都包含对传统政治体制合理性的论证以及行为和人格的引导。

现代经学既需要在学术层面承继和延续经学的文献研究和训诂名物，也应当在思想和观念层面扬弃传统经学的王权观念和政治意识内涵。在学术层面,对以往文献的研究,可以吸取并借鉴经学的成果,并将其运用于实证性的考察过程。作为价值观念系统的经学所包含的观念,则既有普遍性的规定,也有特殊的内容。从普遍之维看,经学渗入了对人类演进、社会发展的价值目标以及规范系统的理解,其中凝结着至今依然具有重要启示意义的思想。以价值原则而言,经学对传统的仁道原则作了肯定和阐发,这一原则确认了人之为人的内在价值,并与礼、义等观念相结合,表现为调节人与人之间关系的普遍规范。经学的以上观念,在今天仍有其现实意义。当然,作为传统王权观念或政治意识的载体和名教系统,经学之中又包含有不少具有历史印记和历史限定的内容。在经学的视域中,社会人伦与政治相互关联,尊卑等级成为普遍的规定,对人与人关系的这一理解不同于近代以来民主、平等的观念,其内容无疑需要转换。

现代经学或经学的现代形态当然仍应关注传统文献和经典,但在具体的研究过程中,无法忽视时代的视域。这里,首先需要扬弃将经学还原为经学史,并在传统的形态中考察经学这一进路。把经学还原为经学史,意味着仅仅从历史的角度考察经学,并以回溯、梳理经学的衍化为经学的主要工作。这一研究趋向单纯地停留、关注经学的以往形态,无法体现经学的现代进展。如前所述,经学在历史上曾随着历史的变迁而形成不同的形态,并获得了相应的内容,今天的研究,同样应当取得新的历史内涵。现代经学或经学的现代形态,意味着赋予经学以不同于以往时代的品格,后者需要基于理论层面的创造性研究,这种研究不同于简单的历史还原。然而,遗憾的是,今天在经学研究的领域,我们往往主要看到“公羊学”“穀梁学”,或“仪礼”“周礼”的考证,这些研究与经学的以往形式并没有实质的差异,其研究的内容和方式,甚至给人以沉渣泛起之感。

现代经学显然难以停留于这一层面。具体地看,在指向传统文献或经典的过程中,应从现代理论的层面加以探索,考察其多重义理以及在回应不同的时代问题时所可能具有的意义。

以《春秋》而言,仅仅停留于"公羊学"所蕴含的"微言大义",显然无法跳出今文经学的传统视域。《春秋》本是历史著作,其中既包含历史事实的记载,也渗入了历史的观念。《春秋》的研究,应体现这一特点,注重揭示其中的历史意识,把握其中的历史观念。历史地看,王阳明已提出"五经皆史"的看法,章学诚也有类似的观念,在《春秋》中,历史的意识得到了更为集中的体现,而这种意识又常常与价值观念联系在一起:"亲仁善邻,国之宝也""国君不可以轻,轻则失亲,失亲,患必至"①等看法,便体现了这一点。《春秋左传》所载郑庄公与其母姜氏"隧而相见",更是蕴含了"信"与"孝"的交错和紧张。同样,《礼》主要表现为一种规范系统,其中关乎社会人伦的多重要求,包括应当做什么、应当如何做,后者体现于人与人之间的交往过程。以日常相处来说,乡里饮酒,"主人拜迎宾于庠门之外,入,三揖而后至阶,三让而后升,所以致尊让也"②。这里既有对"如何做"的规定,也体现了"尊让"的交往形态。对《礼》的研究,应当指向其中内含的规范观念,包括它所涉及的礼与法的关系:相对于"法"的规范所呈现的强制形态,"礼"更多地表现为非强制的系统,"法"与"礼"的以上不同内涵相应于其相异的作用方式。同时,礼与义的关系,也是需要关注的重要方面,这一关系涉及的是外在的规范系统与内在的规范意识之间的互动。广而言之,规范关乎形成与存在的根据以及多样的作用方式,对礼的研究,需要联系

① 《春秋左传·隐公六年》《春秋左传·僖公五年》。

② 《礼记·乡饮酒义》。

《礼》的相关观念。如果仅仅梳理礼的特定形态,则无法超越历史的描述。进一步考察,五经之一的《易》也内含多样的规定,其中既包含形而上的哲学观念,也渗入了认识论、方法论的思想。道与器、形上与形下的沟通,构成了其哲学层面的取向;观物取象、弥纶天地之道,则从不同层面体现了它的认识论立场。《易》肯定"通变之谓事"①,将"事"与"物"区分开来,强调作为人之所为的"事"具有把握、应对万物变迁的作用,由此展现了独特的哲学视域。对《易》的考察,应扫除玄之又玄的神秘形态,回归其内在的理性精神。与之相关,《诗》中固然有"思无邪"所表征的政治意识观念,但其中也内含丰富的艺术、美学思想,对《诗》的现代探索,应着重把握它的审美见解和关于艺术创造、美的规律的看法,以及对赋、比、兴等艺术方式的具体运用,探究《诗》所展现的情感之维及其在人的存在过程中的意义,而不宜拘泥于风、雅、颂的特定形态。讨论更久远问题的《书》,主要是殷周等时代的政论、历史文献以及早期治国理政之文档的汇编,其中包含历史哲学、政治哲学的内容,与之相应,从现代的角度考察《书》,应该以历史哲学、政治哲学为关注之点,注重其"无偏无党,王道荡荡""予畏上帝,不敢不正""王应保殷民,亦唯助王宅天命,作新民"②等政治理念。

总体上,现代经学应当展示现代的理论视域,并在相关义理的引导下,敞开经学的深沉内涵。在这一过程中,传统的经典也将在新的理论(义理)的层面得到阐发。宽泛而言,每一时代都需要体现该时代的学术特点,现代经学也并不例外,而经学之取得现代形态,则关联着与以往的经史子集有所不同的文史哲等学科,这些学

---

① 《易经·系辞上》。

② 《尚书·洪范》《尚书·汤誓》《尚书·康诰》。

科的引入,同时意味着超越传统的视域,在现代意义上以理观之。

本丛书也试图从不同方面展示经学的现代形态。从研究的对象看,丛书涉及哲学、历史、文学、政治等不同的领域。尽管面对的古典文献具有相通性,但相异的学术背景,使不同的研究者分别地侧重于哲学、历史、文学、政治等不同的学科对相关对象加以考察,由此,研究的成果也各有特色,在某种意义上形成了百花齐放的格局。从收入丛书的论著中,不难看到以上的多样趋向。

在具体考察进路上,丛书展现了不同的风格。一些著作着重于历史梳理,一些著作则以理论分析为主要取向。这种相异的方式,一方面体现了研究领域的自身内涵:传统或古典的人文学术既以历史中的经典为载体,因而需要对其作实证层面的梳理,又包含具有普遍意义的思想内涵,因而离不开理论的分析。另一方面,也与研究者的不同个性相关:人文研究的价值,正在于按研究者的性之所近、学之所长而展开相关探索。以上形态既与对象的差异相关,也涉及研究主体的不同,而从主体与客体二重维度肯定以上区分,则既是形成具有积累意义成果的前提,又表现为对学术研究规律的尊重。

当然,以上分异具有相对的意义。就对象而言,传统意义上的人文,本身既具有历史的形态,又渗入了内在的理论意蕴。以经学来说,其中的历史内容已一再得到了肯定,所谓“五经皆史”便表明了这一点;同时,经学中又包含哲学、文学、政治等内涵,从今文经学到玄学、理学,都从不同方面对此作了探析。对象的以上品格也影响着研究的方式,具体而言,它决定了历史的考察与理论的分疏无法截然相分。收入丛书的论著,从不同侧面体现了以上特点。

前　言

经典是中国哲学的主要研究对象，经学则是初兴于汉代、近年又渐成热门的传统学术，二者具有某种相关性：经学一开始围绕五经（后扩及十三经）而展开，这些“经”，也是中国哲学中的重要经典。在考察中国哲学与文化的过程中，我对传统经典也有所涉猎，而作为浙江大学马一浮书院院长，如何推进经学的研究，则构成了我关注的问题之一，本书的一些文稿便是在书院工作初期所作的。

关于经学研究的具体方式，在我看来大概关乎两个相关的方面。

从纵向来看，经学研究并不是现在开始的，至少可以追溯到两汉，与之相关，其中涉及传统与现代的关系。从两汉一直到近现代，经学的发展演化经过了不同的形态，汉代经学、魏晋经学、唐代经学、宋明经学、清代的乾嘉学派为代表的经学以及近代的像康有为“托古改制”等经学，等等，都展现了不同的历史形态。然而，时代在发展，随着历史的演进，经学研究显然不能仅仅停留于过去，而是需要有现代的形态，我觉得，这是经学研究者应有的历史使命。如果单纯重复前人的方式，研究的意义就会减弱很多。经学研究既需注重传统与现代之间的联系,也应该有现代的眼光。从历史角度来看,经学不是既成的,需要与时而俱进,这也体现了对历史的尊重。

从横向来说,经学、国学和人文学科三者之间的关系,需要认真考虑。经学属于国学之域:经学包含在广义上的国学之中。国学本身又与现今的人文学科具有相关性,而人文学科的现代形态,则与文史哲相关。从一般意义上说,国学和人文学科之间的互动,涉及经学研究的理论背景:经学的研究,不能脱离国学的背景;国学的探索,也不能离开人文学的视野。孟子曾说"先立乎其大者,则其小者弗能夺也"(《孟子·告子上》),经学研究也与之相关:人文学科相对于其他学科,其涵盖面更广,因此,需要从人文学角度去审视国学,又从国学角度去审视经学,这可能比较合乎学术发展的规律。

要而言之,在纵向上,经学需要取得新的形态,在横向上,则应妥善处理经学、国学、人文学科的关系。形成新的理论视野,对于深化并使经学研究取得不同以往的形态,是不可或缺的。需要指出的是,横向和纵向并非截然相分:经学研究的深化,并在纵向或历史的维度有所推进,离不开现代的理论视域,纵向的历史演进与横向的理论引导,是一个相互作用的过程。

本书的相关文稿,试图在以上方面作一探索。当然,无论在篇幅还是内容上,这些文稿所涉都十分有限,其意义也许只是提供若干范例。

2024 年 8 月

目　录

下
编

上
编

历史中的经典

一

从广义来看，经典可以理解为人类文明发展的沉淀和前人思维成果的凝结。这一意义上的经典不同于一般的知识，更多地以智慧为其内容。知识和智慧需要加以区分：知识主要以分门别类的方式理解世界，自然科学中的数、理、化等，社会科学中的政治学、社会学、经济学，等等，即属于知识性的学科，其特点在于以分而论之的方式把握对象。经典的内容不能简单地等同于知识性的认识成果，其特点也不在于分别把握世界和人类社会的某个领域或某一对象，而是侧重于跨越界限，从整体上理解现实世界。从现实的层面看，经典不同于一般文献或典籍的特点，也体现于此。

与智慧的以上指向相应，经典首先关切宇宙人生的普遍原理。以《庄子》而言，其作者虽是道家的代表人物，但书中也曾提到儒家的六经。在《庄子》看来，“《书》以道事，《礼》以道行，《乐》以道和，

《易》以道阴阳,《春秋》以道名分"[①]。这里所说的《书》《礼》《乐》《易》《春秋》属儒家的经典,"事""行""和""名分",可以视为广义的人的存在方式,"阴阳"则关乎宇宙或对象世界的存在形态。荀子也对儒家经典作了类似的概述:"《书》者,政事之纪也;《诗》者,中声之所止也;《礼》者,法之大分,类之纲纪也。故学至乎《礼》而止矣。夫是之谓道德之极。《礼》之敬文也,《乐》之中和也,《诗》《书》之博也,《春秋》之微也。在天地之间者毕矣。"[②]所谓"天地之间者毕矣",意在肯定经典涵盖了宇宙人生的总体原理,对以上原理的把握,则不同于知识性的理解,而是呈现为智慧层面的领悟。与智慧的追寻相联系,人们关切的问题涉及什么是好的生活、什么是人的理想存在形态,如何达到这种好的生活、理想的存在形态,等等,其中涉及成己与成物,包括成就何种自我,造就怎样的世界。在智慧这一层面,经典既注重"成就什么",也关注"如何成就",两者都包含规范性的内涵:把握真实的世界关乎对世界的说明,而理想世界的设定和成就理想的世界则指向对世界的规范和引导。由此,经典所凝结的智慧也从不同的方面切入了宇宙人生的深处。

如果仅仅从知识的层面看,则经典中所包含的若干内容在今天看来也许显得缺乏深度,有些方面甚至过时了。事实上,在自然科学的知识领域如物理、数学、化学等方面,今天受过中等教育的人所达到的知识水平可能已超过了以往一些思想家。但是,在智慧的层面,却显然不能这样说。以往的思想家通过深层的洞察、创造性的想象,以及基于自身的知和行而达到的对世界的理解,往往包含着创造性的智慧内涵,凝结于经典中的智慧,体现的是先人对形上之

① 《庄子·天下》。
② 《荀子·劝学》。

道与人自身历史活动的深沉体悟。章学诚曾指出:“古之所谓经,乃三代盛时,典章法度,见于政教之行事之实。”①这一看法已有见于经典与人的历史活动(包括社会治理)之间的关联。形成于这一过程的思想成果既包括创造性的内涵,又具有恒久的思想魅力。

作为以智慧为内容的思想载体,经典展开为一个生成的过程。就儒家的六经而言,其中的《尚书》包括《尧典》《禹贡》《甘誓》《洪范》《康诰》《秦誓》,等等,从所涉及的内容看,它们乃是关乎不同时代的“事”,并形成于不同的年代。这一事实从一个侧面表明,经典本身并非预成或既成,而是经历了形成的过程。如果不仅仅限于经学,而是从广义的经典之学来看,经典更是处于生成的过程之中。在“六经”产生之前,可能还曾经产生过许多经典。《左传·昭公十二年》记载:“左史倚相趋过。王曰:‘是良史也,子善视之。是能读《三坟》《五典》《八索》《九丘》。’。”《三坟》《五典》《八索》《九丘》或许是早期典籍,但未能作为经典流传下来。《左传》还曾提到《夏书》和《夏训》15 次,《国语》引用这两部书 2 次,《墨子》引用 2 次。由此可以推断,先秦曾有过《夏书》《夏训》。然而,它们也未能传世。经典的形成过程,也就是广义的人类认识发展过程:人们总是不断地在成己与成物的过程中探索宇宙人生,由此形成的认识成果,则凝结于不同时代的经典之中。就中国思想的演化而言,从先秦到近代,对宇宙人生的追问绵绵不断,而思想领域的不同经典则渐渐形成于这一过程。刘勰曾认为:“经也者,恒久之至道,不刊之鸿教也。”②这一看法固然有见于经典内容和义理的确定性,但对其生成之维似乎未能给予充分关注。经典的形成,固然离不开人的接

---

① 章学诚:《文史通义·经解上》。

② 《文心雕龙·宗经》。

受和认同，但并非仅仅取决于人的主观意愿。事实上，历史上曾出现众多的文献和经典，唯有真正展现文化积累意义的文献，才能为历史所选择，并逐渐沉淀为历史中的经典。

上述意义中的经典既是思想创造的源流，又构成思想传承的依托。孔子曾区分“作”与“述”，其中的“作”更多地体现了思想的创造，“述”则以思想的承继和延续为指向。历史地看，在经典中，“作”所表征的创造与“述”所凝结的传统，往往合二为一。在人类思想的前后发展过程中，经典一方面使思想不断呈现创造的形态，另一方面又通过承先启后而形成绵绵相续的传统。经典的作者在历史的演化中常常会被湮没，一些经典究竟出于何人之手，甚至也难以考定，但经典本身却在历史中留存下来、代代相传，并从某个方面构成了思想和文化传统的传播者。在文化传统的形成过程中，作为传播者的经典可以表现为文化的主导方面，也可以渗入文化的多样领域，如果说，经学中的经典体现了前一意义，那么，文、史、哲等不同部门的经典则展示了后一意义，在多样的领域中都曾形成了各自的经典。以文化的主导形态出现的经典，往往被赋予某种神圣的形式，历史上的五经或六经，便呈现这一特点；融入文化不同领域的经典，则更多地以其创造内涵而产生实际的历史影响。

与以上分疏相联系，对经典的关注，主要不是表现为获取某些特定的知识信息，而更在于回溯前人所经历的智慧历程。具体而言，通过阅读经典，人们可以了解以往的思想家是如何提出问题、思考问题、解决问题，由此提升自身理解世界的能力。在阅读经典之时，我们总是和经典背后的作者，也就是历史上重要的思想家，展开某种形式的对话，也就是说，通过阅读经典，我们同时穿越历史的时空，直接面对思想家本身。一方面，经典包含着解决今天所面临问题的思想资源，事实上，人类在历史发展过程中，每每面对一些共同的问题,经典则从不同的方面对这些普遍、共同的问题作了独特的回应,这些回应进一步为解决今天面临的问题提供了启示。另一方面,经典本身也蕴含着今天依然需要面对的问题:以往的思想家通过文本提出后世需要面对的问题,这些问题同时又激发我们更深入的思考。可以看到,经典的意义不仅仅在于给我们提供某些现成的结论,在解读经典的过程中,我们一方面领略以往思想家的心路历程,另一方面又与历史上的思想家展开独特的对话、形成思想的互动。这里不仅有文字的解读,更有观念的激荡。在与以往思想家的这种沟通、互动中,我们可以不断走向智慧的深处,并由此增进对于世界以及人自身的理解。

从具体的解读过程看,这里涉及文本意义的再现与逻辑关联的重构之间的互动。解读与诠释经典既需要努力把握文本自身的意义,也离不开诠释过程中的逻辑重构。就儒家经典《论语》中讨论的"仁"和"礼"的关系而言,孔子所说的"人而不仁,如礼何","礼云,礼云,玉帛云乎",等等,既在文本的意义上表述了"仁"和"礼"之间的不可分离性,又在逻辑的层面涉及价值观念的内在性和外在性的关系:"仁"更多地侧重内在的实质,"礼"则同时指向外在形式。仁和礼之间的以上关系同时关乎实质层面的价值内涵与形式层面的规范意义之间的关系问题。当我们从以上角度去解释、分析仁和礼以及两者关系时,同时也在进行逻辑重构。儒家另一经典《孟子》中提出的性善说,从直接的文本含义看,表达了对人性的理解:人性本善,或至少具有向善的可能,这一看法属广义上的人性论。但是,就内在的理论层面而言,孟子提出人性论并不仅仅是对人性作某种规定或解说,这些解说与他对成人过程的理解密切相关,并构成了其成人学说的出发点。从后一方面看,性善说的主要意义在于肯定人格的培养需要以内在的根据为出发点,不能将其单纯地视为外在强加的过程。与之相对,《荀子》一书对人性的讨论以人性本恶为预设,后者与荀子强调礼法对人的教化、约束在理论上彼此一致。从逻辑上说,既然人性本恶,所以人格的成就无法从内在根据出发,唯有通过外在的礼义教化,才能将人纳入合乎规范的形态之中。当我们从成人的整个过程去理解《孟子》"性善说"和《荀子》"性恶说"时,同时也就是在进行逻辑的重构。与文本的历史诠释一样,这种重构对于深入地理解经典,也不可或缺。

二

从其形成来看,经典总是与一定的文化背景,一定的民族、地域相联系,就此而言,经典呈现一定的空间性或地域性,后者赋予经典以某种特殊性的品格。当然,经典所包含的智慧内涵,同时又具有普遍意义:真正的经典总是同时构成了人类文化的共同财富,并呈现普遍性的意义,这一点,中外经典,概莫能外。孔子的《论语》是先秦文化的经典。虽然孔子是鲁国人,其思想也与邹鲁文化相关,但《论语》这一经典讨论的首先是仁道的原则,仁道的意义在于肯定人之为人的内在价值,其意义同样不仅仅相对于邹鲁之地而言,而是同时具有普遍意义。在不同的文化尚未相互作用的时候,这样的意义也许隐而不彰,但是,当不同的文化彼此相遇之时,历史就使我们有可能从更普遍的层面,揭示不同经典所蕴含的意义。

从价值内涵来看,以往经典总是内在地隐含着多样的取向,其表达方式也带有历史的印记。这些价值取向和表达方式同时呈现特殊的形态。就《论语》中"君君、臣臣、父父、子子"的表述而言,从具体的内涵来看,这里体现了春秋时代政治体制及伦理关系中的内在价值取向,其中打上了历史的印记。然而,它同时也蕴含从普遍的文化层面加以阐释的可能。例如,可以从责任意识、义务意识的层面阐发以上表述内含的价值取向,揭示其中关于如何使个体充分地履行各自所承担的义务等看法。就具体概念而言,《孟子》一书中有“大体”“小体”的表述,它们在形式的层面展示了具体的历史印迹。从现代的概念系统看,“大体”主要与“心之官”相联系,引申而言,与现代语境中的“理性”等范畴具有相通之处。相对于此,“小体”则更多地与人的感官相关联,在引申的意义上,它同时涉及感性等方面的规定。从以上方面看,“大体”“小体”的关联,近于现代概念系统中理性与感性之间的关系,并关乎普遍意义上对人的理解:所谓“从其大体”,便意味着赋予理性以优先性,其蕴含的前提之一则是将人视为理性的存在。对这一类概念以及它所蕴含的意义,需要从历史性和普遍性两个层面加以理解。

承认经典具有普遍的意义,也意味着理解经典的过程中,需要形成开放的视野。眼界的封闭,常常会对经典的理解带来多方面的限定,而视域的扩展,则有助于更深入地敞开经典的意义。思想史发展的过程,也昭示了这一点。众所周知,佛教的传入是中外文化史上的一件大事,佛教传入的意义有多重方面。从经典理解的角度看,佛教传入之后和传入之前,中国思想家对经典的理解存在比较明显的差异。一方面,佛教进入东土之后,一些思想家往往有排佛的倾向,但另一方面,即使是排佛的思想家,也常常受到佛教的影响,后者具体地渗入他们对以往经典的诠释之中。以佛学为背景的经典阐释,同时使经典本身获得了更多的意义向度。这种现象从历史的角度表明:外来的文化和民族文化之间的相互作用,可以深化和扩展对经典的理解。

不同文化之间的互动及其对经典理解的影响,今天依然可以看到。当然,今天所面临的问题已不是单一的佛教文化引入,而是更广意义上西方文化的东渐。西学东渐这一思想背景,使我们可以在更广的文化参照视野之下,反观经典自身,从经典中读出以往的思想家们未能读出的新的意义。这里包含两个相互关联的方面:一方面,需要揭示经典中实际内含的世界意义或普遍意义,另一方面,又应以世界文化为视域,理解经典内涵。封闭、限定于单一传统,无助于理解经典的深沉内涵。事实上,在新的历史时代,一方面,需要引入和借鉴西方历史演化过程中积累的文化成果,另一方面,中国文化本身也要走出去,并进一步参与世界范围内的百家争鸣。不管是西方文化的引入,抑或中国文化的走出去,都既以其中内含的特殊内涵为背景,也以它们所具有的普遍意义为前提。

基于上述前提,对时下一些流行看法似乎需要再思考。这种看法之一,即以所谓纯粹传统的中国概念去理解中国的问题,摒弃一切其他观念。这种进路如果推向极端,无疑将形成自身的内在偏向,它与历史已经进入了世界历史这一背景,也显然彼此相悖。宽泛而言,理解和诠释与语言相联系,经典的现代诠释离不开现代汉语,而在中西文化的互动中,外来语已逐渐输入并融入现代汉语。作为语言的一种特定形态,外来语并非仅仅是形式的符号,而且是思想的载体,多方面地渗入了外来的思想和观念内容,当我们用现代汉语去理解经典的时候,相应地也受到这种语言背后的深层观念和思想的影响。因此,试图以“纯而又纯”的中国已有观念解释以往的经典,事实上已缺乏可能性。与以上狭隘的看法相对,王国维在20世纪初所倡导的“学无中西”观念无疑更值得我们关注。“学无中西”体现的是世界文化的视野,它要求在世界文化的背景之下反观和理解多样的文化传统,包括历史上形成的不同经典。近代以来,中国的思想家在学术上的重要建树,与这一视野无法相分。从康有为、梁启超、严复、章太炎,到熊十力、梁漱溟、冯友兰,等等,其思想系统的形成,都在实质上基于“学无中西”的文化意识。尽管其中的一些人物以回归或延续儒学为学术旨趣,并对西方文化有各种批评,但他们对以往经典的诠释,在不同层面上都受到外来观念的影响,他们之所以被称为“新儒家”,缘由之一,也在于这种影响。

三

经典的世界性品格,同时又与其时代性特征联系在一起。如前面所提到的,经典本身构成了文化的重要方面,对经典的诠释则构成了文化沉积、文化再创造的内容。就中国历史中的经典而言,从先秦以后,对以往经典的解释便没有中断过,这样的回顾和诠释,在相当程度上构成了秦汉以后文化延续和生成的重要方面。这里可以一提的是朱熹的《四书章句集注》。一方面,该书表现为对《论语》《孟子》《大学》《中庸》等历史经典的解释,而在这一解释过程中,解释经典的文献,即《四书章句集注》,本身也获得了经典的意义,并在相当程度上成为新的经典。在此,解释经典成为经典再创造的方式。作为新的经典,《四书章句集注》对尔后中国文化的发展产生了深远的影响。历史地看,中国文化本身并不是既定或一成不变的,而是具有生成性和开放性,其内容不断地在历史过程中丰富和发展,而经典的诠释与新经典的生成,则构成了文化发展的重要形式。

中国文化今天依然面临进一步发展和创造的问题,在这一过程中,经典同样具有不可或缺的作用。从个体层面来说,经典具有人格塑造的意义。一方面,经典不仅为我们敞开了世界的图景,而且赋予我们进一步把握、理解世界的能力;另一方面,经典又不断引导我们形成合理的价值观念,由此进一步形成健全的人格取向。关注经典,并不仅仅在于简单地增加某些方面或某些领域的知识,其意义更在于经受智慧的洗礼,这种洗礼既促使人在更广的视野中认识世界和人自身,也引导人基于更为深沉的价值意识去追求、创造真、善、美的世界,由此提高自身的综合素质。

从社会层面看,经典构成了中国文化进一步发展、延续的思想前提。任何时代的文化发展都不可能从无开始,而是需要以以往的发展成果作为出发点。蕴含于经典之中的思想内容,便构成了我们今天生成中国文化新形态的重要思想资源。经典从过去延续、传承到现在,很多已逾千年历史,但对于生活在现代的人来说,它们却依然在不断展示其思想的魅力。作为历史智慧的沉淀和结晶,经典也构成了现时代文化发展与思想创作的背景和前提。经典之所以不断吸引我们加以回顾,其内在的原因之一,就在于它为每个时代新的文化创造提供了智慧之源。

从文化建构的层面理解经典,具体涉及学与思的关系。孔子很早就说过:“学而不思则罔,思而不学则殆”,这里涉及的便是学和思的关系。所谓“学”,更多地表现为对已有认识成果的接受和掌握。相对于此,“思”更多地与创造性的探索相联系。在此意义上,学和思的统一,表现为接受、掌握已有文化成果与创造性探索的结合。在解读经典的过程中,我们不仅需要了解以往思想家们的思想和智慧,也需要在新的背景下展开创造性的思考。走向经典,既不同于无思考的被动接受,也有别于离开文本的悬思,如何将“学”和“思”结合起来,是回到经典的过程中需要时时关注的问题。

随着科学技术的发展和信息社会的到来,现代社会正在走向技术化、信息化。从日常生活到不同领域的社会实践,人们几乎处处面对技术及其多样产物,需要不断和各种技术及产品打交道,并受到这些技术及其产物的多方面制约。就信息领域而言,对于各种数据、信息的关注,已逐渐成为日常生活和各类工作中的重要方面。技术的影响,往往容易使人产生对技术的依赖性,而信息的不断膨胀,又可能使人淹没在海量的数据中。从文本解读的角度来看,信息的不断膨胀,常常使解读走向实用化、碎片化。人们曾经赞美"手不释卷",然而,现代人似乎更多地表现为"手不释机"(计算机、手机),其日常所知也主要不是来自书卷,而是源于各类电子信息,人自身则往往为这些数据所左右。

基于大数据,由某一关键词引出相关的信息,逐渐成为人们解决各类问题的日常习惯。在学术研究的领域,这样的习惯延续之后,容易使人成为按图索骥、寻章摘句的文化工匠,而不再是自由的思想者。概言之,现代社会往往面对如下的历史张力:一方面,新的历史时代不断呼唤各种真正具有智慧的创造者,这种创造者不仅需要拥有某一或某些方面的专门知识,而且应当具有深层智慧;另一方面,技术化、信息化的膨胀发展,又常常使人追求各种实用性的知识和信息,网络、手机的阅读方式,则使人习惯于实用化、碎片化的阅读,这种实用化、碎片化的信息获取方式,往往压制了智慧之思。

化解以上张力的可能途径之一,是重新关注经典。前面已提到,经典本身包含某种规范性,其中蕴含的观念具有指导性的意义,这种指导作用既体现于日常生活以及前文所说的成就人格,也体现于指导人不断回应时代的问题。在技术化、信息化的背景下,经典可以让人们知道,在外在的纷繁现象背后,还有着更深层、更丰富的存在,同时,它也可以引导人们逐渐摆脱信息、技术的支配,真正成为信息和技术的主人。这一过程既以走向经典为形式,也以回归智慧为实质的指向。

儒学的原初形态与经学

一

对经学的进一步考察，需要关注经学和儒学的原初形态的关联。作为包含多重方面的思想系统，经学以儒学为主体，而儒学无疑可以从不同的角度加以考察。从本源的层面看，其核心可追溯到周孔之道：在人们谈孔孟之道之前，儒学更原初的形态乃是周孔之道。这里的“周”“孔”分别指周公和孔子。事实上，《孟子》一书已提及“悦周公仲尼之道”①，这至少表明，在孟子本身所处的先秦，周、孔已并提。此后相当长的历史时期中，处于主导地位的儒学，主要被视为周孔之道或周孔之教。至唐代，李世民仍然肯定：“朕今所好者，惟在尧、舜之道，周、孔之教。”②此处体现的是当时关于儒学的正统观念。直到近代，以上观念依然得到某种认同。梁漱溟在他的《中国的文化要义》中便指出，“唯中国古人之有见于理性也，以

---

① 《孟子·滕文公上》。

② 《贞观政要·慎所好》。

为‘是天之所予我者’，人生之意义价值在焉”。“自周孔以来二三千年，中国文化趋重在此，几乎集全力以倾注于一点。”[①]这里仍是周、孔并提。作为儒学的历史源头之一，周公最重要的文化贡献是制礼作乐。礼的起源当然早于周公所处时代，但其原初形态更多地与“事神致福”相涉[②]，周公制礼作乐的真正意义，在于淡化礼的“事神致福”义，突出其在调节、制约社会人伦关系中的作用，使之成为确立尊卑、长幼、亲疏之序的普遍规范和体制。比较而言，孔子的思想内容，首先与“仁”的观念相联系。尽管“仁”作为文字在孔子以前已出现，但真正赋予“仁”以深沉而丰富的价值意义者，则是孔子。

与以上历史过程相联系，周孔之道或周孔之教中的“周”，更多地代表了原初儒学中“礼”的观念，“孔”则主要关乎儒学中“仁”的思想。可以说，正是“仁”和“礼”的统一，构成了本然形态的儒学之核心。广而言之，“仁”和“礼”的交融不仅体现于作为整体的儒学，而且也渗入于作为儒学奠基者的孔子之思想：孔子在对“仁”作创造性阐发的同时，也将“礼”提到突出地位，从而其学说也表现为“仁”和“礼”两者的统一。一方面，孔子对春秋时期礼崩乐坏的状况痛心疾首，并肯定：“周监于二代，郁郁乎文哉！吾从周。”[③]其中体现了对礼的注重。另一方面，孔子又肯定礼应当包含仁的内涵，所谓“礼云礼云，玉帛云乎”，“人而不仁，如礼何”[④]，便强调了这一点。可以看到，无论就整体而言，抑或在其奠基者那里，儒学都以

---

① 梁漱溟：《中国文化要义》，载《梁漱溟全集》第三卷，山东人民出版社，1990年，第137页。

② 《说文解字》：“礼，履也，所以事神致福也。”

③ 《论语·八佾》。

④ 《论语·阳货》《论语·八佾》。

“仁”和“礼”的统一为其核心。①

作为儒学核心观念，“仁”表现为普遍的价值原则，并与内在的精神世界相涉。在价值原则这一层面，“仁”以肯定人之为人的存在价值为基本内涵；内在的精神世界则体现于人格、德性、境界等形态。“礼”相对于“仁”而言，更多地表现为现实的社会规范和现实的社会体制。就社会规范来说，“礼”可以视为引导社会生活及社会行为的基本准则；作为社会体制，“礼”则具体化为各种社会的组织形式，包括政治制度。

从具体的文化意义来看，“仁”作为普遍的价值原则，主要侧重于把人和物区分开来。从早期的人禽之辨开始，儒学便关注人之所以为人、人区别于其他存在的内在价值。可以说，人禽之辨在实质的层面体现了“仁”的观念，其核心意义在于肯定人的内在价值，并以此将人与对象性的存在（物）区分开来。

较之“仁”注重于人与物之别，“礼”更多地关乎文与野之分。“文”表现为广义的文明形态，“野”则隐喻前文明的存在方式，文野之别的实质指向，在于由“野”（前文明）而“文”（走向文明）。“仁”肯定人的内在价值，“礼”则涉及实现这种价值的方式，包括旨在使人有序生存与合理行动的社会体制和社会规范。

就现实的社会功能而言，“仁”和“礼”都具有两重性，表现为对理性秩序和情感凝聚的担保。从“礼”的方面看，其侧重之点在于通过规范和体制形成有序的社会生活。荀子曾以确定“度量分界”为礼的主要功能，“度量分界”以每一个体各自的名分为实质的内

---

① 牟宗三曾认为，从宋以前“周孔并称”到宋儒“孔孟并称”表明“时代前进了一步”（牟宗三：《中国哲学十九讲》，台湾学生书局，1983 年，第 397 页），这一看法固然合乎他本人上承宋儒（理学）的立场，但却忽视了后者（“孔孟并称”）所蕴含的单一进路对儒学内核的偏离。

容，名分既赋予每个人以相关的权利和义务，也规定了这种义务和权利的界限。如果每一个体都在界限之内行动，社会即井然有序，一旦彼此越界，则社会便会处于无序状态。同时，“礼”又具有情感凝聚的作用，所谓“礼尚往来”，便表现为人与人之间合乎礼的交往，这种交往同时伴随着情感层面的沟通。礼又与乐相关，乐在更广的意义上关乎人与人之间的情感凝聚：乐的特点在于使不同的社会成员之间彼此和亲和敬。荀子曾指出了这一点：“故乐在宗庙之中，君臣上下同听之，则莫不和敬；闺门之内，父子兄弟同听之，则莫不和亲；乡里族长之中，长少同听之，则莫不和顺。”[①]在此，乐呈现了情感层面的凝聚功能：所谓和敬、和亲、和顺，无非是情感凝聚的不同形式。礼乐互动，也赋予“礼”以人与人之间情感凝聚的意义。

根据现有的考证和研究，礼从本源的方面来说，既和早期巫术相联系，也与祭祀活动相关。巫术的特点是通过一定的仪式，以沟通天和人，这种仪式后来逐渐被形式化、抽象化，进而获得规范、程序的意义。至于礼与祭祀的关系，王国维在《释礼》一文中曾作了解释：“古者行礼以玉，故说文曰‘豊，行礼之器。’其说古矣。……盛玉以奉神人之器谓之豊，若豊，推之而奉神人之酒醴亦谓之醴，又推之而奉神人之事通谓之礼。”[②]“神”关乎超验的存在，“人”则涉及后人对先人的缅怀、敬仰以及后人之间的相互沟通，以“奉神人之事”为指向，“礼”兼及以上两个方面。这样，在起源上，“礼”既与巫术的仪式相涉而具有形式方面的规范意义，又与祭祀活动相关而涉及人与人之间的沟通。

---

① 《荀子·乐论》。

② 王国维：《释礼》，载《观堂集林》卷六，中华书局，1959年，第291页。

相对于“礼”，“仁”首先侧重于人与人的情感凝聚。孔子以“爱人”解释“仁”，便突出了仁在人与人之间的交往、沟通过程中的意义。后来孟子从恻隐之心、不忍人之心等方面发挥“仁”的观念，也体现了仁与情感凝聚的关联。另一方面，孔子又肯定“克己复礼为仁”，亦即以合乎“礼”界说“仁”。如上所述，“礼”以秩序为指向，合乎礼（复礼）意义上的“仁”，也相应地关乎理性的秩序。可以看到，“仁”和“礼”都包含理性秩序和情感凝聚的双重向度，但是两者的侧重又有所不同：如果说，“礼”首先指向理性的秩序，但又兼及情感的凝聚，那么，“仁”则以情感的凝聚为关注重心，但同时又涉及理性的秩序。

从仁与礼本身的关系看，两者之间更多地呈现相关性和互渗性，一起构成了儒学的原初取向。对原初形态或本然形态的儒学而言，首先，“礼”需要得到“仁”的引导。礼具体展现为现实的社会规范、社会体制，这种规范、体制的形成和建构，以实现仁道所确认的人的存在价值为指向。尽管礼在起源上关乎天人关系（沟通天人），但其现实的作用则本于人、为了人：“礼者，谨于治生死者也。生，人之始也；死，人之终也。终始俱善，人道毕矣。故君子敬始而慎终，终始如一，是君子之道，礼义之文也。”[①]生死涵盖了人的整个存在过程，以此为指向，也从一个方面体现了礼的价值目标，这种价值的目标，乃是由仁所规定，所谓“人而不仁，如礼何”便可视为对此的确认。

进而言之，礼应当同时取得内在的形式。礼的这种内在化，同样离不开仁的制约：从个体的角度看，作为规范的礼，应当内化为仁的自我意识；从普遍的社会层面看，礼则应当以仁为其价值内涵，

---

① 《荀子·礼论》。

由此超越外在化，所谓“礼云礼云，玉帛云乎”，便表明了这一点。

以上侧重于仁对礼的制约。另一方面，在本然形态的儒学看来，“仁”本身也需要通过“礼”得到落实。仁道的价值原则乃是通过以“礼”为形式的规范和体制来影响社会生活、制约人们的具体行动。“仁”作为价值目标，唯有通过“礼”在规范层面和体制层面的担保，才能由应然走向实然。具体而言，仁道所体现的价值原则，以人伦、社会关系及其调节和规范为其实现的前提，所谓“君君臣臣、父父子子”，便是通过伦理关系（父子）与政治关系（君臣）的具体规定（君君臣臣、父父子子），以体现仁道所坚持的人禽之别。以“礼”为现实的形式和程序，“仁”不再仅仅停留于个体的心性之域或内在的精神世界，而是实现了对世界的现实作用。

不难看到，从形成之时起，儒学便以“礼”和“仁”的统一为其题中之义。借用康德在阐述感性与知性关系时的表述，可以说，“礼”若缺乏内在之“仁”，便将是盲目的（失去价值方向）；“仁”如果与“礼”隔绝，则将是空洞的（抽象而难以落实）。事实上，在原初形态的儒学中，“礼”的内化与“仁”的外化，构成了仁与礼相互关联的重要方面。通过这种互动，一方面，“礼”超越了其形式化、外在化趋向，另一方面，“仁”的抽象性也得到了某种扬弃。作为其核心的方面，“仁”和“礼”的相互关联同时构成了儒学本然的形态，所谓“周孔之道”，也反映了儒学的这一历史形态。在考察儒学时，对“仁”和“礼”的如上统一，无疑需要予以关注。

二

从中国文化的演进看，儒学的衍化既以周孔之道为出发点，又与经典相联系。经典承载着一定的文化传统，也蕴含着儒学的核心内容。从汉初开始，主流的儒学取得了经学的形态，就中国文化传统的形成和发展过程而言，经学与儒学的经典同样难以分离，而儒学在取得经学形式并逐渐正统化以后，对中国文化也产生了主导性的影响。从普遍的价值观念到日常的行为方式，等等，经学从不同方面塑造着中国文化，略去了经学，便无法真切地在文化形态上理解以往的中国。

如果从现代学术思想这一角度对经学作进一步的考察，便可注意到，经学本身可以区分为两个方面。第一个方面与文献的研究相关，属广义的文献之学。历史地看，从汉代设立经学之后，以文献研究为内容的经学形态就开始逐渐出现。汉代经学有今文经学与古文经学之分，比较而言，古文经学中相当一部分的内容，便涉及文献方面的整理、考订和诠释。到了清代，特别是乾嘉时期，随着清代汉学或清代朴学的兴起，文献整理、考订、训释方面的经学内容得到进一步的发展，经学本身也逐渐形成某种实证化的趋向，该趋向具体表现为与近代科学相近的研究方法，包括注重证据、善于存疑、无征不信，以及运用归纳、演绎的逻辑方法，展现虚会（逻辑分析）与实证（文献印证）相结合的研究进路，等等。这种实证化的研究方式，构成了与文献之学相关的经学的重要方面。

经学的另一个方面与价值取向相联系，表现为具有某种意识形态功能的观念形态。从中国文化两千多年的发展来看，作为文化主导方面的经学，无疑蕴含着这一内涵，具体而言，在经学之中，包括不少普遍的价值观念和价值原则，这些方面在某种意义上确实蕴含着意识形态的作用和功能，它从思想观念、行为方式等方面引导着传统文化。作为意识形态，经学不仅包含对社会政治领域中普遍关系和运行过程的认识，而且赋予具有特定历史形态的名教以多方面的内容，后者既对当时的政治体制提供了正当性的说明，也对人们的行为以及人格塑造具有教化意义。

以价值观念为内涵,表现为意识形态的经学取得了不同方面的特点。首先,就对象来说,它主要关乎五经或六经,后来是十三经。汉初设五经博士,即分别以《易》《书》《诗》《礼》《春秋》五经为依据;唐代增加《周礼》《仪礼》,并将《春秋》分为《春秋左氏传》《春秋公羊传》《春秋谷梁传》,由此五经演化为九经;后又加上《孝经》《论语》《尔雅》,形成十二经;南宋进一步新增《孟子》,经学的对象最终为十三经。以上对象虽有五经与十三经的演变,但都表现为经学之域的经典。从内容上说,前面已提到,经学涉及普遍的价值观念和价值原则,其意识形态或名教之维的内涵,主要便体现于这一方面,经学的教化作用,也以此为主要依据而展开。从研究方式的角度来说,这一意义上的经学更多地趋向于义理的认同:对以往的经典内容,首先是无条件地接受和认同,而不是进行批判性的反思。在实质的层面上,这种研究方式也可以说是以义理的认同压倒了批判性的反思。作为乾嘉学派的代表人物之一,王鸣盛在其《十七史商榷》中曾特别提道:"治经断不敢驳经。"①。依据这一理解,则经学的义理便不可怀疑,只能接受,它体现了经学在研究方式上的基本特点。

经学的两重内容,即作为文献研究的经学与作为价值观念的经学,在清代汉学中得到了比较充分的展现。在清代朴学或清代汉学中,一方面,实证化的倾向越来越明显,由此逐渐形成了文献研究方面注重辨伪、校勘、训诂等研究进路,如上所述,这种研究方式后来逐渐趋向于近代意义上的科学方法。如果考察一下现代学人对清代朴学的理解,便可以注意到,他们往往将清代学者的治学方式归

---

① 王鸣盛:《十七史商榷·序》,商务印书馆,1937年,第2页。

入近代科学家如牛顿、伽利略的研究方法之列。胡适便表现了这一趋向，在他看来，“顾炎武、阎若璩的方法，和葛利略(Galileo，即伽利略——引者)牛敦(Newton，即牛顿——引者)的方法，是一样的：他们都能把他们的学说建筑在证据之上”[①]。“中国旧有的学术，只有清代的‘朴学’确有‘科学’的精神。”[②]确实，从方法论角度来说，作为经学的实证化趋向的典型形态，清代朴学的研究进路已具有某种实证科学的意义。在治学上，清代的经学家以注重实证、严于求是为其原则：“通儒之学，必自实事求是始。”[③]这种以事实为出发点的严谨学风，使清代经学或清代朴学在文献整理等方面取得了空前的成就。

另一方面，以价值观念为内涵的经学，在清代也得到比较充分的发展。清代朴学固然表现出实证化趋向，但依然具有经学的性质，其考证以群经为中心，校勘、小学、历算等包含实证性特点的研究领域，往往表现为经学的附庸，这使清代朴学很难摆脱义理认同超越批判性反思的经学传统。在清代朴学看来，经学之域的六艺、五经本身便可视为判断是非的标准：“六艺者，群言之标准，五经者，众说之指归。”[④]从这一前提出发，清代朴学无法超越经学的视域，前面提到的王鸣盛便是这方面的重要代表，他所提出的“治经断不敢驳经”这一陈述表明，清代学者作为经学家，并未越出经学的思维框架。

可以看到，经学所内含的两个方面，即与文献研究相关的实证之维与体现价值观念的意识形态趋向，在清代朴学或清代经学中都

---

① 胡适：《治学的方法与材料》，《胡适文存三集》卷二，《胡适文集》第四册，北京大学出版社，1998年，第105页。

② 胡适：《清代学者的治学方法》，《胡适文存》卷二，《胡适文集》第二册，第288页。

③ 钱大昕：《卢氏群书拾补序》，《潜研堂集》，上海古籍出版社，1989年，第421页。

④ 凌廷堪：《礼经释例·后序》。

典型地得到了体现。以义理认同压倒批判性反思的经学研究进路，同时赋予经学方法以某种独断论或权威主义的形式，通常所说的经学独断论，便从思维方式等方面体现了经学的以上特点。

历史地看，作为价值观念系统的经学所包含的一般理念和原则既有普遍性的规定，也包含特殊性的内容。从普遍之维看，经学凝结了对人类演进、社会发展的价值目标以及规范系统的理解，其中包含着至今依然具有重要启示意义的内容。早期儒学基于对人伦关系的理解而提出的仁道原则，便以肯定人之为人的内在价值为指向，后者具体展开于精神世界、社会领域以及天人之际。精神世界体现的是人的精神追求、精神安顿和精神提升，其具体延伸关乎宗教性和伦理的维度，以及具有综合意义的精神境界。儒学的理论关切同时体现于政治、伦理和日常的生活世界，这些对象包括社会领域的各个方面。前面提到的精神世界主要涉及人和自我的关系，社会领域指向的则是人与人之间的关系。早期儒学的这些价值关切，在后续的经学中都得到了不同层面的体现，事实上，经学中的价值内容，可以视为早期儒学思想的系统阐发。这一意义上的经学观念，无疑有其普遍的文化意义。

但是，另一方面，作为传统意识形态的载体或名教系统，经学之中又包含不少具有历史印记的内容。在价值的层面，经学既关乎对社会人伦的理解，也涉及应当如何做的规范性要求。在经学的视域中，社会人伦与宗法关系总是相互交融，以宗法的关系定位个体，则构成了经学的重要特点，与之相关的个体，则主要表现为宗法依存关系中的存在。在历史的一定时期，这一品格无疑构成了人的不可忽视的存在规定，但从现代的角度看，人则呈现更多样的存在形态，仅仅以宗法关系理解个体，显然有其历史限定。

从社会的层面看，经学往往将夏商周三代或更远古的唐虞之世视为理想的社会形态，《论语》便认为："唐虞之际，于斯为盛。"[①]历史的演进则相应地被视为远离理想形态的后退过程。在经学的传统经典中，便不难看到这一类观念。对这一意义上的经学而言，社会发展的应然形态表现为向三代或唐虞之世的回复。这种理想在过去的历史意向，与进化论出现之后的现代思维，也存在某种张力。尽管现代性存在种种问题，对现代性视域中的历史观念也可以作各种批评，但相对于主要回溯过去的历史视域，这种现代意识显然提供了不同的看法。如何在过去、现代与未来的交融中，形成对历史演化过程的真切理解，无疑是无法回避的问题。

经学同时包含一定的规范系统，后者主要规定应当做什么、应当如何做。以政治领域而言，经学承继早期儒学的政治原则，强调"为政以德"，主张对民众"道之以德"。[②]同时，基于礼的观念，经学主张建立包含尊卑等级差异的社会秩序，并认为社会秩序应当以礼所侧重的"度量分界"为前提。所谓"度量分界"，也就是确定社会成员的不同社会地位，为每一种地位规定相应的权利和义务。对儒学而言，在缺乏如上社会区分的条件下，社会常常会陷入相争和纷乱的境地，而当所有的社会成员都各安其位，互不越界之时，整个社会就会处于有序的状态。从政治形态看，经学所肯定的这种社会秩序，以社会成员的尊卑等级结构为实质的内容。这种尊卑上下之序与政治领域的君臣关系相互交融，赋予君主在政治生活中以主导的地位。

可以看到，在对个体与社会、过去与未来、政治秩序的理解方面，经学自身存在多方面的历史限定，后者与经学的独断方法相互

① 《论语·泰伯》。
② 《论语·为政》。

交错。对经学的以上方面,无疑需要进行具体的反思,这是理性地对待经学的价值内涵所无法回避的。

三

前面提到,除了历史中的经学之外,经典还关乎更广意义上的经典之学。传统的典籍往往被归入经、史、子、集不同之类,依据这种分类标准,则经典似乎主要与经学相关。然而,从更广的视域看,经学不仅包含其自身的经典,而且史、子、集也有自身的经典。以"史"而言,《史记》《汉书》等便早已具有经典的意义;在"子"这一层面,不仅本来属"子"的《论语》《孟子》已成为经学之域的经典,而且先秦诸子,如《老子》《庄子》,以及后起的各家,也逐渐成为不同的经典;至于"集",则《楚辞》《文选》以及汉唐宋明的各家诗词文集,也同样已在文学等领域获得了经典的意义。章学诚已注意到这一点,并指出:"离骚之篇,已有经名。"①与之相联系,就经典之学而言,其对象并不限于经学意义上的"五经"或"十三经",而是包括更广范围中的文化和思想经典。事实上,文化发展、思想演进中所形成的多样创造性思想系统,在凝而为著作并逐渐获得了经典的品格之后,便成为经典之学考察和反思的对象。在思想史的意义上,从荀子、董仲舒、宋明理学中的各家,到永康学派、永嘉学派,直至明清之际的王夫之、顾炎武、黄宗羲诸家,他们的著述都应进入经典之学的视野,成为其考察的不同对象。从更广的角度看,如上所言,儒家之外的著作以其创造性和积累意义,同样可以获得经典的品格,并构成经典之学的对象。

---

① 章学诚:《文史通义·经解下》。

从观念层面上说，经典之学视域中的经典，包含更广意义上的思想内容，可以视为人类认识成果的多样体现。这一层面的经典首先涉及普遍的价值原则，以《老子》《庄子》这一类道家的经典而言，其主导的价值取向便体现于自然原则，后者与儒家以及经学中的仁道原则相对，注重合乎对象自身的法则。按老子的理解，在作用于物或人与人之间的交往过程中，最合适的方式是“为无为”，后者固然也是一种“为”，但其特点在于以“无为”的方式展开人的作为。具体而言，“为无为”意味着人的行为方式完全与自然之道或自然法则一致，呈现合法则性。从价值取向上看，如果说，仁道原则侧重于合目的性，那么，自然原则所强调的则主要是合目的与合法则不能彼此分离。在处理天人关系方面，这一原则注重两者之间的合一；在人与人之间的交往过程中，以上原则一方面要求抑制社会规范的专横，避免行为准则成为外在的强制，另一方面则反对扭曲人的内在天性，其中体现了对人的内在意愿的尊重。这一意义上的价值取向与前述经学的价值观念有所不同，展现了另一重价值意义。

除了价值取向之外，经典之学同时关乎对人类文明以及宇宙人生的广义思考和理解，其中包含值得注重的内容。以永嘉学派的叶适而言，从经学的角度看，其思想似乎具有某种异端性质，但就更广的经典之学来说，作为儒学的“别子”，其所思所悟的凝结，在今天看来却具有经典的意义。与宋代主流的理学相对，叶适趋向于以“实”拒“虚”。这里的“实”主要包括两个方面：其一，“以物用而不以己用”，即从外部对象出发，而非仅仅根据人的主观想法和意念去行动；其二，注重事功之学和经世致用。与之相联系，叶适主张“事上理会”，扬弃“无验于事者”。“事”与“道”相关，本来涉及价值层面的追求，但叶适同时把作为价值原则和价值理想的“道”与人的“日用常行”或日常生活紧密地联系起来。在叶适那里，对“道”与日用常行之间结合的注重，同时关联着另一个引人瞩目的概念，即“势”，后者作为外在的社会力量与人的作用之间呈现互动的关系。同时，叶适所推重的“事功之学”与人格完善的这一要求之间，也存在内在的逻辑关联：叶适提出“内外交相成”这一观念，体现了既确认外在的事功，又肯定人自身的完善。这些思想蕴含于《叶适集》《习学记言》等著作之中，作为上述观念的载体，后者同时呈现为广义经典之学的对象。

从研究进路看，与价值形态的经学在方法上趋向于义理认同超越批判性反思不同，经典之学具有更为多样的特点。以现代思想的演进为视域，则广义的经典之学至少涉及以下三个方面：

首先是情感认同和理性分析的统一。对于传统经典，一方面，无疑需要具有情感层面的认同，后者意味着对历史中形成的经典表现充分的敬意和尊重，另一方面，也需要以理性分析的态度，对传统经典可能具有的理论限度，予以充分的认识和把握。如果仅仅强调理性的分析，缺乏情感认同，则思想与文化长期发展过程中形成的经典便容易仅仅被视为认知的对象，其价值内涵则难以得到充分肯定。相反，如果单纯地注重情感认同而忽视理性分析，则可能走向经学意义上的卫道立场，趋向于对以往经典可能包含的限度作曲意回护。从观念和义理的角度来说，经典总是包含对宇宙人生、对人类如何行动和实践的思考，其中包含普遍的理论意义，但同时，经典又不可避免地有其特定的历史印记和历史的限度。前者表明，历史中的经典对今天的生活实践往往依然具有范导性，后者意味着应对以往的经典需要作实事求是的理性分析。

其次是对话。回溯经典的基本方式之一，是在不同层面上与之对话。这一意义上的对话既不同于盲目尊崇意义上的仰视，也有别于无条件否定形式下的俯视，而是表现为理性的平视。具体而言，它包括两个方面。其一，基于反思，对经典提出问题，并进一步从经典之中寻找这些问题可能的解决途径。其二，考察经典本身提出了什么问题，今天又如何去回应经典提出的这些问题。以对话的前一方面而言，众所周知，在《论语》等儒学的经典中，一开始便表现出注重仁和礼统一的意向，其中，“仁”更多地代表了精神世界的追求，“礼”则主要表现为政治制度和社会规范系统。“仁”和“礼”如何在现实生活展开中实现统一？这既是现在需要思考的问题，也是可以对经典提出的问题。在这一方面，需要具体考察儒家经典中的不同文本，诸如《荀子》《孟子》《礼记》等，同时结合当代社会现实的分析，探讨如何使个体的行为选择和社会的引导、自我努力与社会领域中人与人的相互交往、普遍价值规范的制约与个体精神世界的自主等等方面的结合，并考察怎样由此引向社会正义与社会和谐的统一。以对话的后一方面而言，经典自身也会提出不同的问题，如早期儒家的经典，从《论语》到《孟子》《荀子》，都注重“人禽之辨”，“人禽之辨”的实质，也就是追问如下问题，即：何为人？以往的经典以不同的形式提出了“什么是人”这一严峻的问题，这一问题同时又具有普遍的意义，近代西方哲学家康德，便在“我可以知道什么”“我应当做什么”“我可以期望什么”的追问之外，进一步提出了具有普遍意义的“何为人”这一问题。回应这样的问题，既可以从经典本身加以思考，也需要结合现代文明发展的成果来分析。对人的各种理解，诸如人是理性动物，人是制造工具的动物，人是运用符号的动物，人是个体和社会的统一，等等，可以看作是从不同层面对“人禽之辨”背后所隐含的“人是什么”这一问题的回应。对话以问题与思考之间的如上互动为具体内容，这一过程的展开，引导着人们更深入地理解经典。

再次是比较。对话主要是侧重于从经典本身思考问题，比较则不限于单一的经典，而是要求从更广的视野中去理解经典本身。以儒学而言，其特点之一是“派中有派”，先秦时期有孟荀的区分，从荀子到唐代的柳宗元、刘禹锡，再到宋代的陈亮、叶适以及明清之际的王夫之、黄宗羲、顾炎武，构成了儒学注重外王、事功的路向；从孟子到唐代的韩愈、李翱，再到宋明的“程朱理学”“陆王心学”，则构成了注重内圣、心性的进路。儒学的不同进路具体而微地体现于以文本形式存在的多样经典，通过对这些体现不同进路的儒家经典的比较研究，无疑有助于更为深入地把握儒学的深沉内涵。中国思想史中的各家各派，同时又是在百家争鸣与不同学派的论辩中发展的。理解这些学派人物，无法撇开它们与其他学派之间的互动。不同学派在学术、思想上各有侧重，对社会、人生、宇宙等等，往往也给予了不同的关注，这种不同的探索，同样具体地凝结于各自的文本之中，通过文献的比勘和理论的研究，既可以分别地把握不同学派的思想内涵，也有助于推进对其中特定学派和人物思想的理解。

广而言之，传统经典的诠释，同时涉及中西思想之间的比较。近代以后，如何看待中西文化已成为无法回避的问题。从中西文化的关系看，一方面，需要防止单向迎合西方思想的趋向，另一方面，又应警惕另一极端，即简单地回归传统。以中西之学作为背景，比较合理的方式包括两重维度：一是以西学作为理解中国已有经典的理论参照系统，这一意义上的西学近于“他山之石”。在原有形态下，传统经典中不少观念的含义往往未能充分彰显，借助于西学的理论框架，则有助于揭示其深层的意蕴。二是以中国经典中蕴含的思想回应西方思想中可能面临的问题。就伦理学而言，在西方哲学历史上，从古希腊的亚里士多德到康德，可以看到德性伦理和规范理论的分野：亚里士多德常常被看作是德性伦理的主要代表，康德则更多地注重理性立法，强调道德规范的意义，从而表现出认同规范伦理的趋向。规范伦理和德性伦理分别突出了“做什么”和“成就什么”的问题：德性涉及的是成就什么，与之相关的是通过成就人的完善品格，来担保行为的完善性。对德性伦理而言，要使道德行为真正合乎规范，首先需要使行为的主体成为一个有德性的人。比较而言，规范伦理更多地侧重于以规范本身来引导行为，其关注之点在于做什么、如何做的问题。在自亚里士多德到康德的西方伦理思想的演进中，德性伦理与规范伦理处于某种相分甚至相斥的形态。相对于此，在中国哲学的视域中，德性与规范并非截然对峙。儒学以仁和礼的统一为其核心，如果说，“仁”的观念包含对人的内在德性的注重，那么，“礼”则更多地涉及普遍的社会规范，仁和礼统一的这一思想趋向，决定了作为中国哲学的儒学既难以仅仅限定在规范伦理的层面，也无法单纯地囿于德性伦理。中国哲学中的以上思想，具体蕴含于多样的经典之中，对这些经典的解读和诠释，既引导我们把握经典本身的内容，也对回应和解决西方哲学中的相关问题具有不可忽视的意义。

经典之学的以上内容，侧重于研究什么以及如何研究。进一步看，这种研究本身具有多方面的意义。首先，经典的研究有助于提高人们的理论思维能力。经典既是思想载体，又凝结了前人的思维历程，作为人类文明的成果，它们包含如何提出问题、思考问题、解决问题的过程，阅读经典、与经典对话的过程，同时也意味着重新经历前人的思维历程，通过重走前人的思维之路，解读者和诠释者自身的思维能力也可以得到切实的提高。这里，同时可以对理论与方法的关系作一考察。通常将思维的方法视为与理论彼此分离的两个方面，事实上，理论与方法难以相分。在人类思想的演进中，所谓方法，可以看作是理论的具体运用。以儒道两家而言，道家强调“为道日损”，儒家注重“博学”，两者分别注意到了思想的发展离不开已有的积累(儒)与已有知识对创造性思维的限定(道),这种不同进路在其文本中也得到了具体的体现。对儒道经典以及其中蕴含的理论形态的探索,同时也有助于把握其中不同的研究方式。在理论和方法的以上互动中,经典的解读者或诠释者也将提升自身的思维能力。

经典不仅仅是以往的历史成迹,它同时也为今天进行理论建构提供了重要的思想资源。任何的时代思想创新都不可能从无开始,而是需要以人类文明的发展成果作为它的出发点。同时,新的思想建构又不同于简单的重复,它应当增加或提供以往经典尚未注意到或相对缺乏的方面,后者既表现为经典的延续,又与经典本身的生成性品格相一致:前面已提到,历史中的经典本身乃是随着人类认识和实践的发展而不断形成,这一过程并非仅仅止于过去,而且也指向未来,新的思维成果,可以凝而为新的思想经典,新的思想经典的形成固然取决于历史的选择,但也离不开基于以往经典的思想创造。在此意义上,思想的创新与经典的演化之间,具有多重关联。可以看到,一方面,经典在历史的层面呈现其不可或缺性:经典的回溯有助于理解传统文化及其内核;另一方面,它们在现代又具有思想建构的意义:其创造性的内涵同时构成了今天理论思考的智慧之源,并赋予经典以新的思想生命力。

概言之,经学涉及经典,但经典不限于经学;经学的产生、作用都有历史性,其内容也包含自身的限定。从现实的层面看,今天的思想使命,不是简单地复兴、回归经学,而是以理性的眼光看待传统经学;对经典的考察,则应当由传统的经学而引向更广意义上的经典之学。

人文研究与经学探索

一

人文研究和经学方向的探索之间的关系，是文史考察与经学回溯需要关注的问题。就经学研究而言，个体的分疏具有开放性：可以涉及文史，也可将哲学视为主业；其各自的学术背景、学术旨趣也可呈现多样化的形态，这种多样趋向既自然而然，又十分有益。学术研究要以比较综合的眼光去看待和推进相关的人文研究。从个人的研究方向来看，如果视野更开阔一些，不仅仅限定于某一维度，这对深入的学术研究显然会有帮助。要而言之，就经学探索与人文的综合研究而言，两者之间如何协调，这是首先需要重视的问题：一方面，可以通过经学的考察促进文史哲的研究，另一方面，需要由文史哲的研究引向对经学的深沉考察。这一研究进路同时体现了文献考察与义理探究的交融，其内在旨趣在于走向有理论的文献梳理和基于实证的义理研究，由此形成义理与考证相互融合的研究特色。

形成经学方面的研究特色，首先确立具有世界影响的理想目标，无疑可以使探究过程取法乎上。当然，是否具有世界影响不是由自己说了算，最终要依据他人的评价。同时，如前所言，在学术考察过程中又不能不注意研究的方向、研究的具体内容，使之体现人文研究的综合性特点，而不能仅仅趋向于单一化。按其本性，人文学科本身具有综合性，传统学术文史哲不分家，也体现了这一特点。如果仅仅专注一个方面，便可能会受到限制。事实上，人文研究在综合性的方面，也应当有所建树。此外，学术的发展不仅需要靠现有的研究人员，它同样离不开后来之人的努力。研究者的素养在相当意义上直接影响了研究机构的品位、价值和方向，每一个人都要有这个意识，并培养自身的责任感，在综合性研究和经学研究的协调方面，自觉而积极地进行探索：一方面，以经学的深层考察促进文史哲的研究，另一方面，由文史哲的研究引向经学相关问题的考察；既以综合性视野开阔研究方向，又通过关注和从事具体研究，深化学术领域的工作。

二

就经学本身而言，其形成并不是始于现在，而是可以追溯到先秦；自汉代到现在，也已历时两千多年了。如前文所言，作为一种思想形态，从汉代到魏晋、唐代，再到后来的宋明理学，经学经历了一个漫长的演化过程。广义上的中国思想包括先秦诸子，从经学看，每一个时代的经学，在思想形态上都会打上时代的印记；从汉代到魏晋、唐代，再到后来的宋明理学，经学都形成了不同的历史形态。到了 19 世纪末，中国思想进入近代，“五四”前后，进一步走向现代，从现代又到了当代，每一个时代，思想的衍化实际上都有自己的品格和内容。一方面，又应看到，从两汉经学到魏晋玄学以及唐代、宋代,不同时代有不同特点:两汉经学后来流于烦琐,魏晋玄学一扫以往气象,唐代以《五经正义》重新统一经学,宋明理学侧重解经和释经,清代的乾嘉学派注重于文献考订,都呈现不同的思想格局。经学的演化到今天,是仅仅重复以往的历史,还是适应现在的时代变迁,为经学研究提供新的形态?这是每一个人文研究者都需要思考的问题。在经学研究的过程中,目前值得注意的趋向,是注重考据:经学在某种意义上被还原为经学史,而经学史又常常以两汉为主。《春秋》研究一般以《公羊春秋》为主,《易经》则往往关注京房、孟喜、虞翻以来的象数之学,很少有新的开拓,回归以往似乎成为目标。历史地看,康有为以托古改制为经学研究进路,是在特定的历史条件下对经学给予的认可;现在是不是还应停留于此、单纯重复历史?每一个时代都需要有新的推进,新的推进又离不开当时所处的历史背景。时代在变化,思想的演化也需要重视。

现代经学或经学的现代形态当然仍应关注传统文献和经典,但在具体的研究过程中,无法忽视时代的视域。把经学还原为经学史,意味着仅仅从历史的角度考察经学,并以回溯、梳理经学的衍化为经学的主要工作。这一研究趋向单纯地关注并停留于经学的以往形态,无法体现经学的现代进展。经学在历史上曾随着历史的变迁而形成不同的形态,并获得了相应的内容。今天的研究,同样应当取得新的历史内涵。现代经学或经学的现代形态,意味着赋予经学以不同于以往时代的品格,后者需要基于理论层面的创造性研究。在指向传统文献或经典的过程中,应从现代理论的层面加以探索,考察其多重义理以及在回应不同的时代问题时所可能具有的意义。

五经之中的《春秋》作为鲁国史,本来具有历史品格,其中既包含着历史事实的记载,也渗入了历史的观念。这种意识又常常与政治领域的价值观念联系在一起，体现了政治取向。《春秋》的研究，应体现这一特点，注重揭示其中的历史意识和政治观念。《礼》关乎社会人伦的多重领域，从家庭之内的父子有亲，到政治领域的君臣之义，都涉及应当做什么、应当如何做的要求。在人与人之间的交往过程中，礼也表现为一种规范系统，三礼（《周礼》《仪礼》《礼记》）则是对其的系统考察。《礼》的研究，也相应地指向规范性观念，包括规范形成的缘由、其存在的根据以及多样的作用方式等等。五经之一的《易》以道与器、形上与形下等关系为关注之点，其上仰俯察的观念既蕴含认识论取向，也体现了形而上的视域。对《易》的考察，应以王弼等为先例，从其象数之学中蕴含的超验内容，回到哲学层面的智慧形态。作为早期经典，《诗》通过对赋、比、兴等艺术方式的具体运用，展现了多方面的艺术、美学思想。对《诗》的现代探索，应着重把握它在审美和艺术哲学视域中的见解，并具体考察它对人的日常之情的体验。

作为自觉的研究者，不能限定于以往那种把经学还原为经学史的进路。从目前的学术研究形态看，历史当然很重要，但它绝对不能离开时代。现代的经学固然应进行历史的追溯，厘清衍化轨迹，总结以往学人的工作，同样，也需要在义理层面不断深化，让经学取得新的形态。把经学还原为经学史显然是一种需要反思的进路：每一个时代都有其理论系统，不能以归结到历史为唯一进路。

就王阳明的心学而言，其哲学理论层面的建树，无疑需要关注。王阳明是一个具有原创性的哲学家，其心学也具有创造意义。在经学上，他提出五经皆史，这一观念并非以“还原”为进路，而是肯定经学的实际取向，避免将经学思辨化，其中包含独特的思考和理解。广而言之，如果把自己仅仅定位在以往历史的重复，就不能有创见。尽管每一个人都未必能够成为一个思想者，但“虽不能至，心向往之”，自身尽力而为，还是可以做到的。有这个意识和没有这个意识差别很大，每一个人都应该有思想创造的意识，不能简单地把经学还原为经学史，把经学研究仅仅限定于以往的理论，而是要放眼未来，进行理论的思考和建构。在现代历史背景之下，经学可以作哪些方面的研究？可以朝哪个方向发展？这样的问题没有现成的答案，需要研究者的自主探索。

这里或可提一下马一浮先生，他曾被视为现代新儒家的重要代表。抗战期间，他在四川创立复性书院。如果读一下马一浮的著作，便会发现他在经史研究方面确实很有造诣，他把宋代文献史梳理得十分清楚。但是，从另一个角度，即思想创造的层面看，马一浮是否形成创造性的成果？平心而论，在现代新儒家代表人物中，马一浮可能是原创思想较少的一位，也许可以说他复兴和重光了宋代理学的路径，但是从现代的角度去看，他是否提供了新的东西，则是另一个问题。经学研究涉及相关对象的思想结构、理论与背景之间的关系。通常认为马一浮学贯中西，坊间也一直流传他精通几国外语，但是联系其日记中的自述仔细考察，便可看到，这与事实是有出入的。如休谟、康德这样的哲学家的著作，他其实没有真正读懂，也谈不上深入而独特地理解他们的思想。这里没有贬低前人的意思：每一个人的学术训练、所长与所短都可以不同。现在常说马一浮精通中西方文化，在此基础上自觉地认同于中国文化。然而，他实际上并非在精通西方文化之后，再走出西方思想回归中国文化，我们需要正视这一事实。如果具体地看看马一浮的著作以及关于其思想的综合性研究，便不难注意到这一点。广言之，学术探索到底应该走向何方？研究过程应该以什么为进路？在这些问题上，都需要自己的独立思考。如果有比较好的定位、比较适当的运行意识，则可能在一些方面有所建树。

以上问题既关乎综合性的研究与经学研究的互动,也涉及经学的历史形态与现代的建构之间的关系,两者都需要有合理的定位。一方面,应当关注综合性的人文研究,以此拓展自己的理论视域,另一方面,又需要注重经学的主题;就经学研究而言,不仅应注重经学的历史,而且需要使经学本身取得现代形态。仅仅停留在历史,便无法获得新的建树。要而言之,经学与人文的综合研究、经学的历史衍化与现代形态,都是研究机构应当关注的问题。

三

具体来说,现代人文学科发展首先涉及思和史的统一。历史是不可忽视的。人类文明发展到现在,已有几千年的历史,对于前人的创造成果,需要有敬畏意识。现在一些学人缺乏对历史的必要敬畏,对人类以往的建树也未能予以应有的关注,这是一种偏向。以往的人类文明发展成果,包括两个方面,其一是正面的、积极的思想成果,其二则可能是负面的产物。思想的衍化,包括哲学领域,可能也会有错误和偏差,但是,创造性的思想家,其错误往往也是天才的错误,这种错误不可以忽略不计,更别说随意跳过,它们需要我们加以辨析、回应,这种辨析和回应往往需要花很多功夫。注重历史,一方面是留意它带给我们的正面的成果,另外一方面则是应当关注历史上可能的偏差。这需要深入的思考,认识哪些在今天看来依然还是有意义的,哪些则是需要加以克服的,既不能把前人的错误的东西当作真理,也不能把以往正确的东西当作错误扔掉。偏向的产生,都是因为缺乏鉴定;正确的把握,需要我们从哲学意义上加以理解,进行理性的分辨。

就经学研究而言,除了历史之外,也有前面已提及的如何走向现代的问题。经学现代化的过程,包括对相关文献作新的理解。历史地看,两汉、魏晋、隋唐、宋明对先秦文献以及六经的解读,存在重要差异,这种差异的形成,是因为解读者的背景知识、理论素养不同。以宋明时期而言,宋明时期的学人对佛家和道家各有把握,在总体上,儒学与佛道的关系呈现相拒而又相融的格局。在相拒而相融的过程中,理学同时获得了某种新的思想资源,后者为理学提供了一个不同于以往儒学的背景,使之能够在传统的文献中解读出新的意义,这些新的意义又进一步构成了再解读儒学经典的前提。这里呈现的,是史与思之间的动态互动过程。

步入近代以后,随着西学东渐以及其他理论的发展,我们也拥有了更多的参照系统和思想工具。与以往相比,西学提供了更广的理论参照背景。经典在文献层面变化不大,几千年来,文本没有实质的变化,但其意义则是丰富多样的,这种意义的把握,离不开已有的理论参照。如果仅仅是守着几种历史文献,没有解读视域的扩展、理论素养的提升,那么只能是化理论为历史,把经学还原为经学史。可以看到,理论的视野是不可或缺的。

就问题研究而言,首先需要历史的准备,对历史的深入掌握是展开具体研究的必要的前提。所研究的对象是历史的,因而对历史文献的掌握要尽可能地深入、广博。其次,应当注重理论准备。如果没有充分、深沉的理论准备,对相关问题缺乏理论的关切,那就只能仅仅限于历史材料的罗列,难以形成新的见解。研究的进展大致体现于两个方面:一个是新的材料的发现,一个是新的理论建构。新的材料既包括出土文献,也关乎相关问题中以往注意较少的材料;而理论的视野,则体现于对问题新的理解和分析。做学术的研究,历史的准备和理论的准备,都不可或缺。没有必要的理论准备,也许可以过关,但是对问题探索的推进意义不会大。理论和历史的关系是互动的，史和思是相互融合、不断互动的过程。

人文社会学科发展也关乎中西之学的关系。中西方文化本来是在各自独立的文化传统和地域空间里发展的，没有什么交集。然而，从16世纪开始，随着传教士的东来，西方文化也开始传入中国，但当时影响相对有限，主要对士大夫有所触动，如徐光启等与传教士往来比较密切，受西方文化的影响也相应地较大。同时，当时传入的西学，主要限于几何学、逻辑学、天文学等。到了19世纪后期，西方文化随着坚船利炮进入中国，原本各自独立的中西方文化开始在更广的范围内相遇，而中西之学之间的关系，也成为一个必须正视的问题。回避西方文化和思想，显然是不符合历史发展规律的。自从中西两种文化相遇之后，文化的发展就进入了一个具有世界意义的时期，对此，具有历史敏感性的思想家，已有所洞见。以王国维而言，在20世纪早期，他多次提到中西文化“盛者俱盛，衰者俱衰”并强调“学无中西”，反对执着于“中”而对“西”不加以重视。学无中西事实上就是一种世界文化和世界思想的观念。历史地看，无论是中国文化，还是西方文化，都是人类文明的结晶，都包含我们需要重视的理论资源。中国文化固然是人类文明的载体，同样，西方文化也是。我们如果仅仅守着某种单一的文化传统，便会受到很多限制。前面已提及，从近代思想史来看，真正有创建的思想家都比较敏感地注意到了中西文化之间的关联，对西方文化也都以开放的心态去接纳，将其视为人类文明发展的成果。有所建树的思想家，都具有以上眼光，如熊十力、梁漱溟先生，他们也许没有读过多少西方思想的原著，但对当时介绍过来的西方思想，包括哲学观念，则有着哲学家的把握。熊十力对柏格森、叔本华的思想，便有所了解，梁漱溟著有《东西文化及其哲学》，对西方文化的变迁，也有一定的理解。熊十力在批判佛教旧唯识宗时，便包含“为科学立足”之意，这表明,他对当时科学文化的发展还持一种很积极的心态。正是因为如此,梁漱溟、熊十力的新儒学与马一浮的便不太一样,马一浮没有提供实质性的理论推进,但是熊十力和梁漱溟则有所建树:熊十力的《新唯识论》,确实有“新”的思想,梁漱溟对“东西文化”的理解,也有其独到之处。一般而言,对于西方文化的了解,可以有两种形态:一种是专家式了解,一种是哲学家或思想家的了解。从专家式的了解来说,熊十力、梁漱溟也许乏善可陈,他们既没有读多少原著,也对西方相关思想演化,诸如康德前批判时期与后批判时期思想的演化有什么特点,所知甚少。然而,作为哲学家,他们把握住了中西方文化的主要方面,这是其作为思想家的功力所在。正因如此,他们的思想融合了中西方文化的成果,并提供了今天看来仍然很有意义的东西。

从正面来看,近代以来真正有创造性的思想家都呈现开阔的眼界,对中西方文明给予关切,都把它们看作是人类文明、世界文明的发展成果,都以开放性的心态加以重视。从反面看,近代一些学人对西方文化缺乏充分的了解,并有意识地加以排拒,这就使其思想难以获得新的形态。以现代的西方主流哲学而言,它们对中国文化,包括中国哲学,同样未能给予应有重视。就哲学来看,现在的流俗之见常常说,西方对中国的哲学如何重视,中国哲学在西方怎样有影响,但从现实的形态看,中国哲学在西方并没有得到应有的承认。在西方,哲学的主要阵地,如哈佛大学、耶鲁大学、普林斯顿大学、牛津、剑桥,其哲学系都不把中国哲学作为哲学的专业,这里包含一种偏见,但又是一个基本事实。当代西方哲学所尊崇的,仍主要是古希腊到现代西方的思想传统,这种褊狭的立场严重地限制了他们的思想创造。现代西方一些哲学工作者,其专业训练很好,都可以视为出色的专家,但却不是哲学家。未能出现有创造性的哲学家有多重缘由，而视野的狭隘、思想资源的单一，无疑构成了其中的重要因素。这些学人主要的研究兴趣是从古希腊到现代西方的思想演进，对中国哲学则基本上不屑一顾：绝大多数西方哲学家不了解、不重视中国，这是现状。以上的研究方式限制了他们的眼界，与中国人满腔热忱介绍、了解西方相比，西方人对中国文化所知确实甚少。以20世纪以来的思想演化而言，中国人翻译、介绍西方的学术，经历了数次高潮："五四"前后可以视为一次高峰，80年代则是又一次高峰，直至今天，翻译西方著作，引入西方的观念，依然方兴未艾。与中国思想界的开放相比，西方对中国文化则显得关注很少。

今天从事学术研究，包括经学研究，除了利用中国文化已有的资源，也要充分借鉴西方思想。中西文明都是人类所创造的，西方思想非西方人专有，中国文化同样也构成了世界多样化的组成部分。善于运用不同资源，便可以获得多重智慧——多一种资源总比单一资源好。从发展的过程来说，单一的资源容易导致思想的贫乏甚至枯竭，多样的智慧则将促进思想的丰富。如果试图用单一的中国的文化的概念作"纯粹"的中国研究，这既缺乏历史意识，也没有可行性。现代学术研究离不开语言，今天所运用的主要是现代汉语，现代汉语的基本的特点，是大量外来语的输入，晚近更是渗入了科技、信息时代的语言。如果把现代汉语中的外来语及科技、信息时代的语言（包括网络语言）剔除掉，现代汉语便所剩无几。从语言的角度，"纯粹"的中国文化只存在于秦汉时期，东汉以后，随着佛教的传入，中国文化，从语言到观念，都发生了重要变化。如"境界"一词，其语词虽然中国古已有之，但含义却与印度佛教相关；另外，"能""所"等概念，也有类似情况。事实上，从东汉开始，中国语言就不那么纯，如果执着于单一的中国传统，那就只能回到秦汉，以当时的语言说话，这既非历史，也缺乏可行性。语言不仅仅是外在的符号，其背后有着深沉的文化意义；渗入于现代汉语的西方语词，也包含着思想观念。事实上，现在更需要深入地了解中西文化，并加以融会贯通，以此作为人类文明的成果去观照以往的思想。中西文化曾在各自文化背景下发展，形成了各自的文化特征。19 世纪之后，中西之学开始彼此相遇，其间形成了剪不断、理还乱的关系，无法截然分离。当然，外在的名词解释是简单的，真正地深入浅出，便需要把握其中核心的方面，这需花大力气。

概要而言，以上所谈的主要是以下几个方面：一是综合研究与经学探索之间的协调，二是经学的历史形态与现代形态的互动，三是史与思的关系，即历史意识和理论意识的统一，四是中西之学的互动；前两个方面涉及广义的研究视域，后两个方面关乎具体的研究进路。

中编

《诗经》的情感世界与审美意义

王夫之在谈到《诗经》时，曾指出："诗达情。"[①]在此之前，朱熹也提出了类似的看法，认为《诗经》的特点之一在于"感物道情，吟咏情性"[②]。袁枚则更直接地写道："三百篇半是劳人思妇率意言情之事。"[③]不难看到，以上评论都把情感的表达作为《诗经》的重要方面。"诗"与"乐"有相通之处。早期的儒家学派对"诗"和"乐"都给予了较多的关注，《论语》之中，便常常提到"诗"和"乐"。"诗"和"乐"的相通之处主要在于，两者都涉及情感的表达。就总体而言，从日常生活到社会政治领域，从世俗的追求到终极的关切，《诗经》确实展示了丰富、多样的情感世界。

---

① 王夫之：《诗广传》卷一，载《船山全书》第 3 册，岳麓书社，1996 年，第 325 页。

② 朱熹：《朱子语类》卷八十，载《朱子全书》第 17 册，上海古籍出版社、安徽教育出版社，2010 年，第 2748 页。

③ 袁枚：《随园诗话》上，人民文学出版社，1982 年，第 2 页。

一

在日常生活的层面,《诗经》所涉及的情感表达,具体展开为不同方面。一是情爱之情,它所体现的是男女之间的情感关系。在这一方面,《诗经》所展示的情感内容也有多样的特点。首先是思慕或爱慕。在《关雎》之中,便可以看到这类情感的表达:"窈窕淑女,寤寐求之。求之不得,寤寐思服。悠哉游哉,辗转反侧。"[①]对心仪之人心里一直思慕不已,以致在晚上"辗转反侧",不能成寐。描述非常生动,对男女之间思慕之情的表达,也十分真切。另如,"有美一人,清扬婉兮。邂逅相遇,适我愿兮"[②]。偶然相遇,一见钟情;邂逅之后,难以忘怀。男女之间的思慕之情,溢于言表。一方面,这种情感基于两性间自然的性别差异,具有异性彼此吸引的自然之维,由此引发的情感表露,也相应地体现了一种自然意义上的真情实感。另一方面,诗文又表达了对人与人之间真实情爱的渴求、向往,这又包含社会的维度。同时,《诗经》中对这种男女情爱的表达又有其内在之度,呈现出相当的分寸感,这一点孔子也已注意到。孔子在谈到《关雎》时,便特别提到其特点是"乐而不淫"[③],这里的"淫"是过度的意思,"乐而不淫"表明情爱之情的表达具有适度性。在孔子看来,《关雎》一方面内含真情实感,另一方面又不过度。

生活世界中情感表达的另一内容,是相思或思念,这主要体现于夫妇之间。具体而言,其中既涉及丈夫对妻子的思念,也关乎妻

① 《诗·周南·关雎》。

② 《诗·郑风·野有蔓草》。

③ 《论语·八佾》。

子对丈夫的相思。首先是妻子对丈夫的想念,《诗经》中大量的诗篇都涉及这方面的内容:“未见君子,忧心忡忡”[①],表达的就是妻子对远在他乡的丈夫的思念之情;“未见君子,我心伤悲。亦既见止,亦既觏止,我心则夷”[②],没有见到丈夫之前心里甚为担忧,见到之后心境就比较平和了。类似的诗句还有:“未见君子,忧心忡忡。既见君子,我心则降”[③],“降”在此指放下心来,妻子对于远方的丈夫,未见之前充满忧伤,见到之后就放下心来,这里所表达的,主要是妻子对外出服役或出征在外的丈夫的思念。

与以上情感相联系的另一个主题是丈夫对妻子的绵绵相思。“念彼共人,涕零如雨。岂不怀归?畏此罪罟。”[④]这里表达的是受命远出的官吏的情感:远在家乡之外,思念家中的妻子,以致“涕零如雨”。难道不愿意早日回来吗?但这是奉命外出,如果随意回去就会受到惩处。这里展示的是一种非常纠结的矛盾心境。夫妇之间的这种思念或相思,较之前述男女之间基于两情相悦的彼此思慕,更多了一些伦理的内容,情感的具体内涵也发生了相应的变化:其中表现的是对所爱对象的关切,以及基于关切的相思,这种关切已不同于自然层面的男女思慕,而是包含更深层的社会内涵。历史地看,以上对夫妇关系的描述,不同于后来意识形态化的儒学,对此,袁枚曾有如下感慨:“诗经好序妇人”,“律以宋儒夫为妇纲之道,皆失体裁。”[⑤]当然,这里所说的“体裁”,乃是以正统儒家的看法为准则。

在《诗经》之中,男女之间的情感不仅以肯定的方式加以表达,

---

①② 《诗·召南·草虫》。

③ 《诗·鹿鸣之什·出车》。

④ 《诗·谷风之什·小明》。

⑤ 袁枚:《随园诗话》上,第167页。

而且也以否定的方式得到体现,后者的表现方式之一,是对情变的凄怨。“不思旧姻,求尔新特。”[1]妻子试图另觅新欢,由此导致丈夫的凄怨之情。“子不思我,岂无他人?”[2]这里涉及另一种情形:尽管你抛弃了我,但我并非无人爱慕。其中表达的是妻子对丈夫的哀怨,具体而言,是对丈夫移情别恋的不满。凄怨之情往往包含着怨恨,怨恨则可以视为一种否定性的情感表达。然而,即使在这样一种否定性的情感表达中,也包含具有正面意义的内容:男女对情变的凄怨或怨恨,以承认夫妇之间具有爱与被爱的权利为前提,情变的背景都涉及被抛弃的境遇,而被抛弃也就是被爱的权利遭到否定,与之相对的凄怨从正面来看便基于对这种权利的肯定。夫妇的关系既涉及主动意义上的相爱,也关乎被动层面的被爱。在被抛弃或被遗弃的情况之下,被爱的权利常常受到剥夺,由此引发的是夫妇之间的怨恨之情,后者同样构成了日常生活中情感表达的一个方面。

生活世界中涉及的另一类情感,具有更积极的伦理意义。这种情感首先体现于亲子(父母和子女)之间。其一,子女对父母的关切。“哀哀父母,生我劳瘁”[3],这里表达的,便是对父母因生育、养育自己而过度劳累所表示的伤痛之情。其二,子女对父母的感恩之情。“无父何怙,无母何恃,出则衔恤,入则靡至。父兮生我,母兮鞠我。拊我蓄我,长我育我,顾我复我,出入腹我。欲报之德,昊天罔极”[4],这是作者对父母如何含辛茹苦、养育关心的回顾,然而,由于父母早逝,却使之失去了回报的机会,作者由此表

① 《诗·鸿雁之什·我行其野》。
② 《诗·郑风·褰裳》。
③④ 《诗·谷风之什·蓼莪》。

达了哀痛之情。与此相联系的是“永言孝思,孝思维则”①“有冯有翼,有孝有德”②,其中已体现“孝”的观念。从感恩到孝敬,对父母的情感又深化了一层。其三,子女对父母的责任意识。这里的责任意识并非仅仅以法理意义上的义务为依据,而是基于内在的关切,从而更多地包含情感的内涵。诸如“王事靡盬,忧我父母”③的诗句,便表达了这一类情感:作者因召出征或服劳役在外,君主要求做的事没完没了,作为子女,没有机会来尽对父母的责任,由无法尽责而导致情感上的忧虑、忧伤。这样的情感明显地带有伦理的内涵。除了亲子之间的情感之外,基于亲缘的情感还包括对祖先或先祖的怀念:“我心忧伤,念昔先人”④,这里的“念昔先人”,便渗入了对先祖的思念之情。

除了家庭成员间的相互关联外,日常生活还包括更广的社会交往,后者也涉及不同形式的情感关系,其中,朋友之间的交往具有更突出的意义。众所周知,朋友是重要的社会关系,后来的儒家把朋友作为“五伦”之一,也肯定了朋友是人伦关系的基本形态。《诗经》同样在不同方面涉及了这一关系。“我有嘉宾,中心好之”“我有嘉宾,中心喜之”⑤,表达的是嘉宾来访或朋友做客时主人所具有的一种欣喜之情。朋友之间的情感更多地表现为一种友情,这种欣喜之情同时也从一个方面表达了对朋友之情的注重。当然,人与人之间的社会关系,也包含消极的方面,与之相联系的情感也常常呈现否定性的意味。所谓“人言可畏”,便表现了这一点:“人之多言,

---

① 《诗·文王之什·下武》。

② 《诗·生民之什·卷阿》。

③ 《诗·唐风·杕杜》。

④ 《诗·节南山之什·小宛》。

⑤ 《诗·节南山之什·彤弓》。

亦可畏也”、“无信他人之言，人实不信”、“人之为言，苟亦无信”，[①]如此等等。“畏”体现了一种消极意义上的情感：人与人之间的紧张关系，反映在情感中便形成了一种“畏”的情感体验。同样，“无信”展现的是一种疑虑之情，这种体验也每每基于社会交往过程中人与人之间现实或潜在的冲突。以畏或疑虑之情来对待他人，与前面所说的朋友之情分别表达了日常交往过程中否定和肯定两个不同的方面。

二

相对于日常的生活世界，社会政治领域似乎更多地与理性的活动相联系。然而，作为人所参与的具体过程，社会政治领域也包含情感之维，《诗经》中的不少内容便涉及后一方面。政治领域的情感体验，在《诗经》中首先表现为愤懑之情：“忧心惸惸，念我无禄。民之无辜，并其臣仆。哀我人斯，于何从禄？”[②]个人生活在社会中，孤独而无依靠，无辜之民，何处去获得福祉？在这种无助的追问中，蕴含着对当政者的不满。“行有死人，尚或墐之。君子秉心，微其忍之。心之忧矣，涕既陨之。”[③]路边有死之人，尚且有人会去掩埋，而执政者却如此忍心，看着民众遭难，完全无动于衷，每思及此，便心中忧伤，涕泪俱下。字里行间，既可以看到悯人的情怀，也不难注意到政治的愤懑。当时的当政者常常征用民力，对被征的役夫，则往往不以人视之，这种做法，也引起了强烈的不满：“何草不玄，何人不

---

① 《诗·郑风·将仲子》《诗·郑风·扬之水》《诗·唐风·采苓》。

② 《诗·节南山之什·正月》。

③ 《诗·节南山之什·小弁》。

矜。哀我征夫,独为匪民。”[①]这里既流露了对处于非人境遇的哀怨之感,又蕴含着一种政治的愤懑之情。这种情感不是空洞的,其中包含了对统治正当性的某种质疑:从正面来看,不满与愤懑的前提是当政者应该关心人民,使之安居乐业,而现实的情形却与之相反,人民处于苦难之中。当政者既然没有履行职责,其正当性就成了问题。

社会政治领域中情感的另一表现形态是忧患意识,这一类的意识在《诗经》中多处可见。忧患既蕴含政治上的理性思虑,也表现为情感层面的心境,所谓“忧心惨惨,念国之为虐”[②],便展示了一种情感的体验。“知我者,谓我心忧,不知我者,谓我何求。”[③]这是作者看到西周原来的都城镐京一片破败,到处断垣残壁,由此睹物伤情,想到当时政治上的昏暗而引发的感慨和忧虑。“念彼不迹,载起载行。心之忧矣,不可弭忘。”[④]诸侯、王公大臣不守法纪,以致社会危机四伏,对此,作者甚为担忧。“心之忧矣,如或结之,今兹之正,胡然厉矣,燎之方扬,宁或灭之。赫赫宗周,褒姒灭之。”[⑤]统治者沉溺声色,以致国家危亡,往日的历史教训,进一步加深了当下的政治忧患。如果说,政治愤懑之情内在地蕴含着对当政者的质疑,那么,政治上的忧患意识则更多地体现了对国家、社会的关切,其中渗入了群体关怀的价值倾向,这种价值取向对后来的儒家产生了重要的影响。

与政治愤懑与政治忧患有所不同的情感体验,是对社会不平等

① 《诗·渔藻之什·何草不黄》。
② 《诗·节南山之什·正月》。
③ 《诗·王风·黍离》。
④ 《诗·鸿雁之什·沔水》。
⑤ 《诗·节南山之什·正月》。

的不满之情，后者构成了社会领域中另一种情感表达。“彼有旨酒，又有嘉肴。洽比其邻，昏姻孔云。念我独兮，忧心殷殷。”①一方是高朋满座，美酒佳肴，另一方则是孤独、无助，通过这种强烈的对比、反差，作者表达了忧愤、不平之情。从现实的层面看，这种情感体验是由社会现状的不平等所引发的。

三

殷周时期，早期的宗教观念已经萌发，这在《诗经》中也有不同形式的体现。宗教意义上的情感，在《诗经》中首先表现为敬畏，后者以天为具体对象。在殷周时代，天不仅被视为终极意义上的存在，具有本体论上的意义，而且也被理解为主宰社会、支配个体的超验力量，对天的敬畏也表现出对超验存在的关注。在《诗经》作者看来，“昊天不忒，回遹其德，俾民大棘”②，也就是说，天不会有差错，当政者一旦犯下过失，便会触怒天，从而使民众遭难。作为超验的存在，天具有安民的作用：“皇矣上帝，临下有赫。监观四方，求民之莫。”③天高高在上，保佑着民众的安宁。对统治者而言，应当时时敬天：“敬天之怒，无敢戏豫。敬天之渝，无敢驰驱。昊天曰明，及尔出王。昊天曰旦，及尔游衍。”④上天明察秋毫，统治者之一往一来、一举一动，都难逃其法眼。同样，对一般民众而言，也需对天怀敬畏之情：“凡百君子，各敬尔身。胡不相畏，不畏于

---

① 《诗・节南山之什・正月》。
② 《诗・荡之什・抑》。
③ 《诗・文王之什・皇矣》。
④ 《诗・生民之什・板》。

天？”[①]每一个体不仅应自尊自重并相互尊重，而且最终要对天怀有敬畏之心。

与敬畏相联系的是对天的感恩之情。“曾孙寿考，受天之祜。”[②]周人对先祖自称曾孙，这里的意思即是：我辈得享高年，全赖天的保佑，其中内在地表达了对天的感激之心。敬畏是尊重与畏惧的相互交错，其前提是肯定天有赏善罚恶的能力。同时，在对待天的问题上，敬畏之情与感激之情往往相互关联，而无论是敬畏还是感激，都表达了一种终极层面的关切以及对精神寄托的追寻。

对于超验存在，《诗经》表达的另一种意识是质疑和怨恨。在《诗经》中，可以看到不少对天的怀疑之情。“瞻彼中林，侯薪侯蒸。民今方殆，视天梦梦。”[③]民众处于危难之中，天却昏聩如梦。“天命不彻，我不敢效，我友自逸。”[④]“不彻”即无轨辙，它所批评的是天命之无常。“有皇上帝，伊谁云憎？”[⑤]这是质疑超验之天究竟憎恨什么人；“瞻印昊天，曷惠其宁？”[⑥]意即天到底何时才能给人以安宁？这些疑问中既有质疑，也包含某种不满、失望与谴责，它的前提是对公正的向往：希望天成为社会公正的担保，作者之所以对天不满和失望，正是因为天未能履行这种担保作用。此外，在质疑和谴责背后，也表现出某种怀疑的趋向，即对天是否具有奖善惩恶的实际作用表示难以确信，这在一定意义上渗入了理性的精神。

---

① 《诗·节南山之什·雨无正》。
② 《诗·谷风之什·信南山》。
③ 《诗·节南山之什·正月》。
④ 《诗·节南山之什·十月之交》。
⑤ 《诗·节南山之什·正月》。
⑥ 《诗·荡之什·云汉》。

四

天作为超验存在,涉及的是终极层面的存在意义。在从超验的层面关注存在意义的同时,《诗经》的内容也指向现实的人生意义,其中多方面地包含着对人生意义的情感抒发。

《诗经》中有如下名句:

“天生蒸民,有物有则。民之秉彝,好是懿德。”①

后来的儒家经典经常引用这些诗句。按照以上表述,人先天便包含了善的根据,这种“秉彝”为人后天向善提供了内在的可能。这里既包含成就善的意向,也渗入了对善的情感认同:人之向善,一方面以人可能成善为前提,另一方面又基于对善的情感认同。

“秉彝”主要提供了先天根据,现实生活中人又应当如何“在”?对此,《诗经》表达了如下信念:“不愧于人,不畏于天。”②“不愧于人”可以理解为在现实生活中所言所行合乎道德准则,从而能够站得住;“不畏于天”则要求同时在终极意义上挺立起来。两者从不同方面展现了对人生意义的看法,其中也包含人生领域中崇高情操的抒发。

当然,现实的人生并非处处完美,人的境遇也远非尽如人意。面对苦难或遭遇困厄时,个体常常也会有生不逢时的感慨,后者在《诗经》中亦时有所见:“忧心殷殷,念我土宇。我生不辰,逢天僤怒。”③将个人的遭遇归之于天,固然体现了某种超验的意识,但“我

---

① 《诗·荡之什·蒸民》。

② 《诗·节南山之什·何人斯》。

③ 《诗·荡之什·桑柔》。

生不辰”则或多或少流露了个体无法把握自身命运这种无奈的人生情感,后者同时也从否定的方面表达了对人生意义的感慨。

人生的不幸,命运的坎坷,常常也会使个体产生人生意义究竟何在的疑问。在以下诗句中,不难看到这一点:“苕之华,其叶青青,知我如此,不如无生。”①“苕之华,其叶青青”是对自然的描述:自然界的植物生机勃勃、生意盎然,相比之下,作者自身却处于如此苦难之境,早知这样,不如不来到这个世界。这是在自然生命和人生痛苦的强烈比照中抒发的人生无意义感,这种人生的无意义感,同时也表现为带有否定性的情感表达。

可以看到,在人生意义的情感抒发方面,《诗经》涉及不同的方面,其中既有对善的向往和认同,也有因现实人生的困厄而引发的对人生意义何在的质疑。由此,《诗经》进一步展现了丰富而多向度的情感世界。

五

从前面的考察中可以看到,《诗经》以诗达情,以情咏性,展示了对情感世界的注重。《诗经》中的情感首先体现了真切性和自然性,这两者往往联系在一起。从生活世界中对爱情、亲情、友情的咏颂,到人生意义的情感抒发,都真切、自然,没有任何矫揉造作、无病呻吟的趋向。王夫之曾指出:“情者,阴阳之机也。”②阴阳变迁的特点是完全自然而然,情也是如此,所谓“发乎其不得已者,情也”③。

① 《诗·渔藻之什·苕之华》。

② 王夫之:《诗广传》卷一,载《船山全书》第3册,第323页。

③ 同上书,第325页。

在《诗经》中，无论面对的是日常生活，还是政治领域，其情感的抒发都具有真切自然的特点。

对情感的如上关注对后来的儒学产生了重要影响。事实上，从先秦开始，儒家便十分注重情感。从孔子对三年之丧的理解中，便可看到这一点。孔子的学生宰我曾认为，“三年之丧期已久矣”，意即三年之丧太久。对此，孔子作了如下解释：

“夫君子之居丧，食旨不甘，闻乐不乐，居处不安，故不为也。今女安则为之。……夫三年之丧，天下之通丧也予也。”①

父母去世后，子女往往饮食而不觉味美，闻乐而不觉悦耳，这是思念父母之情感的自然流露，而三年之丧便是基于这种自然的心理情感。按孔子之见，服丧作为孝的形式，本身即是仁道的表现，既然三年之丧以人的自然情感为内在根据，那么，以孝悌为本的仁道原则，也就相应地合乎人的心理情感的自然要求，而并不表现为一种人为的强制。可以看到，对儒家而言，仁作为一种普遍的价值原则，有其内在的情感基础。

在谈到《诗经》的意义时，孔子曾提出：“不学诗，无以言。”②这里一方面涉及言说过程中修辞等方面的典雅性（学诗可使语言、修辞更雅），所谓文野之别，首先便涉及形式与外在的方面；另一方面，在更实质的意义上，不学诗之所以无法言说，与前面的分析相关。如前所述，情感的真切表达构成了《诗经》的重要方面，与之相联系，诗可以给人以真诚的熏陶，形成真切的意向。从这一视域去理解，则所谓“不学诗，无以言”，便意味着：缺乏诗的熏陶，便难以培养真切的意向，由此可能会导致“言不由衷”，即言说过程无法表达

---

① 《论语·阳货》。

② 《论语·季氏》。

真诚的意向。诗的涵泳,则可逐渐培养真情实感,从一个方面保证言说的真切性。

孔子之后,孟子进一步对情感作了考察,并把恻隐之心视为仁之端。恻隐之心是一种内在的情感,仁则是普遍的价值原则。较之孔子,孟子将情感提到更高的层面。在孟子看来,恻隐之心作为人的一种同情感,构成了仁的出发点。进而言之,这种内在情感可以进一步体现于政治领域,所谓仁政,便以“不忍人之心”为基础,而“不忍人之心”也属内在的情感。由此,可见情感在儒学中的重要性。

情感背后体现的是内在的价值观念和终极关切,具体而言,其价值意义首先表现为对人的注重和关切。情感首先以人为指向。在《诗经》的各种表达中都可以看到这一点。在男女之间的情爱中,所注重的是个体的人,情爱的对象总是一个一个的人;在社会人伦(伦理关系)中,注重的是他人;在政治领域中,突出的是群体,所有这一切方面,都不同程度地是以人为关切的对象。这可以看作是《诗经》中情感的价值内涵的具体体现。

情感的背后同时隐含着对人生意义的追寻:什么样的人生才具有意义?在情感的抒发中可以不断看到对以上问题的探寻。完美的人生要以良好的现实政治环境为前提,当所处的时代缺乏这种现实政治环境时,《诗经》中便往往会流露出忧患、愤懑之情。社会背景总是外在于个体,就个体本身而言,则既要在现实人生中站得住,又要在人生的终极意义上挺立起来,这也就是前面所提到的“不愧于人,不畏于天”。另外,在《诗经》的作者看来,对个人的幸福也不能持虚无主义的态度,对生不逢时的感慨、“不如无生”的沉重感悟等等,都以否定的形式表达了对幸福的追求。对《诗经》的作者来说,既有超验层面的追求,又有现实的幸福内涵,这样的人生才具有意义。

《诗经》中情感世界的一个突出特点，是情与理之间的交错，后者构成了《诗经》的感情抒发中的重要方面。在政治、伦理、宗教领域中，各种情感的表达都包含理性的内容。伦理情感包含对父母、对他人自觉的伦理关切和责任意识，这种意识体现的是一种伦理理性或实践理性。政治愤懑，一方面体现了正义的原则：对当时政治正当性的责难，其前提就是对正义原则的肯定，后者同样包含着理性的内容；同时，其中又渗入了一种正义感，而正义感则具有情感的意味。情感层面的正义感和理性层面的正义原则交织在一起，体现了情和理的相互关联和沟通。在政治忧患中，理性的推论、判断与忧虑交织在一起：政治的昏暗导致社会混乱，这是一种推论，对这种现象的忧虑则又是一种情感的表达。这里也体现出情感和政治态度之间的联系。同样，以天为质疑对象既意味着对天的情感认同和情感依归的弱化，又包含了对超验力量的怀疑，其中蕴含了一种理性的精神。

情和理之间的交错，对后来的儒家同样产生了重要影响：无论是对情的重视，抑或情和理的交错这种独特表现形式，在后来儒学的演进中都可以看到其印记。孔子在谈到《诗经》时，曾指出：

“诗，可以兴，可以观，可以群，可以怨。”①

“兴”，主要指情感的激扬，由此达到精神的提升；“观”，主要侧重对社会现象的冷静考察，《诗经》中涉及对当时多方面社会生活的写照，通过学诗，同时亦可了解不同的社会现象，前面的“兴”首先与情感相联系，相对于此，以把握和理解社会为内容的“观”包含更多理性的内容；“群”，既涉及不同个体之间情感的沟通，也关乎

---

① 《论语·阳货》。

群体之间的关联：群体之间沟通的重要中介之一，便是情感，诗则构成了情感沟通的重要中介。正是基于这一事实，儒学对诗和乐都给予了特别的重视，以两者作为情感表达的具体形式。这种情感的内涵对人与人之间的相互凝聚有重要作用，荀子曾从乐的角度指出了这一点："乐合同，礼别异。"[①]礼的功能之一在于通过度量分界，把人区分来，并规定其相应的责任与义务；乐的特点则在于超越政治上的等级界限而使不同的社会成员之间彼此在情感上相互沟通，从而达到社会的和亲和敬，将人沟通起来，使之彼此融合。就其包含的情感内容而言，诗也具有类似乐的功能。

前面提到，孟子以恻隐之心为仁之端，其前提是把恻隐之心同时视为包含着伦理意识的情感：恻隐之心可以理解为一种伦理化的情感，这里也可以看到情与理之间的彼此交织。到了宋明时期，程颐主张"性其情"：

"是故觉者约其情，使合于中。正其心，养其性，故曰：性其情。"[②]

这一观点最早见于王弼，在谈到如何保证"情"之正时，王弼指出："不性其情，焉能久行其正？此是情之正也。"[③]程颐对此作了进一步的发挥。在理学的论域中，"性"所体现的是普遍天理，与之相应，"性其情"可以看作普遍天理在个体中的内化。相对于"情"，"性"更多地包含理性的内涵。程颐发挥王弼的观点，强调化"性"为"情"，意味着赋予情感以理性的内涵。这种看法一方面固然包含情感的理性化趋向，另一方面也注意到了情感和理性之间的

① 《荀子·乐论》。

② 程颢、程颐：《二程集》第1册，中华书局，1981年，第577页。

③ 王弼著、楼宇烈校释：《王弼集校释》第2册，中华书局，1980年，第631页。

沟通。

从思想的渊源看,儒家对情感的以上理解可以追溯到早期的《诗经》等经典。确实,在把情感的表达和理性的内容结合起来这一方面,《诗经》作为早期经典对后世产生了重要的影响,并构成了中国思想,尤其是儒家思想的理论源头之一。从孔子到朱熹、王夫之,都对《诗经》有独到的理解,并将其作为自身思想的重要资源。由此,也可以看到《诗经》在中国哲学史和思想史上的重要地位。

六

从更广的视域看,《周礼》提出"六诗"之说:"曰风,曰赋,曰比,曰兴,曰雅,曰颂",[①]《毛诗序》则有"六义"之论:"故诗有六义焉:一曰风,二曰赋,三曰比,四曰兴,五曰雅,六曰颂。"[②]其中,风、雅、颂涉及《诗经》的多重内容,赋、比、兴则关乎其创作方式。一般认为,风(《国风》等)是当时民间的诗歌,体现了这一时代各地的风土人情;雅(《小雅》《大雅》)则与宫廷和贵族的歌乐相关;颂(《周颂》等)则更多地见于宗庙祭祀等场合,是举行相关仪式时运用的舞曲歌辞,包括对祖先功业和建树的颂扬。比较而言,赋、比、兴作为创作方式,展现了某种美学与艺术的品格,并关乎《诗经》的形成过程。在文学史上,赋、比、兴的含义每每隐而不显,对其也常常有不同理解。这里,着重从文学与艺术创作和审美的角度,对其作一考察。

赋、比、兴的美学意义,并不限于《诗经》,而是广泛地体现于中国文学和艺术的领域。当然,作为最早的文学作品之一,《诗经》具

---

① 《周礼·春官宗伯》。

② 《毛诗正义》,载《十三经注疏》三,北京大学出版社,1999 年,第 11 页。

有开风气之先的作用。在词义上,“赋”有“敷”“铺”等含义。《释名》便认为:“敷布其义谓之赋。”后来的文学样式“赋”,便与赋予辞章相关。钟嵘在其《诗品》中指出:“直书其事,寓言写物,赋也。”孔颖达也肯定赋即“诗文直陈其事,不譬喻者”[①]。这些看法较多地关注于事实(对象世界)的本源意义。比较而言,宋人李仲蒙在谈到“赋”时,理解更为深入:“叙物以言情谓之赋,情物尽也。”[②]这里既肯定了“赋”与对象(事实)的关联,也注意到它并未离开人的精神世界(情)。近人朱自清肯定:“借诗‘赋命’,也就是借诗言志。”[③]这里强调的是通过诗以展现人的旨趣,并使人的意义得以呈现。从另一方面看,对象的存在与对象的意义并非简单等同,嵇康的“声无哀乐论”也确认了这一点,其潜在含义即是:“声”固然外在于人,但它的价值意义却离不开人的意向。引申而言,“赋”的特点在于从人到对象,也就是说,人赋予对象以意义。钟嵘曾指出:“若但用赋体,则患在意浮,意浮则文散。”[④]这里的“浮”,与主要表现为人的赋予(意义赋予)相联系:仅仅从人自身出发,容易走向浮乏;它以否定的方式表明,“赋”的特点主要是从人到物。

在《诗经》中,可以看到如下诗句:“昔我往矣,杨柳依依。今我来思,雨雪霏霏。行道迟迟,载渴载饥。我心伤悲,莫知我哀。”[⑤]“杨柳”“雨雪”,属客观之景,“伤悲”和“哀愁”,则是人内在之情。作为外部事物,杨柳、雨雪本身主要表现为对象性的存在,并无其他意义;而具有特定情感的人在观赏这些对象时,同时也将自身的情

① 《诗经·疏》。

② 引自[宋]胡寅:《崇正辩·斐然集》下,中华书局,1993年,第386页。

③ 朱自清:《诗言志辨》,华东师范大学出版社,1990年,第80页。

④ 钟嵘:《诗品·序》。

⑤ 《诗·小雅·采薇》。

感投射于对象,由此,也使事物展现了不同的意义。以上诗句在指称、言说存在时,不仅仅是把握物理对象,而且同时渗入人的情感、立场、态度等等。在“昔我往矣,杨柳依依”和“今我来思,雨雪霏霏”的表述中,不仅有对物理形态中杨柳、雨雪的描述,而且包括人的情感的渗入:依依、霏霏已不同于简单的事实描述,而是被“赋”予了人所具有的意义。

相对于“赋”,“兴”首先表现为从对象到人的过程。《文心雕龙》在谈到“兴”时,曾作了如下的扼要解释:“兴者,起也。”[①]具体而言,情以物兴:“原夫登高之旨,盖睹物兴情。情以物兴,故义必明雅;物以情观,故词必巧丽。”“山沓水匝,树杂云合。目既往还,心亦吐纳。春日迟迟,秋风飒飒。情往似赠,兴来如答。”[②]情因景而兴,人则睹物而应(“如答”)。李仲蒙也认为,“触物以起情谓之兴,物动情者也”。[③] 这里的“兴”既指情感的激发,所谓由物而起兴,也指广义的精神激荡,包括理性的启发。从本体论的层面看,“兴”既关乎心物关系以及对象的作用,也包含着主体的意义赋予。其中,心物之间的互动上是更为主导的方面,它一方面关乎意义的赋予,另一方面又因物的触发而生成意义,两者表现为同一过程的相关方面。在强调意义赋予的同时,对其中因物触发这一点,也需要给予充分关注。“兴”在广义上与对象的触发难以分离,后者既可以是现实对象,也可以表现为观念形态的存在,“仁”便可以成为触发的缘由。孔子曾肯定了这一点:“君子笃于亲,则民兴于仁。”[④]在此,价值形态的“仁”便成为人感奋之源:笃于亲这种“仁”道的行为,可

① 《文心雕龙·比兴》。

② 《文心雕龙·诠赋》《文心雕龙·物色》。

③ 引自[宋]胡寅:《崇正辩·斐然集》下,第386页。

④ 《论语·泰伯》。

使人奋发向上。同时,"兴"的发生,固然有直接性的特点,但这种直接性本身与相关主体已有的观念世界无法分离:在同样之景(物)的引发之下,具有不同观念认同的主体,往往会生成相异的意义世界。肯定这一点,与肯定"兴"所内含的时间性和过程性相联系。此外,"兴"内含诗不尽义这一面,钟嵘在《诗品》中谈到"兴"时,即指出了这一特点:"文已尽而义有余,兴也。"应物(景)的触发而形成某种情感,可以融入于诗文,然而,这种"情"并未穷尽诗的全部意义。

《诗经》300余篇,多方面地展现了诗人之"兴"。"有美一人,清扬婉兮。邂逅相遇,适我愿兮"①,这是前文曾引的诗句。对象之美,引发了作者的遐想,也促使他形成某种交往的意愿。尽管是偶然邂逅,但所遇之人的清澄靓丽,却使诗人难以忘怀。此情此意,固然因对象而引发,但其中又与作者注重婉约的审美意向相关,景(美丽之人)与情(诗人的审美意向)相互作用,审美之境则由此兴发。类似的情形也见于以下诗句:"正月繁霜,我心忧伤。"②冬日严霜铺地,这是常见之景,目睹此境,诗人不觉忧从中来。可以看到,作为内在的情感体验,"忧伤"乃是由因景而兴、触物而生。尽管这一情感具有否定性的意义,其形成或兴发,则不仅仅基于景和物,而是与诗人忧国忧民的价值关切相关联。这里,"触物"是"起情"的缘由,但"物动情"(对象所引发的内在情感反应),也不可忽视。

与"赋""兴"相关的是"比"。李仲蒙在释"比"时曾指出:"索物以托情谓之比,情附物者也。"③从直接的含义看,"比"意味着以比喻的方式传递人的内在之情。就更广的层面看,"比"同时关乎

---

① 《诗·郑风·野有蔓草》。

② 《诗·小雅·正月》。

③ 引自[宋]胡寅:《崇正辩·斐然集》,第386页。

主体与对象的互动，并由此抒发人的情感，其中既关乎从物到人的作用，也涉及人对物的反应，后者也就是在形成相关意念之后，通过物物互动以抒发人的情感。在统一的审美过程中，以上方面无法相分。宗白华在谈到“比”的意义时，着重指出了其“修辞”意义：“比”是一种“根于类似的修辞法”[①]。此所谓“类似”，即是将某物比作另一物，作为创作方法，它同时也涉及以上互动过程。

“周道如砥，其直如矢。君子所履，小人所视。眷言顾之，潸焉出涕”[②]，这是《诗·谷风·大东》中的诗句。“周道”本来指周王朝在国都镐京和东都洛邑之间所修建的大道，作者将其比作平坦的磨石，并以箭杆喻指其挺直。从形式上看，这似乎只是外在的物与物的比拟，然而，其中又寄寓着作者的价值观念：这里的大道同时隐喻着世间的现象，当时，贵族公子（君子）可以行进于此道，一般的平民（小人）只能在旁观望，其中显然反映了人间的不平等。这种现象，无疑令人不满，而念及于此，则使作者不觉潸然泪下。不难注意到，诗人所用的“比”这一修辞方式不仅仅关乎物与物的关系，而且以主体已经具有的价值情感为背景，并相应地涉及人与物的互动。

要而言之，在美学的层面，赋、比、兴作为《诗》形成的主要方式，体现了人与对象、情与景的互动，其中渗入了中国艺术的基本精神。《诗经》从不同侧面，展示了赋、比、兴的审美的意义，而前面所分析的情感世界，则蕴含了其丰富的价值内涵。事实上，当孔子说“诗，可以兴，可以观，可以群，可以怨”[③]之时，便对此作了肯定。

---

① 《宗白华全集》第3册，安徽教育出版社，1994年，第494页。
② 《诗·谷风·大东》。
③ 《论语·阳货》。

礼的哲学意义

——基于《荀子·礼论》的考察

礼构成了社会生活的重要方面，从先秦开始，哲学家就从不同角度，对礼的意义作了考察，其中，既有《仪礼》《周礼》《礼记》这些成书于不同时代的综合性论著，也有对礼的个性化考察。与早期经典《诗经》侧重于从情感的层面展开相关讨论不同，《荀子·礼论》比较集中地在规范性之域，对礼作了系统分疏。从理论内容看，《荀子·礼论》中一些篇章与《礼记》相近，与之关联的问题是何者为先，如《礼记·三年问》，便与《荀子·礼论》在文字上有重合之处。在这方面，存在不同看法。大致而言，荀子作为哲学家，其著作主要是个人所作，《礼记》则是集体的产物，成书于不同时期，其间可能参考了不同时代的相关论述，以此而言，《礼记》的某些内容源于《荀子》的可能性更大一些。本文主要从哲学的层面，对《荀子·礼论》中的相关思想作一考察。

一、礼的起源

在《礼论》中，荀子首先对礼及其起源作了总体上的论述："礼起于何也？曰：人生而有欲，欲而不得，则不能无求；求而无度量分界，则不能不争；争则乱，乱则穷。先王恶其乱也，故制礼义以分之，以养人之欲，给人之求，使欲必不穷乎物，物必不屈于欲，两者相持而长，是礼之所起也。”①众所周知，礼与法构成了荀子思想中两个重要的方面，法主要吸取了法家的观念，礼则承继了儒家的传统。按其实质，礼与法都属于规范系统，比较而言，法具有强制性，礼则呈现非强制性的一面。在以上论述中，荀子开宗明义，考察了礼的发生问题。在社会生活中扮演重要角色的礼，究竟是如何形成的？所谓“生而有欲”，主要着眼于人性，按荀子的看法，每一个人一开始都有自然的欲望，这是没有经过任何人工雕琢的、原初的人性形态，无人能例外。欲望产生以后，总是追求自身的满足，所谓“求”，就是不断试图实现欲望的过程。

在以上追求的过程中，荀子特别提出了“度量分界”的问题。度量分界以划定社会领域中的存在界限为前提，其基本要求是：在社会领域或社会结构中，每一个人都应具有确定的社会地位，由此，在整个社会等级结构中，形成界限分明的格局。与个体的确定的地位相应的，是可以享有的权利和应该承担的义务。在荀子看来，如果每一个人都做到各安其位、互不越界，社会就将处于有序状态。所谓“求而无度量分界，则不能不争”，表明现实生活中很多社会乱象的发生，都是由于社会成员试图超越自己的界限，由此不免发生各种纷争和冲突；如果在一定社会结构中，大家都安于分界，便可避免以上现象。在此意义上，礼的“度量分界”无疑十分重要。与“度量分界”相关的是规范的引导。以行为的制约为旨趣，规范表现为当然之则：从正面看，它主要表现为对应该做什么、应该如何做的

① 《荀子·礼论》。本文的其他引文若出自该篇，不再另行注明。

规定；就反面言，则是对不应做什么、不应如此做加以限定。“礼”一方面划定界限，另一方面作为当然之则对人的行动加以引导，通过对人的行为的约束，它构成了社会秩序建构的前提。

以上既是现象的描述，也具有制约社会活动的意义。进一步，荀子又将礼的形成与“先王”联系起来，所谓先王“制礼义”，也就是将“礼”视为先王的有意识建构。这一看法显然需要再思考。事实上，如果作一现实的分析，便可注意到，社会的规范系统并不是某一个“先知”或“先王”通过理性的方式构成的，而是历史的产物。为什么某种规范体系被社会认可，并且实际地影响人的行为？这首先在于其行之有效，对社会的合理运行具有积极意义，正由于如此，它才能在历史发展过程中逐渐被社会所接纳；不管是道德原则，还是法律规范，都是如此。

“度量分界”与“制作礼义以分之”都注重“分”：“度量分界”的“分”要求把社会成员分为不同的等级，“制礼义以分之”也是这个意思。“分”的实际内涵是规定相应的权利与义务，而礼的根本特质就体现于“分”。从社会秩序的建构看，“分”是前提：没有这种分，就不会形成秩序。这种“分”并不仅仅是主观的设定，它最后需要由社会成员所共同认定和接受。每一个时代的统治者可能会提出各种法规，但这些法规不一定都起积极作用并为后人所接受。历史上，一部分处于权力顶端的人物确实有特定地位，可以颁布制定各种法律条文，然而，这些条文是不是行之有效，要通过历史的检验、历史的选择。在这里，历史选择具有终极的意义。

礼作为一套系统，包含很多具体要求。在传统社会中，事无巨细，从家庭内部，到邻里之间，从伦理关系到政治上的君臣互动，等等，都有一套细致的规定；人们在社会生活中举手投足，无不纳入礼的规范之域。这样的规定实际上是通过长期的历史践行而逐渐被认可的,并不是出于某一个人的设计。从历史的角度来说,正是某种行动方式保证了社会秩序,故能为社会所接受和认可,如果这种规范对社会运行不具有正面作用,便难以被社会所接受。这里,与其说是先王的意志在起作用,不如说是历史的选择具有更根本的意义。

规范本身有一个变和不变的问题。一方面,从历史角度看,规范不是不变的东西,另一方面,一些基本的社会规范,几乎在人类出现以后一直在起作用。在物质资源与人的需求的关系上,也有类似问题。原则上,两者之间需要保持平衡;同时,需求在不同时代也有相异的内涵,具有可变性。具体的要求和行动规划可以有差异,但需求和社会资源之间的平衡关系,则不同时代都存在。当然,平衡关系在不同时代有不同特点,人的需求必须适合于既成条件,并抑制与历史发展不一致的需求。具体内容上可能有所不同,但是总体上,供需之间的一致趋向,伴随着人类的始终。在未来社会中,马克思所设想的按需分配,同样存在供需的平衡问题。

礼的起源与避免纷争的历史需要相关,在这里,“分”或“分之”有其独特作用。从实际内涵看,“分”以不同的权利与义务的确立为指向。“度量分界”意味着个体在一定的等级之中既享有某种权利,也需要履行义务,权利义务在这里是统一的。如果没有一定的“分”,个体可以拥有什么权利和义务便不能确定。就权利而言,最基本的方面体现于生命的维护,所谓“养人之欲,给人之求”,便与之相关。“礼”与“养”的以上关系表明,“礼”作为社会规范,并不是抽象的要求,而是与人的现实生活密切相关。“养人之欲”,也就是要满足人的基本需要。与人的生存相关的现实欲望,可以理解为合理的需要。一般而言,需要是客观的,生物的生存离不开一定的生活资源,否则其存在就可能走向终结,这里的生活资源就是客观上的需要。荀子所说的“养人之欲”主要是指满足人的基本需要,与“给人之求”含义相近,指向的都是满足人的需要和欲求。对荀子而言,礼作为规范,并不是简单地抑制人的欲望、限定人的需求,而是以合理的方式给予人的需要以必要的满足,让他们能够生存于世。规范属“当然”,“当然”总是关联着现实存在(“实然”),离开“实然”的“当然”便没有现实的活力。荀子肯定礼以“养人之欲”“给人之求”为指向,从而将“当然”“实然”联系在一起,由此展现了“当然”的生命力。

按荀子的看法,在物质资源有限的历史条件之下,人的欲望和需要与物质资源之间往往存在着张力,对此加以调节,是礼的规范作用的题中之义。在这一方面,荀子具有现实的眼光。前文中引用的“使欲必不穷乎物,物必不屈于欲,两者相持而长”,是值得关注的观念。人的欲望与物质资源之间存在的张力,使无限制地去满足欲望成为不可能:人的欲望与一定时代的物质资源应达到平衡状态。如果礼的规范不注意以上平衡关系,可能会导致二重后果:或根绝人的欲望而走向“存天理、灭人欲”,或使欲望的膨胀超越资源的限度,从而难以得到满足。如何在需求的满足和物质资源的供给之间建立平衡关系,现在依然是需要关注的问题。一旦平衡关系被打破,便可能会失序和失范,从而很难真正维持社会秩序。

“欲”更多地与内在人性相关,荀子由此将礼的起源和内在人性的问题联系在一起。关于人性,往往有不同的理解。荀子持性恶说或性朴说,在他看来,性是人最原初的本然形态,自然而然、没有经过任何作用。他把性与人所作之事区分开:“不事而自然谓之性。”[①]事是人之所为,性则没有经过任何作用。人性在本源上具有

---

① 《荀子·正名》。

以上特点,如果顺人的欲望自然发展,便难免会有争夺,所谓人性恶,主要从这一角度说。同样,礼的发生也与之相关。

人性的原初形态与人的作用相对:“性者、本始材朴也;伪者、文理隆盛也。无性则伪之无所加;无伪则性不能自美。性伪合,然后圣人之名,一天下之功于是就也。故曰:天地合而万物生,阴阳接而变化起,性伪合而天下治。天能生物,不能辨物也;地能载人,不能治人也;宇中万物、生人之属,待圣人然后分也。”这里,荀子更明确地肯定了性一开始具有未经任何人为加工的性质。本始材朴,强调的是人最初的自然趋向。在本然状态下,人都有自然欲望,然而,如果依着这种欲望发展,则容易导致争夺。原初状态的性如果没有经过人的作用,则无法向合乎礼义的方向发展:从前者走向后者的条件,是“化性起伪”。“伪”(人为)的具体内容首先与礼相关。这里包含两个方面:性构成了人作用的对象,伪则是人的作用,其功能在于使本然之性合乎人性:只有性和伪结合,才能成就人格。就人的成长而言,一方面需要内在根据,这种根据表现为“性”,另一方面,又离不开人的作用,其内容是以“礼”的形式展开的“伪”。引申而言,万物的生长基于天地的交互作用;事物的变化过程,则源于阴阳的互动。从社会的角度来说,其主流以达到合乎礼义的状态为指向,后者离不开礼的规范作用(伪)。就逻辑层面而言,任何描述都要寻找一个最初的开端,荀子把性与人的作用区分开来,也可以视为这一意义上的开端:起点、支点都具有一定逻辑的意味。从人性的考察来看,这并不是人为设定一个起点,而是就对象本身的状态来进行描述。当然,描述的过程和论证不能严格区分,描述的过程也是论证的过程,通过两者的这种互动过程,可以提供对人性的理解。

作为人性自然体现的欲望尽管不能像后来理学家一样,加以压抑,甚至根绝,但也不能放任自流,而应该加以约束、加以引导,这也是荀子的基本立场。这里更进一步展现了人性与礼的关系。荀子在人性问题上讲化性起伪,要求对自然的欲望加以抑制,使之合乎礼的规范,礼便属于约束的方式和手段。在化性起伪中,人性与礼的规范相互关联。比较而言,孟子也注意到人性与规范的关系:在孟子那里,礼也是规范系统,是约束和引导人的原则。不过,在对礼的起源的理解上,孟子与荀子存在重要差异:孟子着重从先天意识入手去考察礼的规范性来源,而荀子则更多地着眼于现实的需求以及自然欲望的调节。总体上,荀子从人性有自然趋向这一角度出发,要求化性起伪,通过礼的约束,使人性具有正面价值意义。这种注重后天礼义教化的看法,既说明了礼形成的必要性,也突出了礼的规范作用。

广而言之,在传统社会中,社会秩序的建构,与体现等级差序的多重活动相关,这种活动包括祭祀、丧礼,等等,其具体展开关乎基本的饮食起居。对这类与礼相关的活动,荀子在作历史描述的同时,也从礼的起源这一角度进行了追溯:"大飨,尚玄尊,俎生鱼,先大羹,贵食饮之本也。飨,尚玄尊而用酒醴,先黍稷而饭稻粱;祭,齐大羹而饱庶羞,贵本而亲用也。贵本之谓文,亲用之谓理,两者合而成文,以归大一,夫是之谓大隆。故尊之尚玄酒也,俎之尚生鱼也,豆之先大羹也,一也。利爵之不醮也,成事之不俎不尝也,三臭之不食也,一也。大昏之未发齐也,大庙之未入尸也,始卒之未小敛也,一也。大路之素未集也,郊之麻絻也,丧服之先散麻也,一也。三年之丧,哭之不反也;《清庙》之歌,一倡而三叹也;县一钟,尚拊之膈,朱弦而通越也;一也。"大飨是祭祀形式,它以水代酒,既是最初形态的祭祀,也体现了最高的礼仪。后续逐渐展开了各种细则:在祭祀过程中放点生鱼片、没有味道的肉、羹,等等,这是从食物的演化过程加以回溯。祖先是人类之根，以最朴素的食物来供奉，表现了对先人的尊重。这里的“本”，直接的意思是追溯食物的本源，它同时又从祭祀的角度，涉及礼的相关细则的发生。

在每个季度的祭祀中，礼便显得稍微复杂一些。随着社会的演进，水之后用真实的酒来取代，同时，贵重的稻米代替了杂粮，再后面有各种羹、比较美味的食品，等等，祭祀中所使用的东西渐渐丰富，祭祀的食物变迁折射了社会的变化过程。荀子把“贵本之谓文”与“亲用之谓理”统一起来：贵本是追溯根本的东西，最简单的祭品可以视为食物之本。另一方面，祭祀本身是人类文化现象，具有文饰的作用，文饰更多带有形式意义，效用则具有实用的意味，祭祀过程中“贵本”与“亲用”的结合，体现了文饰与效用之间的相互沟通。

礼尽管形式多样，但实际内涵却具有一致性：一方面是质朴、简朴，而不追求奢侈的形式；一方面是真诚、务实，表达人的真实情感。从外在形式上说，祭祀过程中用麻絻，也就是比较简朴的方式，这与太古时代比较一致。举行丧礼时有哭泣的要求，这种要求具有符号和象征意义。祭神如神在，祭祀时通过哭泣来表示人的哀伤，所谓“一倡而三叹也”。这里以祭祀、婚礼、丧礼为三种代表的形式，它们象征着人类生活的方方面面：丧礼、婚事、祭祀祖先，分别关乎子之孝、夫妇关系的形成，以及个体对先祖的尊崇，这些都是礼所涉及的应有活动。广而言之，荀子对礼的看法既注重形式的方面，也着眼于实质之维，其中既涉及事物的演化过程，从简单到复杂的演变即体现了这一点，同时又关乎质和文的统一，变中有不变之处。作为规范，礼的形式方面往往占主导地位。当然，荀子同时也对实质层面给予了比较多的关注。传统意义上，礼是比较多面的，从理论层面对它加以把握，需要注意其总体上的特点，即形式层面和实质层面之间的沟通，以及其中的延续过程，后者也就是所谓“一也”。

中国古代有“礼从俗”[①]的说法，礼作为规范系统，与世俗社会的各种要求有一致之处。在世俗的社会中，习俗包含规范，如禁忌便是负面形态或具有否定意义的规范。礼与俗之间界限并不严格，各种世俗活动也包含礼的要求。礼作为规范系统一开始与巫术联系在一起，巫术理性化之后就化为礼的最初要求，其中也关乎礼的发生。礼的形成固然与人的作用相关，但同时也是社会选择和历史选择的结果。在历史演化过程中，某些规范、条文逐渐被证明是行之有效的，对于协调社会，对于人与人的和谐也有益，于是便被认可、固定下来了。礼关乎情与文，其中涉及礼的内涵和外在文饰。在历史演化中，情与文常各有侧重，但从礼的起源看，两者则呈现相互统一的形态。

二、礼与人的生存

礼的起源既指向社会秩序（有序而避免纷争）的建构，也涉及人的生存，所谓“养人之欲”便表明了这一点，后者同时体现了礼与人的存在的关联。由此出发，荀子对礼的功能作了进一步的考察：“故礼者，养也。刍豢稻粱，五味调香，所以养口也；椒兰芬苾，所以养鼻也；雕琢、刻镂、黼黻、文章，所以养目也；钟鼓、管磬、琴瑟、竽笙，所以养耳也；疏房、檖貌、越席、床笫、几筵，所以养体也。故礼者，养也。”人有多方面的需要，满足这种需要的过程，表现为“养”。把“养”视为礼的题中之义，是接着前文以礼“养人之欲”而说。礼强调分，其中蕴含和预设了不同等级，而相异的等级有不同需要，

① 《慎子・内篇》，华东师范大学出版社，2010年，第24页。

“礼者，养也”意味着对不同的需要都应予以关注。引文中罗列了“养”的很多方面，其中的养总是与人的多样需要的满足相关，后者又与人的感性之身相关联。“身”有广义和狭义的理解。广义上的“身”，包括口鼻眼耳等五官，狭义上的“身”，则与“体”相联系。养离不开形体，人的各种感性需要首先基于形体。与社会等级的区分相应，这里的需要也体现了相异的文化意义。同时，需要的满足与对象也具有相关性。荀子在以上论述中提到的对象，都不同于自然对象，而是人化之物。不管是刍豢等食品，还是各种乐器，都有别于自然天成之物，是人的产物。广而言之，社会资源都是人所创造的。

就中国传统哲学而言，礼除了具有规范引导意义外，还有文饰作用。从文野之别这一角度来说，满足人的不同需要的物资，属于不同于自然状态或本然形态的对象。也就是说，与文野之别相关的事物，同时带有文饰作用，而有别于本然的、与人没有关系的对象。总体上，他采取了排比的方法，从不同方面重述所谓“养”的内容，强调其人化性质以及作为人化之物所蕴含的文饰作用。从这意义上看，由于物质资源是人化之物，而不同于自然天成的对象，因此，它不仅仅使人获得生物学意义上的满足，而且这种需要的满足具有社会意义。也就是说，正因为对象是人的创造物，而人的创造物又存在差异，其体现的“养”，也相应地象征着不同的社会等级。这里从需要的满足方式上，体现了礼所规定的人在社会层次上的高下贵贱之别。

养固然不同于无节制地满足人的需求，但从直接的含义来说，其中并没有显现教化的意义：所谓“养”，主要是物质对象的需求满足，体现的是人的需求、欲望与物质资源之间的关联，与之相对的教化则更多地表现为政教系统。从维护人的生命存在需要这一角度，可以更直截了当地从物质层面去理解。当然，它需要限定，而非无限制任欲望膨胀,从这一意义上说,“养”具有约束的功能。但这种作用与教化不同。事实上,“养”与“教”常常被视为人的存在涉及的两个不同方面。从后来的儒学发展来看,物质需要的满足和精神教化也相互区分,如宋明理学所着重的主要是观念层面上的教化,对物质层面上的需求满足则有所忽视。这里呈现某种偏向,也彰显了“养”不同于“教”的含义。

“养”与前述度量分界有着内在关联,这具体表现为“养”与“别”无法相分:“君子既得其养,又好其别。曷谓别?曰:贵贱有等,长幼有差,贫富轻重皆有称者也。故天子大路越席,所以养体也;侧载睾芷,所以养鼻也;前有错衡,所以养目也;和鸾之声,步中武、象,趋中韶、护,所以养耳也;龙旗九斿,所以养信也;寝兕、持虎、蛟韅、丝末、弥龙,所以养威也;故大路之马必信至教顺,然后乘之,所以养安也。孰知夫出死要节之所以养生也!孰知夫出费用之所以养财也!孰知夫恭敬辞让之所以养安也!孰知夫礼义文理之所以养情也!故人苟生之为见,若者必死;苟利之为见,若者必害;苟怠惰偷懦之为安,若者必危;苟情说之为乐,若者必灭。故人一之于礼义,则两得之矣;一之于情性,则两丧之矣。故儒者将使人两得之者也,墨者将使人两丧之者也,是儒、墨之分也。”这里提到了礼的二重功能,即“养”与“别”。如前所言,“养”侧重于物质层面的满足,“别”则是社会层面的地位区分。荀子既注重礼的自然之维,也关注其社会规定,前者以物质层面的关切为内容,后者则涉及社会层面的分野。以“贵贱”而言,其侧重的是社会地位的高低,而礼所关联的长幼之分,则涉及年齿层面的上下之分。

作为社会规范,礼的分别功能一方面对人的贵贱等级作了区分,另一方面也在更广意义上关注长幼之别。不同社会成员可以享用的东西都有严格限定,便体现了礼的上下尊卑之分。这里同时提到了生死问题，如果仅仅追求生命存在，往往适得其反，从政治上说，它所强调的是，忽略了应当尽的君臣之义，生活便无意义，这种看法无疑带有历史的限度。广而言之，如果仅仅向往欲望的满足，则欲望往往得不到满足；单纯追求利益，则利益反而难以得到实现，仅仅以个人安全为念，同样也会面临各种危机。这里包含着某种人生辩证法，也涉及礼的规范和约束：以礼加以引导，可以避免某种偏向。从日常的生存这一角度来说，礼的意义即体现于各个方面的平衡。同时，前面提到的礼兼有养和别两重含义，包含着对社会分层的关注，君子之"养"，便不同于一般人。总之，养中有分，分中有养，两者统一于礼义之中。

按以上论述，礼同时关乎情与性的关系。荀子强调隆礼重法，礼具有价值上的优先地位，性情则关乎人最原初的、有别于后天的形态，不像礼的规范那样具有引导作用，事实上，与性相关的情更多地具有自发性质。从两者的比较来看，礼需要对自发的情性加以规范：礼义是社会的规范，情和性作为自然的规定，需要礼和义的引导；礼的规范意义，既具体表现为对欲望的约束，也以情与性的调节为题中之义。按荀子之见，通过礼的规范，礼和义、生和死、有财和无财可以得到协调，所谓"两得之"。历史地看，墨家反对儒家的厚葬、祭祀等主张，强调节用。在荀子看来，墨家片面追求某一方面，结果导致"两丧之"。这里体现了儒墨之分：两者之间的不同，根本上是价值观的差异。墨家的节用观念，体现于对社会不同需要的抑制，在荀子看来这有悖礼之要求：如果否定不同的需要，礼的"别异"功能便难以彰显，由度量分界而实现的社会秩序也无法建构。

注重礼之"养"，同时体现于对丧礼的理解。按荀子之见，丧礼虽然关乎生命的终结，但最后却指向"优生"："丧礼之凡：变而饰，动而远，久而平。故死之为道也，不饰则恶，恶则不哀，迩则玩，玩则厌,厌则忘,忘则不敬。一朝而丧其严亲,而所以送葬之者不哀不敬,则嫌于禽兽矣,君子耻之。故变而饰,所以灭恶也;动而远,所以遂敬也;久而平,所以优生也。"从程序的角度看,对刚去世的人要加以装饰,因为人死之后就会变形、变容,故需要装饰,以尽可能恢复其原来样貌,由此显示对逝去之人的尊重。这里体现了装饰的作用:外在形式可以唤起内在情感。丧礼的以上环节之意义并不在于让死人变得像活人一样,而是渗入了对逝去者的敬重之意。在日常生活中,人与人越接近,便越容易缺少敬意;距离则既产生美感,也会形成敬意。去世之后尸体不断向外移,也是为了表示内在的敬意感。值得注意的是,荀子在此将人性化的过程提到了突出地位:"久而平,所以优生也","所以优生"也就是以人的生命存在的意义为指向。经历了较长时间以后,哀伤之情慢慢平复,所谓时间可以消除已有伤痕,也是这个意思。"优生",便是让活着的生命存在能更充分开展,这也是丧礼趋向的最后目标。这一点同时体现了荀子对人的理解,它与儒家对人的看法具有一致性:从人禽之辨到马厩失火关心"伤人乎"而不问马①,都体现了对人的尊重,这里的"优生"也是如此。荀子明确提出这一点,将关注人的现实生命存在("优生")作为价值目标。丧礼一般注重对死去的人的怀念,这里恰恰对活着的人的生命存在予以肯定,这一观念,值得关注。

以上观念同时体现了礼与情之间的关联。在荀子看来,光是讲外在之礼而不能使之化为内在之情,礼便难以实施,因此,对礼的认同需要最后落实在内在的情之上。另一方面,情既非凭空而来,也不是如孟子所说是先天的东西,唯有通过礼义的后天教化和个体自身的习行过程,才能逐渐形成。荀子肯定,丧礼中各种举措可以促

① 《论语·乡党》。

进人这种情感意识的生成和内化。他注重情与礼之间的沟通，而非仅仅强调外在的礼，对他而言，只有礼而无内在之情，是不可取的。这种看法与后来王阳明的心学有一致之处。在王阳明看来，一个人如果缺少情感认同，单纯像做戏一样向父母问安，那就如同戏子。如果内在的情感能够同时在遵循礼的过程中逐渐形成并体现于践行，则行为的意义就不一样。

对荀子而言，丧礼同时体现了人的文明意识。人禽之辨和文野之别在儒家中相互关联：由野至文是从前文明的野蛮状态到文明状态，对死者的注重正是文明化的体现。从功利层面看，人死了不能创造什么财富，也不能干什么，这样，对死后之事似乎无需多加关注。与之相对，对先人的怀念，则体现了深层的文明意识。禽兽可能缺乏这种意识，不会像人类一样哀伤。按照荀子的描述，如果没有对死者的敬意，人与禽兽便没什么差别了。就此而言，人禽之辨同时体现了文野之别：禽兽尚处于前文明的、自然的状态，人则是文明化的存在。礼的意义之一，在于为人的文明化品格提供了担保。人与动物的区别当然不限于此，理性能力、语言运用、创造工具等方面，都展现了人禽之别；文野关系则主要是以文明和非文明为是否合乎礼的判断准则。

社会生活并非抽象空洞的形态，在人的存在过程中，礼的作用与“财物”息息相关：“礼者，以财物为用，以贵贱为文，以多少为异，以隆杀为要。文理繁，情用省，是礼之隆也。文理省，情用繁，是礼之杀也。文理、情用相为内外表里，并行而杂，是礼之中流也。故君子上致其隆，下尽其杀，而中处其中。步骤、驰骋、厉骛不外是矣，是君子之坛宇、宫廷也。人有是，士君子也；外是，民也；于是其中焉，方皇周挟，曲得其次序，是圣人也。故厚者，礼之积也；大者，礼之广也；高者，礼之隆也；明者，礼之尽也。《诗》曰：‘礼仪卒度，笑语卒获。'此之谓也。"这里首先把礼与财物的关系提到突出位置,表明礼并不仅仅是抽象的观念,而是有其实质的物质基础。"以贵贱为文"中的"文",有修饰之意,"贵贱"则主要指尊卑高下的等级差异。从形式上来说,礼乃是通过各种规定来表现社会尊卑等级差序。"以多少为异"是接着前面而言的,侧重于外在形式上的区分。"以隆杀为要"中的"隆"指推崇、提高,"杀"则带有降低或忽视的意思。贵贱、多少、隆杀都属于形式层面的规定,而"以财物为用"更多地体现了实质的层面。类似的看法也见于《礼记》:"有其礼,无其财,君子弗行也"。① 这里同样肯定礼要有物质基础,并把财提到非常突出的位置。如果真正做到基于财用、以礼而行,便达到了所谓"士君子"之境:"人有是,士君子也"。做不到这一点,则仍处于普通民众的层面。

这里再次提到了礼与情的问题。"文理繁,情用省"中的"文理繁",既关乎外在的规范,也侧重于形式层面的文饰。"情用"则可以作两种理解,一是内在的情感,另一是与虚华相对的实用,这种实用与前述财用具有一致性。在荀子看来,"文理繁,情用省"注重于外在的要求和形式,但对实际的财物则比较忽略,引申而言,也可以理解为仅仅注重于外在的规范,而对内在情感有所漠视。反过来"文理省,情用繁",则把内在情或实际的效用放在突出地位,对形式层面的规范未能予以重视,从而使礼之为礼的本质规定失去了。按其实质,礼首先注重规范的东西,故"文理繁,情用省"意味着礼之隆,"文理省,情用繁"则表现为礼之杀。合理的进路在于外在的文理和内在的情感或实际的效用能够相互统一,所谓"文理、情用相为内外表里,并行而杂,是礼之中流也",便表明了这一点。

---

① 《礼记·檀弓上》。

由此,荀子进一步讨论礼的社会意义:“凡礼,事生,饰欢也;送死,饰哀也;祭祀,饰敬也;师旅,饰威也。是百王之所同,古今之所一也,未有知其所由来者也。故圹垄,其貌象室屋也;棺椁,其貌象版、盖、斯、象、拂也;无、帾、丝、歶、缕、翣,其貌以象菲、帷、帱、尉也;抗折,其貌以象槾茨、番、阏也。故丧礼者,无它焉,明死生之义,送以哀敬而终周藏也。故葬埋,敬藏其形也;祭祀,敬事其神也;其铭、诔、系世,敬传其名也。事生,饰始也;送死,饰终也。终始具而孝子之事毕、圣人之道备矣。”“事生”,表现为对生命的注重,“饰欢”,则以现实情感的修饰为内容。这里同时关乎外在仪式:缺乏必要的仪式,人的情感便无法获得宣泄,人的存在也难以得到真正的欢愉。丧礼具有让人的情感得到适当流露的功能,欢、哀都是情感,饰欢、饰哀则是对情感的修饰。在生的时候,人要尽孝;在送终的时候,则需有自然哀伤之情。荀子对情、文两个方面都十分关注。生是人的开始,死则是存在的终结,两者对人而言都是重要事件,不能怠慢,而应认真处理。当然,仪式的层面,需要根据实际来把握,这也体现了务实的心态。而“事生”与“饰欢”的统一,则体现了礼与人的现实存在的关联。

三、礼的不同维度

作为普遍的规范,礼既有自身的根据,又与天人、历史、社会治理等相关:“礼有三本:天地者,生之本也;先祖者,类之本也;君师者,治之本也。无天地恶生?无先祖恶出?无君师恶治?三者偏亡焉,无安人。故礼上事天,下事地,尊先祖而隆君师,是礼之三本也。”这里也体现了荀子对礼的基本理解。“本”在此有终极的含义。按荀子的理解,礼包含三个终极性的根源,它们既关乎天人之辩，也涉及人与人之间的关系，其中同时指向天道与人道的互动。

所谓“天地者，生之本也”，主要着眼于天道，并关乎天人之间的关系；在荀子的眼中，自然（天地）与礼的关系十分重要，所谓“生之本”，便强调了这一点。也正是基于此，荀子对天地或作为对象世界的自然给予了较多的关注，这同时从另一个侧面表明，荀子对礼不仅仅从社会治理角度来理解。礼固然是社会规范，但礼对于人作用于自然的过程，以及为人们提供衣食之需的天地，也有重要影响。事实上，欲让自然的运行合乎人的正当需要，便离不开人对自然的理解和作用。在人根据自然的法则来治理自然的过程中，礼具有重要的意义。

“先祖者，类之本也”则从类的角度考察人的存在，侧重于从祖先到后代的历史传承，其中包含从类的延续理解人与人之间的关系以及社会的和谐之意，《礼记》有“万物本乎天，人本乎祖”之说[①]，与之大致一致。“君师者，治之本”则以社会治理为关注之点，将“君师”的社会职责规定为教化与治理两个方面：“君”的作用主要体现于政治引导、社会治理；“师”作为广义的知识阶层则侧重于社会教化，政治治理和社会教化都构成了社会和谐和社会秩序建构的重要环节，因而也具有“本”的意义。在传统思想中，君与师具有相通性，《尚书》曾指出：“天佑下民，作之君，作之师。”[②]“类之本”与“治之本”这两个方面都更直接地与人道相关。先祖是从传世序列这个角度来说的，就社会衍化而言，人类处于不断延续的过程，礼本身也源于这样一个传世序列。礼的一个重要方面就是祭祖，由此沟通后代与前代。“类之本”之说与祖先崇拜、祖先祭祀相结合，体现了深

① 《礼记·郊特牲》。

② 《尚书·商书·泰誓上》。

沉的历史意识。同时,从先祖到后人常常经历了一个自然而然的繁衍生长的过程,就此而言,传世序列也带有某种自然意味。在荀子看来,这样的繁衍过程同时也是人类社会演进的一个方面。社会延续及秩序建构作为社会治理和教化的确证,以不同的方式渗入了礼的引导和规范作用,后者体现为"君""师"的教化。"先祖者,类之本也","君师者,治之本",渗入了礼的多重根据。

荀子对礼的理解涉及不同维度。礼在本质上离不开天道与人道的互动。"生之本""类之本""治之本",是从根源或发生这一角度来说的;基于礼所关联的三个方面,事天、事地、事君师的规范也获得了不同的根据。这里既包含对礼的描述,又涉及礼所具有的规范意义。事实上,在荀子看来,礼的描述性和规范性这两个方面是密切相关的:一方面,荀子在《礼论》中对礼在社会生活中实际呈现的各种具体规定作了描述;另一方面,则从应当如何的角度,对礼的引导和规范作了多重论述。

在《大略》中,荀子曾提及,"礼以顺人心为本"①,其中涉及礼的内在根据问题。礼的起源及作用方式与人的内在意识无法分离:外在规范和内在意识是密切相关的,并非互相排斥。从起源来看,规范意识来自历史需要,从作用方式来说,外在规范只有化为个体要求才能起作用,也就是说,普遍的规范系统离不开内在的意识系统。从以上方面看,"礼有三本"与"礼以顺人心为本"并不是彼此对峙两个方面。"生之本"强调自然为人类的生存提供了资源,这也构成了社会领域中礼的最基本的根据。"类之本""治之本"则关注礼在社会领域中的历史依据以及对现实秩序的制约。

"心之本"与"生之本""类之本""治之本"的关联,在"情"与

---

① 《荀子·大略》。

“文”的互动中,得到了具体的体现:“凡礼,始乎棁,成乎文,终乎悦校。故至备,情文俱尽;其次,情文代胜;其下,复情以归大一也。天地以合,日月以明,四时以序,星辰以行,江河以流,万物以昌,好恶以节,喜怒以当,以为下则顺,以为上则明,万物变而不乱,贰之则丧也。礼岂不至矣哉!立隆以为极,而天下莫之能损益也。本末相顺,终始相应,至文以有别,至察以有说。天下从之者治,不从者乱;从之者安,不从者危;从之者存,不从者亡。小人不能测也。”“情”与“文”的关系,与哲学意义上形式与实质之辨具有相关性。根据相关考证,“棁”与“脱”相通,有“简略”之意。礼最初从简,后来逐渐变得繁复,“终乎悦校”的直接含义关乎愉悦的状态,在如何对待“礼”的问题上,则表现为出于内在意愿的接受。这里首先讨论了礼的三种形态,这种形态又与礼的衍化过程相关:从最初的简略,到加以文饰,再到个体意愿的接受认同。

礼发展到最完备的形态(“至备”),便达到了“情文俱尽”。荀子在《礼论》中多次谈到情与文,两者在总体上关乎实质与形式。这里的“情”首先指人的情感,引申为广义的内在意识;“文”则是外在的“文饰”或“修饰”,礼的完备的形态表现为内在情感(内在之意)与外在形式的统一。上述意义中的“情”与“顺人心”之心相关,“文”虽然在内容上不限于“三本”,但在外在性上则与之具有相通性。“情文代胜”,表明情与文在礼的作用过程中可以各自有所突出:有时侧重于情,有时侧重于文。“复情以归大(太)一”,则是以情(实质的内容)为主,文则隐而不显。这里实际上以倒叙的方式,描述礼的衍化过程:最初的时候以情为主,没有文饰,然后达到了情与文的相胜,最后则是“情文俱尽”(情与文兼具)。荀子在论述中提到了“天地以合”,其中的“合”,可以理解为隐喻,其实际内容是指“复情以归太一也”,这“一”尚无情与文的分化的形态。在荀子的理解中，礼不仅仅是一个社会层面的规范系统，它同时也对自然具有约束作用，从而包含普遍的涵盖性，这样的作用是如何体现出来的？人作为主体，在把握自然的法则之后，可以进一步反过来作用于对象，在这一过程中，礼作为普遍的规范，也通过调节人的行为，影响着人对天地万物的作用。

更具体地看，礼作为规范，既制约着人的情感，也关乎人对天地的作用，其最终目标则是使自然和社会都达到有序状态。从天道和人道的关系来说，儒家认为天道构成了人道的根据，而人道则是天道的延续。仅仅讲礼与天地万物的关系，容易流于抽象，但若把礼与理联系在一起，同时引入"制天命而用之"这样的观念，此时，礼作为天人关系的环节，便与把握自然之理并进一步作用于自然的过程相关，而在这一过程中，天人关系自然得到了调节，天人互动也落实于合乎人的需要。在《王制》篇章中，荀子曾指出："天地生君子，君子理天地"[①]，所谓"君子理天地"，也就是在把握了必然法则之后反过来作用于自然。

礼作为普遍的规范具有稳定性，不可随意变更："立隆以为极，而天下莫之能损益也。"自孔子以来，"损益"是"变革"的代名词，"莫之能损益"则强调了礼作为规范的不变性。具体来说，荀子认为，礼在社会之中与本末相关，本末关系则既涉及一般层面的前后之序，也代表了根本性的方面和次要的（现象）方面。从准则的稳定性这一点来说，本末之间在秩序上也不可以随意变更。"至文以有别"主要强调了通过各种社会形式（"至文"）的规定，展现尊卑等级之序，并从形式层面担保这一秩序。"察"本来指观察，"至察以有说"的意思则是考察天地万物以及社会现象，以提供对是非准则

① 《荀子·王制》。

的理解。“察”最后落实在是非的区分之上,“文”则以彰显尊卑关系为旨趣,两者在荀子看来也是广义上礼的功能之一。“天下从之者治”,“从之”是对礼的遵循,泛指合乎礼的活动和行为规范。按荀子的见解,如果依照礼的要求去做,天下就大治,一旦背离,天下就会大乱。

从中西文化的同异看,礼所关联的天道和人道,也从出发点上体现了两者的不同。中国讲天,西方讲神,总体上来看,两者都指向终极的根据,事实上,以天地为“生之本”,也体现了这一点。这种根据可以人格化,也可以非人格化,在西方可能更侧重于人格化,而在中国非人格化这一点则占主导地位。中西文化之间在这方面体现出了很明显的差异。西方在犹太教、基督教的传统下,以神的观念来影响社会中人的各种活动以及社会生活的方方面面。周人也讲神,但这种神不是用彼岸的最高主宰来约束此岸的各种对象,作为礼的形上根据,天道更多地表现为无目的的、无人格的法则,这种法则不同于人格化的神。与之相关,从先秦开始,“敬鬼神而远之”就成为普遍的观念。这里同时关乎目的性问题,“目的”涉及“为什么”:人为什么而存在?对荀子来说,人的存在最终指向的是礼,只有合乎礼,人才真正意义成为人,人禽之辨便体现于此。引申而言,中国人还讲圣凡之辨,“圣”既指完美的人格(成圣),也兼及超验的存在(不同于世俗存在)。在中国文化中,圣与凡的分辨,最后回到此岸与彼岸的彼此沟通:中国人把圣作为世俗(凡)能够追求的对象,而不是永远达不到的神。

从实质的角度看,礼的作用之一是损有余而补不足:“礼者断长续短,损有余,益不足,达爱敬之文,而滋成行义之美者也。故文饰、粗恶,声乐、哭泣,恬愉、忧戚,是反也,然而礼兼而用之,时举而代御。故文饰、声乐、恬愉,所以持平奉吉也;粗衰、哭泣、忧戚,所以持险奉凶也。故其立文饰也至于窕冶;其立粗衰也,不至于瘠弃;其立声乐恬愉也,不至于流淫惰慢;其立哭泣哀戚也,不至于隘慑伤生:是礼之中流也。"这里体现了儒家"不患寡而患不均"[①]的观念,其旨趣在于通过取长补短,达到多和少之间的平衡关系。这种看法与西方早期的正义观有所不同,正义以确认个体的权利为中心,而礼则更多地关注社会平衡或人伦和谐。

荀子具体考察了各种现象之间的平衡问题,如恬愉、忧戚等等。这里着重的不是两种现象之间的彼此否定、相互抵触,而是互补与交替等关系。《礼记·乐记》曾对声、音、乐作了区分:"凡音者,生于人心者也。乐者,通伦理者也。是故知声而不知音者,禽兽是也;知音而不知乐者,众庶是也。唯君子为能知乐。"[②]依此,则声与音体现了人禽之分,只有人才懂得音,动物只知声,不懂音。乐进一步把众庶与君子区分开来:乐是君子才有的,大众不懂乐。对音与乐的以上区分,是当时独特的观念。从现在来看,音、乐确实可以区分,但并非与等级区分相关联。比较而言,荀子着重于声和乐之别,与《礼记》有所不同,他主要关注两者的互补。同时,按照荀子理解,声和乐主要对社会文化现象具有文饰作用,不能由此走向极端,所谓"窕冶"就过头了。但对他而言,必要的文饰还是需要的,如果没有这种文饰,就可能趋向他所说的"瘠"了:"瘠"意味着文化成果完全不复存在,仅剩粗野的现象。一方面不能过度修饰,另一方面也不应走向没有任何文明修饰的状态,两者之间需要保持平衡。可以看到,荀子所理解的平衡观念十分宽泛,从物质财富来说,应取长补短;从文化角度看,在文饰与情用之间也需保持平衡。

---

① 《论语·季氏》。

② 《礼记·乐记》。

这里再次提到中流的问题。日常言说中讲中流砥柱,侧重于对主导方面的关注。这里的“中流”与之相近,其中蕴含的意思是:不同方面的平衡需要基于礼,也就是说,礼对于文化的调节作用是不可或缺的。在荀子看来,礼的作用在于避免极端、保持平衡状态,这种平衡状态体现在方方面面,既包括社会财富分配,也涉及形式层面的修饰。荀子特别提到了情感的各种形式,愉悦、哀伤,都是情感的外在体现。情感本来是内在的,而在荀子看来,它们又有外在呈现的一面,忧伤、忧郁、愉悦状态,便属外在呈现。通常所理解的存在状态,便需要通过外在展现而得到确证,诸如吉或凶,丧事或喜事,作为现实状态,都需要实际的呈现。情感并不仅仅是孤立的内在精神现象,而是需要对现实有所反映,吉和凶、喜和丧,便是与内在情感相应的现实形态。同时,从社会层面来说,礼的作用在于区分贵贱、亲疏等等,其中也关乎人的情感的外在呈现。吉凶、喜丧之分,贵贱、亲疏之异,与人的情感具有某种相应的关系,后者也体现了礼的现实性的一面。总之,礼的规范意义体现于对方方面面的平衡制约作用,这种制约避免了过度或偏向一端。

前面的分析表明,礼的平衡与社会分层,是相互关联的两个方面。在指出礼的平衡功能的同时,荀子对礼在区分尊卑等级方面的作用作了进一步的考察:“故王者天太祖,诸侯不敢坏,大夫士有常宗,所以别贵始。贵始,得之本也。郊止乎天子,而社止于诸侯,道及士大夫,所以别尊者事尊,卑者事卑,宜大者巨,宜小者小也。故有天下者事十世,有一国者事五世,有五乘之地者事三世,有三乘之地者事二世,持手而食者不得立宗庙,所以别积厚,积厚者流泽广,积薄者流泽狭也。”这里以祭祀活动为例,对社会的等级差异、尊卑之异进行了分疏。在祭祀活动的展开中,不同社会个体的等级差异得到充分的体现。祭祀关乎先祖和后人之间的关系。从整个传世序列看,太祖可以视为开端；由于亲疏、政治关联的不同，处于相异社会等级的人在祭祀上也彼此分别。太祖与大庙相联系，只有太祖才能够配享大庙。庙是符号、象征，大庙即太祖的象征。荀子把太祖、大庙放在优先的地位，这与“先祖者，类之本”的观念具有一致性，体现了注重先祖和历史本源的取向。其他不同的庙宇对应于传世序列中不同的等级，后于先祖的，所享庙宇也不同，但都有独特的位置，这种不同，同时通过相异的祭祀方式来体现。这里的“异”具有政治含义，不同于自然意义上的差别，而是表现为社会分层上的等级差异。

祭祀构成儒家之礼的重要方面。祭祀包括两个面向：对活着的人来说，主要涉及亲子、君臣应该如何排序、站位、行动；对逝去的先人来说，则需要根据不同地位享有相异的庙宇规格。从描述性的现实层面来说，其中体现了社会差异，可以说，差别观念是祭祀之礼核心的观念。荀子从不同方面描述了祭祀的格局：天子祭祀的对象是太祖，太祖有大庙，后面的诸侯则表现为等而下之的格局。当然，他没有对这个格局的形成过程作进一步的追问。从历史角度来看，这种差异是如何形成的，祖先序列，诸侯天子的祭祀对象以及祭祀方式、行为的差异到底怎么产生，可以具体研究。同时，祭祀总是包含某种情感的认同，孔子在谈祭祀时更多地用“如”，所谓“祭神如神在”，其中蕴含的内在要求是在祭祀的过程中保持“敬”的心态。在祭祀上，从孔子到荀子的儒家的观念包含两重性：一方面，从理性角度说，盲目的祖先崇拜是不可取的，祭祀之礼具有一定的工具意义，其旨趣之一是形成某种历史认同；另一方面，敬神如神在，其中渗入了真诚的敬重意识。敬以直内，敬与内在心理、情感连在一起，这一意义上的敬具有真诚性，虚假的行为不能称为敬。敬重意识中也包含对祖先的某种缅怀。此外，历史地看，规范系统与各种格局的形成涉及人的设定，然而，如前所述，一个社会格局的形成并不是凭某一个体的观念来决定,其中还体现了历史的选择。礼内含的差异实际上是历史的延续,经过了历史选择。某种方式、格局若确实能够担保当时社会的稳定有序,便会被历史所认可,并得到延续。

在荀子那里,历史的描述与现实的规范往往联系在一起。规范更多地表现为有意识的设定,描述则是对已有的历史格局衍化过程的写照。荀子一方面对礼进行具有历史意味的描述,展现了其历史选择的过程,另一方面,又对社会生活作了多样的规定,后者涉及具体规范。规范有应然而未然的这一面,礼作为理想的设定,也有类似的特点。一方面,人总是根据自己的需要和价值理想有意识地对应当如何的问题提出设定,另一方面,这些设定和历史过程又是互动的,历史有内在之势,礼体现了以上两个方面的交融。礼的作用既关乎社会的流动,更表现为维护社会的稳定。与早先比较僵化的非历史的观念有所不同,荀子对社会等级变迁具有一定的宽容度。一方面,社会成员的差异为社会有序提供担保,另一方面,具体的社会成员是可以流动的:如果在上者的所作所为不合乎要求,便可以降下来;在下者如果显示自己的才能则可以升上去。当然,这并不是狭义上的礼所主要关注的内容。礼讲秩序,秩序则以稳定性为其特点。历史的稳定或社会秩序是两个相关方面,如果过分强调秩序可能会僵化,社会的演进过程中也包含动态的方面,可以将历史的衍化过程理解为动态的秩序。要在演进过程中不断重建秩序,如果没有适当秩序,人与人之间没有和谐的关系,社会就不能发展。历史就像看不见的手,其发展是由无数的人的活动构成的,而不是神或某一个人的主观意志决定的。中国人一直讲“势”,“势”是从社会力量或一定的集体意志的角度来说的,是个人无法阻挡的。对于现实,需要注意表面现象背后隐藏的这个势,这是不以个体意志为转移的。礼的稳定性、秩序性要求，也体现了这一趋向。

四、礼的多重规范意义

以社会规范为内容，礼与理具有相通性，把握礼的深层内涵，也需要从分析理入手。荀子从不同侧面，对此作了考察："礼之理诚深矣，'坚白''同异'之察入焉而溺；其理诚大矣，擅作典制辟陋之说入焉而丧；其理诚高矣，暴慢、恣睢、轻俗以为高之属入焉而队。故绳墨诚陈矣，则不可欺以曲直；衡诚县矣，则不可欺以轻重；规矩诚设矣，则不可欺以方圆；君子审于礼，则不可欺以诈伪。故绳者，直之至；衡者，平之至；规矩者，方圆之至；礼者，人道之极也。然而不法礼，不足礼，谓之无方之民；法礼足礼，谓之有方之士。礼之中焉能思索，谓之能虑；礼之中焉能勿易，谓之能固。能虑能固，加好者焉，斯圣人矣。故天者，高之极也；地者，下之极也；无穷者，广之极也；圣人者，道之极也。故学者固学为圣人也，非特学无方之民也。"在以上论述中，荀子首先用"深""大""高"概述了礼的特性。按照他的理解，礼包含内在条理和规则，而不仅仅是一套描述性的内容。同时，他又特别指出，虽然要承认礼具有内在条理，但不能把这种条理思辨化、抽象化。在他看来，"坚白""同异"之察"入焉而溺"，便是过于思辨抽象，不切实用。对荀子而言，礼是现实的规范，需要对社会、自然各种方面提供切实的引导，不能停留于"坚白""同异"的抽象论辩之中。按其内容，坚白、同异之辩与"说理"相关，"说理"本身则包含辨析，而礼治与辩说则存在某种张力，荀子曾肯定"天下无二道，圣人无两心"①，在某种意义上预示了大一统的思想格局，

---

① 《荀子·解蔽》。

与之相关，荀子对于辩说多少有疏远的态度。对坚白、同异之辩的批评，也表明了这一点。不过，从总体上看，他并不绝对排斥理论层面的辨析。

礼之"大"，意味着不能随便地去制定各种规范，若这样做，便容易陷于异端邪说；不难看到，这里的"大"，主要把礼与远离现实的思辨之说区分开来。礼同时又具有"高"的特点，"高"本来似乎突出了其不同流俗的特点，但荀子在此特别表明，从礼出发，不能妄自尊大而漠视日常的行为和日常的人。礼作为规范就如同绳墨、规矩、权衡等具体日常行为中的标准、准则，具有规定行为的意义，并区别于欺诈、伪善之举。具体生活中的规则为日常生活的稳定性提供了依据，与这些具体规则相比较，荀子所说的礼是更普遍的社会规范，这与礼内含理的特点相应。这里提到的"法礼"，以循礼为指向，如做不到这一点，便会沦为"无方之民"，也就是没有章法的、不遵循规矩的世俗之人。与之相对的"有方之士"，则是有规矩、懂方寸的社会群体，对礼的这种遵循，赋予社会以一定的稳定性。

礼的内在条理，召唤着理性的作用，"礼之中焉能思索，谓之能虑"，便表明了这一点。以上关联决定了把握礼、运用礼的过程中都离不开人的理性思维。在荀子看来，否定"坚白、同异"之辩，并不意味着消解理性，事实上，正是以理性的态度对待礼，保证了礼的确定性和不易性。同时，对礼也需要情感的认同，除了"能虑"，还要"加好"。这里的"好"与"好善如同好好色"之"好"相通，以情感层面的向往、接受为内容。一个"思"，一个"好"，前者注重理性思维，后者则更多地关乎情感的认同，按荀子之见，只有将这两者结合起来，才能够使礼得到实际的贯彻。圣人的特点，在于体现了这一统一。这里，推崇圣人的内在意蕴，表现为走向理性的精神与情感接受和认同的交融，并以此深层地把握礼的精神。

荀子对礼的以上理解，可以与后来王阳明的心学作一比较分析。王阳明在阐发良知时，也对“节目”作了分析：“夫良知之于节目时变，犹规矩尺度之于方圆长短也。节目时变之不可预定，犹方圆长短之不可胜穷也。故规矩诚立，则不可欺以方圆，而天下之方圆不可胜用矣；尺度诚陈，则不可欺以长短，而天下之长短不可胜用矣；良知诚致，则不可欺以节目时变，而天下之节目时变不可胜应矣。”①这里提到的所谓“节目”与“规矩”相关，其中也涉及荀子所说的礼的多样形态，如绳墨、规矩、权衡等等。王阳明认为“节目时变”虽关乎变易而不能拘泥于某种特定的尺度，但又具有确定性。对荀子来说，像绳墨这种涉及具体行为的规定，它的作用范围也需要限定在某一方面。王阳明所说的节目时变与礼的权衡、绳墨、规矩具有相通性，两者都有受限制的特点。不过，王阳明说的良知包括不同方面。首先，良知是理与心的统一。“理”赋予良知以普遍性品格，尽管每一个人都有良知，而且这种良知表现为“自家的准则”，但它同时是普遍的准则，后者与荀子所说的礼有一致之处。同时，“心”使良知内含灵活性，因为“心即理”之“心”是个体的，从这个方面来说，它与礼又有区别。在王阳明这里，良知被赋予普遍性和个体性的两重品格，而对于荀子来说，礼更多地表现为普遍性：如果把礼理解为个体可以随意变动的规定，相关个体就不能称为懂得礼，而可能成为没有规矩的“无方之民”了。

从儒学的传统来看，这里同时涉及关于孝的理解。儒家所说的孝包括两个方面，一是生（活着）的时候的赡养，一是死的时候注重丧礼或祭祀，这两者都是不可偏废的。同时，这里又包含内在的情

---

① 《传习录中》，载《王阳明全集》，上海古籍出版社，1992年，第50页。

感：生的时候赡养父母需要有敬意，不敬，何以区别养犬马？[1] 同样，在父母去世时举行丧礼，也需要有内在的敬意，孔子说“祭如在”[2]，即使父母不在现场，也要像活着的时候那样敬重。这一方面表现了对逝者的怀念、尊重，另一方面也给在世的人确立榜样。对丧礼的重视，既是孝的体现，也内含对世代延续的注重。丧事与祭祀相互关联，丧事是去世以后马上举行；祭祀作为对先人的怀念，则是过后实施，两者的共同之点在于注重世代的延续性和历史的连续性，其中包含了历史观念。儒家之孝的观念，同样体现了对历史延续的关注。孝首先意味着生命的延续：每个个体生命都是有限的，但如果把个体放在人类的历史长流中，则每一个人都是生命长河之中的环节，具有承上启下的意义。儒家讲孝，同时具有文化意义。“三年无改于父之道，可谓孝矣”[3]；《中庸》也提出：孝体现于“善继人之志，善述人之事”。无改于父之道和继人之志，体现了孝的文化意义，其中包含价值取向的问题。可以看到，不管是孝还是丧，都展示儒家对历史延续的注重。

这里可以对礼法关系作一考察。最初，礼与法之间的界限并不很分明。殷周时期，礼与法之间便常常纠缠在一起。礼是规范，法也是规范，但法的规范通过强制的方式来推行，礼的规范则更多地诉诸社会教育、引导，包括通过无形的舆论压力，进行道德制裁。在传统社会中，大部分情况之下，各种活动可以通过礼的约束来执行，但有的时候也需要法的介入。在这一意义上，礼与法之间有交涉和互动。晚周时期，礼崩乐坏成为“势”，君臣之间的关系也发生了重

---

① 参见《论语 · 为政》。

② 《论语 · 八佾》。

③ 《论语 · 里仁》。

要改变,天子已经不再是最高权威,诸侯则可行使只有天子才能行的礼。对法以前没有特别的明文规定,历史地看,周公主要制礼,而没有“制法”,此时礼似乎扮演了法的角色。后来晋国铸刑鼎,法逐渐突显了,礼和法之间形成了进一步的互动关系。礼崩乐坏意味着制度法规等等都发生了变化,不仅仅是习惯法或礼的废弃问题。礼本身包括两个方面,一是制度,一是规范。规范系统的改变是潜移默化的,制度的改变则可能与一定历史阶段社会动荡变迁联系在一起。春秋战国时期,整个社会制度都发生了变化,与之相应,原有的礼与法都受到了冲击。总体来说,规范系统发生变化和制度变化呈互动的格局。

丧礼既规范了人的社会行为,也对人在社会生活中的“吉凶”“祸福”有影响:“礼者,谨于吉凶不相厌者也。紸纩听息之时,则夫忠臣孝子亦知其闵已,然而殡敛之具未有求也;垂涕恐惧,然而幸生之心未已,持生之事未辍也;卒矣,然后作、具之。故虽备家,必逾日然后能殡,三日而成服,然后告远者出矣,备物者作矣。故殡,久不过七十日,速不损五十日。是何也?曰:远者可以至矣,百求可以得矣,百事可以成矣,其忠至矣,其节大矣,其文备矣。然后月朝卜日,月夕卜宅,然后葬也。当是时也,其义止,谁得行之?其义行,谁得止之?故三月之葬,其貌以生设饰死者也,殆非直留死者以安生也,是致隆思慕之义也。”前面讲如何处理生死这样的大事,这里谈吉凶、祸福。在荀子看来,什么是吉和福,什么是凶和祸,这两者要有一个确定界限,不能互相混杂。后面也提到了对将死之人的态度问题,认为可以用棉絮看其呼吸之状,以此判断濒死之人的具体情况。也就是说,一方面要对将死之人细致照应,判断他什么时候咽气,不能死而不知,另一方面,也不能在人尚未停止呼吸时就过早地处理后事,一定要等完全咽气之后才着手丧礼事宜。将死未死即弥留之际，此时如何处理相关之事，需要十分慎重。从内在心理来看，不能盼着亲人早死，以便了却一件事情，这种不耐烦的心理意味着对将死之人失去应有的敬意。中国人很注重仪式，五十到七十天下葬，以便亲朋好友能够从远处赶过来：当时赶过来要费很长时间，这么多天确实是需要的，下葬时间不能过于匆忙。这种隆重的仪式，也表明了对礼的形式之注重。

一般来说，礼与义是紧密相关的，从现在角度看，“义”至少有两个方面的含义。第一是内在意识，包括情感心理层面的认同感，相对于这一层面的“义”，礼主要是外在的规定。第二是适宜，即以合适的方式应对现实。《礼记》在谈到祭祀的时候，特别提到不能过于频繁，太频繁就不严肃了，可能引起厌烦心理。礼要讲究一种距离感，如果太近就没有距离感了，稍微保持距离，则能够产生敬意，这与“义”的适宜性相关。礼主要是讲外在规范系统以及各种具体要求，它必须与义相结合，才具有完备性。礼义经常并提，义的规定，也使礼趋向于适宜。同时，礼的实施又需要有情感认同，以超越外在的仿效。敬重便是内在的情感（尊重感），而丧礼、祭祀的仪式背后，也应对先人怀有敬意，没有这种敬意，便只是外在形式而已。荀子在此提出“义”，其实际意义包含着对礼的内在性与适宜性的关注。

引申而言，在社会生活中，吉凶与行为的具体调节相关：“故情貌之变足以别吉凶，明贵贱亲疏之节，期止矣。外是，奸也，虽难，君子贱之。故量食而食之，量要而带之。相高以毁瘠，是奸人之道也，非礼义之文也，非孝子之情也，将以有为者也。故说豫娩泽，忧戚萃恶，是吉凶忧愉之情发于颜色者也。歌谣謸笑，哭泣谛号，是吉凶忧愉之情发于声音者也。刍豢、稻粱、酒醴，餰鬻、鱼肉、菽藿、酒浆，是吉凶忧愉之情发于食饮者也。卑絻、黼黻、文织，资粗、衰绖、菲穗、菅屦，是吉凶忧愉之情发于衣服者也。疏房、檖貌、越席、床笫、几筵，属茨、倚庐、席薪、枕块，是吉凶忧愉之情发于居处者也。两情者，人生固有端焉。若夫断之继之，博之浅之，益之损之，类之尽之，盛之美之，使本末终始莫不顺比，足以为万世则，则是礼也，非顺孰修为之君子莫之能知也。”这里谈到很多礼的特定内容，包括“量食而食之”，也就是说根据现有的粮食状况来规定饮食的多少。同样，个体都有差异，需要对应于个体的身体状况来确定相关的行为方式，如根据腰的粗细来决定腰带的大小。这些规定都十分具体，表明礼对人的社会行为的制约都比较细致。同时，在荀子看来，如果一个人为了名和利毁伤自己，那是不合礼的。在以利益为追求的背景之下试图有所作为，都是另有企图，而非正道。愉悦和哀伤是人之常情，人都不免会有这类情感，其背后往往是吉凶的现实状况。情感的显现是以吉凶之事的发生为前提的，并非凭空而起。与之相关，情感并不只是内在的东西，它可以呈现于外。吉凶可以有多方面的体现：娱乐活动，唱歌、玩笑、酒食、饮食、服饰、住宅，等等，都涉及吉凶问题。吉凶之事所引发的情感体验，都是人之常情。礼的作用就在于对此加以调节，愉悦与哀伤是情感的两个极端，两者的协调，主要靠礼。情能够获得延续或增强，与礼的协调或调节作用分不开。正面的、健康情绪可以延续下去，也只有在礼的制约之下，才能真正做到这一点。以两情为主题，荀子把情感提到了重要的位置。礼本身是外在的规范系统，但并不是和内在之情完全没有关联。郭店楚简言“道始于情”，情在中国文化中还是很重要的，“道始于情”的看法便表明了这一点，在相近的意义上，也可以说是礼生于情。这里的“情”主要不是情实意义上的情，而是情感意义上的情，其表现形式具有多样性。

荀子作为一个具有实在论趋向的哲学家，强调情感必须基于现实，在这点上与孟子有所不同：较之荀子肯定情感源于现实，孟子认为恻隐之心等情感具有先天性。荀子反复强调，不管愉悦之情还是哀伤之情，都有其实际根据：正是实际发生的吉凶之事，引发了这类情感，无缘无故，人不会先天地有愉快或哀伤之情。同样，情感的文饰和生活多样化也是相互关联的。饮食、起居等多重活动，是生活中经常会面对的，情感也体现在这些方面，离开了这些生活起居及相关活动，情感便无从发生。与之相联系，礼义对情感的调节，也应基于这样的现实。在这里，礼呈现功能性的品格：吉凶的调节离不开礼，情感的适当引导亦离不开礼。从现实的形态看，在人类日常生活中，礼义具有不可忽视的意义。无论是吉凶，还是内在情感如愉悦、哀伤，如果没有礼的调节，也会走向极端，难以达到和谐形态。荀子在不同层面叙述了礼的作用，既通过丧礼谈各种差异以及长短多少等等的平衡作用，又关注于礼和情感的关系问题，包括礼对情感的调节，并强调情感与日常生活密切关联，由此与先天论者区分开来。

以上的交往过程关乎日常生活，后者并不仅仅是个体或私人的事，它们需要以普遍的准则加以引导。个体的私人生活本身有普遍性的一面，至于引导、制约与调节公共生活的准则，同样带有普遍性意味。荀子强调万事之则，便从另外一方面强调了礼的普遍涵盖性。日常生活中，礼作为调节原理带有稳定公共生活的功能。现在人们比较注重公共空间，它介于政治领域和私人领域之间。中国古代没有“公共空间”这一概念，但是公共空间同样实际存在。从人与人之间的关系来看，邻里之间既不同于政治领域，也有别于私人领域；同样，朋友既不是亲人也不是政治角色，而是公共空间中的成员；长幼有序是调节邻里之间的礼义规范，朋友有信则构成制约朋友交往的基本之礼。朋友互动、邻里之间的交往（包括乡饮酒）等等,与日常生活无法分开,它们同时构成了公共空间中的内容,而礼则是这种关系得以维系的规范。

以丧礼而言,儒家注重所谓“三年之丧”。为何需要三年之丧?荀子对其缘由作了考察:“三年之丧何也?曰:称情而立文,因以饰群别、亲疏、贵贱之节而不可益损也,故曰无适不易之术也。创巨者其日久,痛甚者其愈迟,三年之丧,称情而立文,所以为至痛极也。”在《论语》中,孔子与他的学生宰我曾就三年之丧作过讨论。孔子认为,三年之丧是不能随意变动的,宰我则认为可以加以改变。荀子在这里从情与文的关系,对三年之丧作了分析。在荀子看来,若没有三年之丧的形式,人的哀痛之情便难以平复。哀痛属内在之情,三年之丧则是外在的丧礼仪式,两者的结合,表现为内在层面的“情”与外在形式的“文”之间的沟通。内在情感与外在之文饰的联系,规定了形式不能轻易更改。与之相关,三年的时间不能随意缩短。同时,在荀子看来,丧礼并不直接由贵贱左右,但不同等级的人在参与丧礼上有不同的形式上的区分。这里值得关注的是,荀子把时间问题提了出来:三年之丧的规定,体现了以时间来化解哀痛之情的思路,它同时表明,内在之情受到时间的制约,而不同于纯粹的形式。

与孟子不同,荀子没有预设所谓善端,他对人的情感的考察,开始于人的本能。在荀子看来,后天合乎礼义的情感乃是通过化性起伪的过程而逐渐形成的,非预设的结果。本始材朴的“人性”趋向于利,但人的最初之“性”本身不同于恶。化性起伪强调的是改变性之中不合乎礼的内容,这与后来宋明理学的变化气质也是一个意思。也就是说,在荀子看来,情感具有社会的起源。对儒家来说,“礼者,理也”。[①] 礼是理性的规范,这种规范对人的成长有重要作

---

① 《孔子家语·论礼》。

用。与之相关，丧礼同样具有教化的意义，是人格培养的重要方面。另一方面，人的情感处于流动过程，容易不受节制，只有情感意识合乎礼义的时候，人才成为社会的成员，并具备圣人的品格。

进一步看，三年之丧同时体现了理性的选择。荀子对人与动物作了比较，认为在具有血气知觉（感性生命与意识）之上，人与动物有相通之处，但人的内在意识又高于动物（“有血气之属莫知于人”）：“凡生乎天地之间者，有血气之属必有知，有知之属莫不爱其类。”“故有血气之属莫知于人，故人之于其亲也，至死无穷。将由夫愚陋淫邪之人与？则彼朝死而夕忘之，然而纵之，则是曾鸟兽之不若也，彼安能相与群居而无乱乎！将由夫修饰之君子与？则三年之丧，二十五月而毕，若驷之过隙，然而遂之，则是无穷也。故先王圣人安为之立中制节，一使足以成文理，则舍之矣。”“血气”与感性规定相关，表示有生命的存在形态，动物有知觉、有生物性的功能，因此它们对其同类都有广义的情感（“莫不爱其类”），人类作为动物中最有智慧的存在形态，其情感也具有更为深沉的形态：其他动物只有一般的自然情感，而人的仁义之情则包含价值内涵；相对于生物的自然之情，这无疑提升了一层。当然，这一价值内涵并不与普遍具有的自然之情完全隔离，而是其进一步的发展。在此，荀子已注意到，一方面，不能把包含仁义等价值内涵的情感降低为一般的自然之情，另一方面，仁义这种内含价值内涵的情感又基于人的自然之情。人类是从动物中进化出来的，情感方面也是如此，在自然层面上有各种正面的、负面的、中性的情感，这些就构成了进一步发展的前提。

这里提到丧礼的两个方面，一是内在情感，另一是外在文饰。内在之情包含对于先人的尊崇之心，各种各样的礼节、仪式则属于文饰方面。既然一般动物也能够“爱其类”，人更应该有这类情感，从这一角度上来说，丧礼是天经地义的。为什么荀子反复提到丧礼，对丧礼如此重视？其内在根源在于，生与死是人所面临的基本问题，而丧礼则与人之死相关。在生命尚存期间，需要以孝来对待父母；在父母去世后，则应以丧礼来寄托人的哀思。丧礼在形式上是怀念去世者，其更重要的意义则是人与人之间情感的沟通，以此连接先人与后代，通过这一仪式把不同的人凝聚在一起。这里同时强调，丧礼关乎情与文。后来宋明时期的理学家更明确地对此作了分疏，朱熹便认为，"凡礼，有本有文。自其施于家者言之，则名分之守、爱敬之实，其本也。冠昏丧祭仪章度数者，其文也。"[①]这里也肯定了礼既有内在之情，又有外在之文。丧礼作为礼的体现，也不例外。相对于外在之文，情在更为内在和根本的层面，体现了丧礼的内涵。

在社会领域中，不同人群的区分，以礼为基本准则："然则何以分之？曰：至亲以期断。是何也？曰：天地则已易矣，四时则已遍矣，其在宇中者莫不更始矣，故先王案以此象之也。然则三年何也？曰：加隆焉，案使倍之，故再期也。""故三年之丧，人道之至文者也。夫是之谓至隆，是百王之所同，古今之所一也。"此处首先再次提出了"分"的问题，而礼又以"别异"为特点，从而，社会领域的等级差异，应以礼而分。对象各有差异，从亲疏关系到尊卑关系都不同，文饰方面也有相应的差别。为什么要在社会领域中进行这样的区分？荀子在这里提到了"人所以群居和一之理尽矣"，"群居和一"，这是关键所在。正是人的群体的维系、人与人之间的和谐相处的需要，使三年的丧礼以及与之相关的各种分别，成为必要：唯有相分，才

① 朱熹：《朱子家礼宋本汇校》，[日]吾妻重二汇校，上海古籍出版社，2020年，第1—2页。

能使社会井然有序、群居和一。“群居和一”之“群”本来是分的，“群”内含个体的分散多样，“和一”则侧重于他们相互凝聚，做到这一点需要各种条件，在荀子看来，基本的一点就是引入礼。联系荀子关于社会领域中的相关思想，可以看到“群居和一”是其重要的观念，人为什么能够“力不若牛，走不若马，而牛马为用”[①]？因为群，而群之所以能达到合一，则主要依靠礼的规范。

从前后的语境来看，荀子所说的“百王之所同，古今之所一”之“同”与“一”，主要指丧礼。丧礼所体现的情与文的统一在古今百王那里都没什么差异，这就体现了普遍性。至于现在怎么样去执行，这当然要根据具体的历史条件进行调整，事实上，《礼记》《周礼》《仪礼》中规定的各种礼，到宋明时期已经有所损益了。但有一点古今是相通的，那就是哀思之情应随着时间的流逝而逐渐淡化，如果沉浸在其中不能自拔，这对于生者的生活将形成负面影响。

五、礼的理性内涵

荀子在《礼论》中对丧礼、祭祀之礼等作了多重考察，一方面以此突出了不同等级在这些活动中的差异，亦即具体指出了礼的“别异”作用，另一方面又对所以需要注重这些仪式的缘由作了分析：“祭者，志意思慕之情也。”“故先王案为之立文，尊尊亲亲之义至矣。故曰：祭者，志意思慕之情也，忠信爱敬之至矣，礼节文貌之盛矣，苟非圣人，莫之能知也。圣人明知之，士君子安行之，官人以为守，百姓以成俗。其在君子，以为人道也；其在百姓，以为鬼事也。”这里首先从“情”与“文”两个方面，对祭祀的意义作了溯源，并讨论

---

① 《荀子·王制》。

了两者如何结合的问题。在荀子看来,祭祀之礼主要是为了寄托人的哀思,所谓“思慕之情”,即以缅怀先人为内容,其中包含对先祖的哀思。情感是人所不能避免的,任何人在不同的时候都会有不同的情感,与之相关的是情感如何合理宣泄的问题。情感的宣泄需要有度,礼的准则便对此提供了引导。对荀子而言,如果没有合适的方式来引导人的不同情感,则这种情感就可能会走向消极的一面。宣泄和引导不同:宣泄是自发的,引导则是有意识的、自觉的行动。礼的作用在于通过引导,使自发的情感趋向正道。

情与文之间有内在的关联,“情”是自然的,不可抑制,“文”则经过社会的教化,体现了理性的调节。荀子认为,祭祀这样的形式同时使各种自发的情感获得社会的价值内涵,这一道理只有圣人、君子才比较明白,一般老百姓则只是都把它当作习俗。这一观点与荀子在另外一处提到的“君子以为文,而百姓以为神”①前后相通:以求雨而言,老百姓以为下雨是求神的结果,实际上求雨的仪式只是文饰。祭祀本来具有一定的宗教意味,但即使对于这样的形式,荀子的理解仍具有非常清醒的理性主义的意识,将其看作是自发情感和自觉引导之间的统一。这种观念既不同于神秘主义,也有别于沉溺在宗教情感中的非理性趋向。从孔子开始,中国文化对超验的彼岸便“敬而远之”,荀子对祭祀之礼的以上理性看法从一个方面表明,理性主义立场在整个中国文化中一脉相承;同时,它也折射了礼的解释与神道设教思想的关联。事实上,《周易》已指出:“观天之神道,而四时不忒,圣人以神道设教,而天下服矣。”②荀子的相关理解体现了“神道设教”的观念,其中包含理性的内涵。

---

① 《荀子·天论》。

② 《易传·彖传上·观》。

祭祀与丧礼相关,两者既涉及对先人的怀念,又关乎宗教情感,荀子对两者作了比较深入的考察,并展现了更广的社会关切:“君子丧所以取三年,何也? 曰:君者,治辨之主也,文理之原也,情貌之尽也,相率而致隆之,不亦可乎!”“父能生之,不能养之,母能食之,不能教诲之,君者,已能食之矣,又善教诲之者也,三年毕矣哉!”这里由父母的三年之丧,进一步肯定君主治丧也需要三年,其中的原因何在? 由于君主与臣民之间没有血缘关系,无法从这一自然之维加以论证,荀子便从政治层面来考虑:君主是治理的主体,礼即源自君主的治理过程。不过,在具体的论证过程中,仍可以看到从亲子之间的关系所作的推论。父母能生之、养之,君主则能教之,从这一意义上说,君主作用也不可或缺:人的成长既要生养,也需教化,按荀子的理解,后者主要由君主来承担,由此,也为君主的三年之丧提供了一种理性的论证。事实上,君主与父母之间的关系比较复杂,无法笼统地说哪个更为重要。从最基本的情感来说,儒家的基本观念是道德情感来自亲子间,没有亲子感情,其他都无从谈起,从这一意义上来说,父母似乎更为重要。但是如果从伦理转向社会治理,君主是政治主导者,显得更为举足轻重。总体来说,唯有真正能够对丧礼等加以认真遵循,情与文并重,社会才能安定,并得到治理,此即所谓“得之”,如果违背了这一点,人与人之间的关系就可能扭曲,而社会也将趋于无序化,这也就是所谓“失之”。

通过相关仪式,可以使情感方面的影响和感化作用深入人心。这里又涉及前面提到的两个方面:内在的“情”和外在之“文”,三年的时间涉及外在的文,“情之至”则关乎内在之情。礼的形式最后应感化人心,如果仅仅限于外在之“文”,则意义有限。所谓“两至”,也就是情文并重,由此可以通过三年之丧的礼来达到社会的有序化。从形式的层面看,荀子也注意到守孝时间不能再长:一是社会需要运转，另一是人们也要正常生活。从社会层面来说，如果丧事过长，则社会便容易无序化，普通人也无法回到生活常规中来；从日常情感的活动角度来说，一直沉浸于丧礼带来的哀痛之情中，精神也难以得到恢复。

社稷祭祀的问题与丧礼不太一样，社稷祭祀主要是祭天地，由人间之丧进一步转向了形而上的对象："故社，祭社也；稷，祭稷也；郊者，并百王于上天而祭祀之也。"父母、君主去世之后应举行相关的丧礼，这是必要的；对于形上层面的存在对象，如天地，同样要用祭祀的方式来加以尊崇。它表明，祭祀之礼不仅仅关乎人间情感的寄托，而且涉及社会治理过程，后者伴随着对形而上对象的推重。这里同时体现了从人间情感转向社会治理，其内容不仅关乎人与人之间的关系，而是涉及更广义上的社会凝聚。

礼的现实规范意义，体现于人的整个存在过程，既关乎人之生，也涉及人之死："礼者，谨于治生死者也。生，人之始也；死，人之终也：终始俱善，人道毕矣。故君子敬始而慎终。终始如一，是君子之道，礼义之文也。夫厚其生而薄其死，是敬其有知而慢其无知也，是奸人之道而倍叛之心也。君子以倍叛之心接臧谷，犹且羞之，而况以事其所隆亲乎！故死之为道也，一而不可得再复也，臣之所以致重其君，子之所以致重其亲，于是尽矣。故事生不忠厚、不敬文谓之野，送死不忠厚、不敬文谓之瘠。""刑余罪人之丧不得合族党，独属妻子，棺椁三寸，衣衾三领，不得饰棺，不得昼行，以昏殣，凡缘而往埋之，反无哭泣之节，无衰麻之服，无亲疏月数之等，各反其平，各复其始，已葬埋，若无丧者而止，夫是之谓至辱。"这里的主要内容是讲生与死，特别是有关于生的时候如何对待父母和君主，死的时候如何处理他们后事的问题。如前面一再提及的，荀子作为儒家人物，对祭祀、丧事非常注重。祭祀、丧事都关乎礼，《仪礼》《周礼》

《礼记》中也有很多篇幅讲丧礼、祭祀应如何进行，荀子对丧礼、祭祀之礼的看法，与之大致一致。礼具有普遍的规范意义，以上引文提出了与丧事、祭祀相关的各种规定，并进行了具体的描述。在荀子看来，对于家庭中的伦理事务，子女教育、父母赡养，等等，需要妥善处理，对于政治领域中君臣关系同样也应当注意。人活着时涉及很多方面的关系，但最核心、最重要的是亲子关系与君臣之义。丧事、祭祀的注重，最终指向活着的人及其生存过程，这里同样体现了理性主义的观念。

荀子认为，对个体来说，从生到死，人生整个过程都涵盖于此，生和死由此构成了礼需要关注的重要方面。生之事要注重，死后的礼同样不能漠视：不能因为人死后没有知觉、意识而忽略死。由此，他对丧礼非常注重。事实上，礼的规范意义在人死后，首先也体现于以不同方式举办丧事。按荀子的看法，由于死是不可重复的，因此对丧事的处理要格外慎重。作为礼的体现，丧礼关乎社会的分层，对不同的等级中的个体需要区别对待。在无罪之人的范围内，君主、士大夫、诸侯、普通人，其丧葬之礼应加以分别。对于有罪之人，处置方式则有所不同：犯了罪的人死后，应让他们的家属有耻辱之感。不管是对生的关注，还是对死的留意，其核心在于“别”或区分，这也体现了礼的精神。不同等级的人，需要以不同方式对待，其中包含十分严格的规定。这里等级森严，罪和无罪之间也界限分明。

可以看到，生死问题的重点是社会分层：通过对丧礼的不同处理来划分等级差异。“礼别异”，关于礼之分别之义，荀子反复地加以申说，可以说不厌其烦，其旨趣所在，便是通过对死后之事的不同处理来揭示人与人之间社会关系的差异。从人生的角度来看，生离死别，无疑是日常生活中难以避免的问题。对个体来说，生和死确实有十分重要的意义。后来海德格尔反复强调个体存在的一次性、不可替代性,同样突出了个体的独特性。当然,荀子更强调通过对待逝者葬礼的不同规格,彰显出个体在社会等级上的差异。对荀子而言,生和死作为社会问题的意义就在于:每一个体所处的位置不一样,等级地位也应有相应差异。死本来属彼岸的领域,但荀子却从现实的立场加以分疏,这里突出的是理性主义趋向。

丧礼和祭祀之礼同时显示了礼的社会功能。祭祀、丧礼举行的过程,都包含乐器的演奏,其展现的音乐,则存在差异:"故钟鼓、管磬、琴瑟、竽笙,《韶》《夏》《护》《武》《汋》《桓》《箾》《简》《象》,是君子之所以为愅诡其所喜乐之文也。齐衰、苴杖、居庐、食粥、席薪、枕块,是君子之所以为愅诡其所哀痛之文也。师旅有制,刑法有等,莫不称罪,是君子之所以为愅诡其所敦恶之文也。""事死如事生,事亡如事存,状乎无形影,然而成文。"这里首先区分了不同音乐,包括《韶》乐、《武》乐等等。这些音乐尽管有不同特点,但都是正当之乐,属于君子欣赏的对象。与之相关的是各种饮食起居活动,当与丧礼相配合时,主要显示人的哀痛之情:人既要通过音乐的外在显现,也要借助起居这样日常生活形式来表示自己的内在情感。这里也提到具体的祭品,当然,这并不是说先人真的能够享用这些物品,只是以此来表示后辈的敬意。从总体上看,荀子强调:礼具有两个方面,即形式层面和实质层面。形式层面主要以凝聚人心为指向,实质层面则以怀念古人的形式为现实的人服务,也就是说,祭祀等活动看上去似乎仅仅面向先人,实际上却是服务于今人,所谓"事死如事生,事亡如事存",也表明了这一意向,其中体现的是理性主义的观念:祭祀形式上具有崇拜鬼神的意义,但归根到底作用于现实社会,后者同时从另一方面渗入神道设教的旨趣。

《礼论》的篇幅虽然不长,但涉及礼的不同方面。就礼的起源而言，“礼”与“养”的关联，肯定了礼首先以满足人的物质生活需要为指向。在此前提下，礼又具有社会层面区分等级尊卑的作用。以礼分之，体现了礼的度量分界功能。在荀子看来，这种“分”是社会凝聚、和谐相处的一个必要条件。从表面上看，似乎礼和物质生活没有直接的关系，但是荀子一开始就开宗明义地指出了礼与物质生活的相关性，由此建构的社会秩序对维系人与人之间的和谐关系具有不可忽视的作用。同时，荀子也有见于礼在满足精神需要方面的作用，祭祀之礼、丧礼等，都体现了这一点。之所以关注以上之礼，是因为生与死构成了人生两个基本方面：在生的层面上应满足人的物质需要，保持社会和谐；在死的方面则需“事死如事生”，给予先人以必要的敬意。遵先人之嘱的最终目的和意义，是服务于活着的人，即所谓“优生”。“礼有三本”，涉及天人之辨以及社会领域中与先祖、君师之间的关系。先祖与君师属于社会领域，天人则以自然和人之间的互动为内容；由此，礼也指向更宽泛的领域。儒家十分注重礼，礼乐文明便将礼提到了突出地位，荀子的《礼论》在总体上体现了这一点。

礼乐文明中的乐
——《荀子·乐论》解读

儒家的早期经典为《六经》，但其中的《乐》已轶，现存“五经”。不过，虽然作为完整经典的《乐》已不复存在，《礼记》中的《乐记》却保存下来了，其中可能包含《乐》的某些内容。无独有偶，《荀子》中也有《乐论》，其内容与《礼记·乐记》也存在某些重合。《礼记》本身和《荀子·礼论》的关系相近，两者或有相互参考之处。尽管究竟《礼记·乐记》在先，还是《荀子·乐论》先出，学界有不同的看法，其关联有待进一步的实证考查，但似乎可大致推断它们在某些方面都与《乐》相关。就此而言，对《礼记·乐记》与《荀子·乐论》的研究，也涉及对原始经典(《乐》)的探索。

注重礼乐文明，构成了荀子儒学思想的重要趋向。这里的礼乐既关乎人禽之辨，也涉及文野之别。从内容看，礼与乐既相互关联，又有不同侧重。作为规范系统，礼以别异为指向；乐则首先与人的精神世界相关，并以合同为特点。这一意义上的乐既具有价值的引导意义，又与人的社会生活相联系，在荀子所作《乐论》中，乐的多方面内涵得到了比较具体的论析。

一

在《乐论》中，荀子开宗明义，对乐作了一个概述："夫乐者，乐也，人情之所必不免也，故人不能无乐。"[1]依此，则乐首先与快乐相关。从语义上说，乐(yuè)与乐(lè)彼此联系；就意义指向而言，音乐的目标便是快乐。在情感上，人总是追求快乐，这一点也体现了荀子的基本观念：与后来的理学有所不同，荀子肯定快乐的正当而合理，乐也从而合乎人的内在情感。"人不能无乐"，这一论述表明，快乐是人的内在需求中的重要方面。

音乐与声音无法分离："乐则必发于声音，形于动静，而人之道，声音动静，性术之变尽是矣。故人不能不乐，乐则不能无形，形而不为道，则不能无乱。先王恶其乱也，故制《雅》《颂》之声以道之，使其声足以乐而不流，使其文足以辨而不諰，使其曲直、繁省、廉肉、节奏足以感动人之善心，使夫邪污之气无由得接焉。是先王立乐之方也，而墨子非之，奈何！"音乐是动态的，其中又展示了内在的和谐。可以说，音乐是动态展开的和谐过程。乐器的演奏、歌曲的演唱等等，都需要经历时间，在有序的节奏中，体现相应的和谐之美。荀子同时又对乐作了正邪的区分，乐有自身之序，如果音乐没有秩序，那就难以提供正面的价值调节作用。历史上的《雅》《颂》，便包含正当之序，它们在简单与复杂、饱满与清晰的交互作用中，形成统一的节奏，并达到内在的和谐。乐与人的内在情感相联系，并能够引导人的正面精神，抑制并排斥邪恶之情，由此也展现了其社会层面的规范功能。在规范性这一点上，乐与礼具有相通性。作为艺术形

---

① 《荀子·乐论》。本文的其他引文若出自该篇，不再另行注明。

式，诗与乐本身相互关联，在古典形态中，咏诗与吟唱也常常难以分离。《雅》《颂》本来属《诗经》，但也包含音乐的内容，在荀子看来，《雅》《颂》这类正当作品具有积极意义，可以引导人走向正当的情感，避免邪恶。因此，他不赞成墨子"非乐"的主张。

在形式上，音乐似乎远离于现实生活，但荀子特别强调了音乐实际的社会功能，后者首先体现于对情感的引导。广而言之，与儒家的传统一致，荀子常常将礼与乐联系在一起，表现了对礼乐文明的注重。从现实形态看，合理的社会既不能缺乏礼的规范，也需要通过音乐的欣赏使人的情感得到满足、调节与引导，后者构成了社会存在不可或缺的方面。在荀子看来，外在行为的规范，主要由礼承担；内在情感上的引导，则依靠乐。可以注意到，荀子之所以特别强调礼乐文明，其根据就在于两者在社会中的互补功能。从总体上看，不管是哪个方面，都与人的存在相关：人存在于世，涉及人与人之间的交往，这一过程需要用礼来加以调节；同时，作为特定个体，人又有内在情感的需要，乐在这方面具有约束和引导作用。前者侧重于人与人之间的关联，后者关乎个体内在的精神世界。就社会功能而言，乐离不开群体，由此，荀子一方面强调乐与个体的精神满足相关，另一方面肯定它在群体和谐上的作用，后者表现为群己合一的功能。

荀子特别提到"乐则必发于声音"。音乐固然不限于声音，但总是有其声，古代是如此，现在也是这样。进一步看，音乐与舞蹈具有相关性，这种关联可能与巫术传统存在历史联系：在巫术那里，手舞足蹈与音乐的演奏相关，两者往往难以分离。现在的考察固然可以把舞蹈与音乐加以区分，以学科分类而言，有舞蹈系、音乐系的区分，但在古代，两者更多地联系在一起，而无现代意义上的分别；这可能也是古今的不同。当然，即使在现代，音乐与舞蹈的区分也是相对的,而不是绝对的,在现代的歌剧中,音乐与舞蹈便相互关联。

这里同时可以关注音乐的演化过程。从历史起源看,它并不是高深莫测、非常玄妙的东西。最初的音乐可能比较简单,如钟鼓的敲敲打打,没有像现在钢琴、小提琴的演奏那么复杂。至于《尚书》的"八音",可能更多还是从等级规定上来说:其中提及的"三载,四海遏密八音"[1],与传说中尧帝去世相关,指尧去世后,一切艺术活动(包括音乐)都暂停,而不是指"八音"代表的音乐本身特别高明。从技术层面来说,音乐等艺术形态最初很难以复杂形态呈现,因为这样无法得到普通老百姓的普遍接受。就日常的经验而言,音乐可能最初源于有节奏的声音、歌的韵律,或者与劳动中的号子、人在激动时的吼声相关。至于巫术之乐,则往往是人在精神迷乱之际的发声。

中国古代讨论歌唱艺术,常涉及气。荀子在引文中批评"邪污之气",其前提便是把气区分为正、邪等不同类型。一般而言,作为自然现象的气,本身并不涉及正当与否的问题,荀子对气的正邪的区分,属于价值层面的评判。后来宋明理学家讲气质之性,也是通过引人气,以预设与气相关的人性。气本身是否有正邪之分,与荀子作为一个哲学家赋予气以相异的价值内涵,这是两个不同的问题。荀子注重音乐的生活规范功能,由此需要对音乐中的气给予或赋予价值评判:唯有正气才能使音乐具有积极的引导意义。引申而言,现在演唱中有所谓美声唱法,其中也关乎气的运用,但这种气主要具有生理的意义,与艺术形式相关,似乎不能以"正"或"邪"加以判定。

---

① 《尚书·舜典》。

荀子对墨子非乐的批评,涉及儒墨的分歧。墨子可以视为功利主义者,他认为音乐于事无补,在实际生活中也没什么多大作用,所以应当搁置起来。至于音乐是否有教化功能,则非他的关注重心:在墨子看来,以音乐为形式的教化,可能过于铺张浪费。然而,作为儒家的代表人物,荀子又认为以乐教化是不能免的。同时,从功利主义出发,墨子没有注意到音乐具有满足人的情感需要的一面,事实上,墨子对人的情感需求多少有些漠视。荀子则开宗明义,肯定了音乐的娱情作用(所谓"乐者,乐也")。在荀子看来,正当的音乐有其存在的合理性,因为它满足人的基本需要,而不是一种奢侈形态的东西。

荀子在论说中还提到"善心":"节奏足以感动人之善心"。这里需要对"心"与"性"作一区分。荀子所说的性,其原初的形态是所谓"本始材朴",即没有经过人的作用的一种存在规定。"心"则与灵明觉知相关,表现为意识的构成并与意识活动相关。按照荀子的理解,通过音乐可以使灵明觉知意义上的心有所触动,由此对心也呈现引导的功能:所谓"感动人之善心",也就是将人心引向具有正面意义的意识。这一"善心"与孟子所理解的"恻隐之心"等不同,并非自然天成,而是离不开后天的影响和作用,音乐则构成了这种后天作用的具体形式,并对人心具有积极的感化意义。就其内涵而言,真正意义上的道德意识,需要合乎一定的价值规范(礼义);这里的"善心"并不是一开始就在严格意义上经过礼义规范的道德意识:既然"心"需要引导,那就表明它尚未臻于完美之境,还有成长空间,可以进一步发展或改变。

从哲学史上看,王阳明曾提到"乐是心之本体",其中涉及对乐的进一步理解。王阳明所说的"乐"与情感的宣泄相关,主要表现为宣泄之乐:该悲就悲,该悦即悦,由此使内在之情真正得到充分展现。众所周知,即使悲哀之心,如果不能充分流露而憋在内心,也很难达到宣泄之乐。在宣泄之乐这一层面,王阳明所说的“乐是心之本体”,与作为音乐指向的“乐”(lè),具有一致之处。对荀子而言,音乐的功能不是抑制情感,而是提供渠道,使情感充分展现、宣泄。在广义的理解中,王阳明所说的“乐是心之本体”中的“乐”,并不只是指愉悦:悲哀时痛哭一场,使自己的内心得到抒发,这也是快乐。就此而言,哀伤也可与广义的“乐”(lè)相关。

音乐的社会作用和功能,具体以何种方式体现?荀子在《乐论》中对此作了考察:“故乐在宗庙之中,群臣上下同听之,则莫不和敬;闺门之内,父子兄弟同听之,则莫不和亲;乡里族长之中,长少同听之,则莫不和顺。故乐者,审一以定和者也,比物以饰节者也,合奏以成文者也,足以率一道,足以治万变。是先王立乐之术也,而墨子非之,奈何!”首先,就政治的共同体而言,君臣上下在宗庙中共赏音乐,则不同尊卑等级的人就可以有一种情感上的相互沟通。从伦理的共同体看,父子兄弟在家庭之中一起听音乐,则可以达到和亲相爱的结果。同样,在朋友和邻里所构成的公共空间中,如果相与同赏音乐,也可以形成公共空间中人与人之间的和谐状态,达到所谓“和顺”。荀子对音乐的作用方式还作了更具体的描述和规定:“审一以定和”,表明音乐是有自身标准的,需要根据一定准则来确定不同方面之间的和谐;同时应注重不同方面之间的配合,这也就是所谓“比物”。一方面,以普遍的准则为主导,另一方面,则是相异因素的配合,由此形成音乐本身的外在文饰。最后,荀子肯定这一形态的音乐“足以率一道,足以治万变”。“率一道”着重指出了音乐在观念统一、情感沟通方面的作用;“治万变”则表现为社会治理方面的整饰和协调功能,包括在前面提及的宗庙、闺门、乡里等不同场合中对人们的感化、引导作用。总之,音乐既能对社会群体加以统一、统摄，也在不同场景之中展现独特的功能。

历史地看，乐与礼都有如何起源的问题，对此的追溯，不能仅仅限定在乐与礼本身。如前所述，乐的发生最早可能与巫术具有关联性：在巫术的手舞足蹈、念念有词、载歌载舞中，逐渐演化出最初的音乐形态。荀子的以上论说则侧重于乐本身的功能，肯定乐能够使人心得到感化并满足人的情感需要，其中涉及音乐起源的一个方面。相形之下，巫术则关乎音乐的历史发生。考察音乐的起源，以上两方面可能都需要留意：如果完全忽视内在情感需要，则音乐便缺乏实质的内容；如果无视其历史起源，则音乐便成为无根无由的形态。在历史的起源这一点上，乐与礼具有相通之处，当然，两者在侧重上又有所分别。

在社会作用方面，乐与礼也呈现不同特点。总体上，如荀子在后文中指出的，礼别异，乐合同，也就是说，礼的重要作用体现于区分，乐的功能则在于沟通：在一定范围之内大家共同欣赏音乐，这既是情感上的相融，也是人与人之间的沟通。在此意义上，音乐侧重于从情感的层面将人们连接起来：君臣、父兄、邻里之间，都可以由音乐的纽带功能相互连接。在以礼对人们加以区分（所谓“度量分界”）之后，需要再次使人与人之间相契相合，乐便起了这一作用，由此使不同的人群重新汇聚起来。可以说，礼有礼的作用，乐有乐的功能，两者是社会生活走向和谐所不可或缺的方面，具有互补性：礼言其别、乐言其合，合与别从不同方面为趋向和谐的社会提供了条件。如果只讲分不讲合，人与人之间就会剑拔弩张；反之，只讲合，不讲分，则社会也会因为缺乏差异而流于无序。荀子比较注重两者之间的沟通和协调。礼乐文化的总体特点，也表现为“分”与“合”的统一。前述宗庙、闺门之中的和谐，展示的便主要是音乐的这种社会效能，其指向在于民众的沟通和谐。

二

“合同”主要从总的方面指出了音乐的社会意义。社会生活展开于不同的维度，音乐的作用也由此得到多样的体现：“故听其《雅》《颂》之声，而志意得广焉；执其干戚，习其俯仰屈伸，而容貌得庄焉；行其缀兆，要其节奏，而行列得正焉，进退得齐焉。故乐者，出所以征诛也，入所以揖让也。征诛揖让，其义一也。出所以征诛，则莫不听从；入所以揖让，则莫不从服。故乐者，天下之大齐也，中和之纪也，人情之所必不免也。是先王立乐之术也，而墨子非之，奈何！”在此，荀子联系具体的社会互动，对音乐的功能作了更进一步的阐述。《雅》《颂》在荀子心目中具有正当性，其中体现的乐使人心胸开阔、容貌端正，从而具有正面的引导功能。与音乐相关的是舞蹈，荀子也明确地把音乐与舞蹈联系在一起。舞蹈总是动作整齐有序，在此意义上也可以视为和谐、一致的符号。从声音的角度看，音乐主要表现为在时间中展开的动态和谐；就舞蹈的角度而言，它同样也有划一有序的特点：如果杂乱无章，那就不叫舞蹈。舞者的特点在于动作姿态都各有条理，音乐与舞蹈相结合，从不同方面象征着和谐有序。这里特别把音乐和出征联系起来，可能在当时的情况下，征讨的时候常常锣鼓喧天，以壮军威，这样，在军队出征的时候，音乐也似乎不可或缺，它可以使军心得到振奋。荀子特别提到“出所以征诛也，入所以揖让也”，这里的“入”类似于国内的治理，“出”则是出征讨伐。在这一意义上，音乐呈现了更广泛的作用：它不仅面向共同体、可以关起门来欣赏，而且涉及国家内部的整治与国家之间的征讨。由此，音乐也导向天下的和谐：通过政治治理，社会将趋向更有序的形态；对外的军事征讨，则使被征讨国家得到熏陶，亦即受到礼乐文明的洗礼。

按照荀子的理解，音乐所指向的，是内在之情和社会和谐的统一。内在之情体现为乐，所谓“乐者，乐也”；社会和谐则既涉及国中不同阶层之间基于乐的情感共鸣，也关乎国家征讨的军事活动。在以上引文中，荀子肯定音乐是“人情之所必不免也”，并再次确认其为“先王立乐之术”，这就又回到了一开始提到的音乐与人的内在情感无法相分的论题，其中的“情”首先与人的内在情感需要相关，正是在此意义上，音乐的设立展示了“先王立乐之术”。可以注意到，荀子总是倾向于把乐最后归诸先王立乐之术，也就是说，最终回到历史中的先王。在讨论礼的起源时，荀子曾明确提出“先王恶其乱也，故制礼义以分之”①；这里则通过肯定先王制定乐的初衷在于让人们获得情感的沟通，也把乐归结为先王的制作。从历史上看，制礼作乐一直被认为始于周公，荀子同样试图“设立”一个先王，以此追溯“乐”的原初起源。将礼乐归之于某一历史人物，这一做法无疑有其历史限度。

值得注意的是，荀子在上一段引文中，以音乐与舞蹈为例，进一步突出了和谐这一主题。就音乐而言，如果杂音掺入，音乐就不协调了。同样，舞蹈要求大家动作整齐划一，手脚都需要按部就班地活动，这时候如果“横插一脚”，舞蹈之美可能就被破坏了。荀子所说的“莫不听从”“莫不从服”，也与之相关，其主要之旨是引向秩序，而不是绝对服从，这与对舞蹈、音乐整齐划一的肯定前后一致。质言之，音乐与舞蹈的共同特点在于指向有序结构：乐是时间中的有序展开，舞蹈同样也是在动态过程中达到步调一致。

同时，音乐与战争的关联，也是那个时代的现实。在当时的背

---

① 《荀子·礼论》。

景之下，军队出征以敲锣打鼓这种广义的“乐”或其他“军乐”方式来提振士气，这是寻常之事。至于军事行动是否具有积极意义，则需要由战争的性质来判定：与音乐相配的军事行动可以是正义之战，也可能缺乏正当性。对荀子来说，军事行动是否正义，主要看是不是合乎礼义规范。这里既有描述的意义又有规范的取向，描述是对当时现实的写照：就当时现实而言，军队出征有音乐的伴奏，这是常见现象；在规范的层面，则涉及以什么样的音乐去引导出征。从形式上看，把音乐与军事行动联系在一起，好像有点不伦不类：音乐之柔性和带有刚性特点的战争行为似乎不太协调，但是从当时现实考察，两者可能彼此相关。众所周知，《武》乐是周武王出征时所用之乐，《韶》乐则是舜治国之时所流行的音乐。根据《论语·八佾》记载：“子谓《韶》：‘尽美矣，又尽善也。’谓《武》：‘尽美矣，未尽善也。’”这里既有善和美的区分，又肯定了音乐与不同社会活动（包括武王出征）的关联。

进而言之，音乐还具有文饰的功能：“且乐者，先王之所以饰喜也；军旅铁钺者，先王之所以饰怒也。先王喜怒皆得其齐焉。是故喜而天下和之，怒而暴乱畏之。先王之道，礼乐正其盛者也，而墨子非之。故曰：墨子之于道也，犹瞽之于白黑也，犹聋之于清浊也，犹欲之楚而北求之也。”从正面来看，音乐首先表现为对欢乐之事的修饰。与之相对的是音乐与“怒”的关系，后者关乎战争和征讨。这样，音乐一方面对欢愉之事加以文饰，另一方面又调节愤怒之情，对荀子来说，通过以上两个方面，天下就将归于安顿。欢乐之事提供了喜庆的氛围，并将天下引向和谐；战争（怒）的震慑，则使得天下不敢作乱。《武》乐的“威武雄壮”虽然尽美不尽善，但确实提供了与军事相关的威慑或震慑。一个是正面走向和谐，另一个则是反面意义上不敢为乱，音乐由此从两个方面保证了社会的安定有序。从以上前提出发,荀子对墨子提出批评:在他看来,墨子完全不了解音乐的社会作用,其观点与事实南辕北辙。一般而言,喜庆的音乐引导大家走向和谐,这是可以理解的,但为什么军事音乐能够有一种震慑作用?这可能不太容易接受。事实上,这里的音乐并不是空洞的声响,而是有实质的内容:听其声就知道大军在后面,从而具有广义的震慑作用。注重音乐的不同形态与内容,这是荀子的特点。前面提到的宗庙之中强调和谐,这里则引入了军事音乐,并肯定了其社会效应。

作为一种与人的存在相关的艺术形式,音乐首先对人的情感具有感染作用:"夫声乐之入人也深,其化人也速,故先王谨为之文。乐中平则民和而不流,乐肃庄则民齐而不乱。民和齐则兵劲城固,敌国不敢婴也。如是,则百姓莫不安其处,乐其乡,以至足其上矣。然后名声于是白,光辉于是大,四海之民莫不愿得以为师。是王者之始也。乐姚冶以险,则民流僈鄙贱矣。流僈则乱,鄙贱则争。乱争则兵弱城犯,敌国危之。如是,则百姓不安其处,不乐其乡,不足其上矣。故礼乐废而邪音起者,危削侮辱之本也。故先王贵礼乐而贱邪音。"音乐对人的感化是直接的,所谓"入人也深,其化人也速"便表明了这一点。从日常经验看,音乐确实有以上特点:在欣赏感动人的音乐时,人们常常会有所触动;如果涉及悲伤的音乐,则会引发悲伤之情。这不是外在的,而是在感染人心之后形成的一种内在反应,荀子理解并充分突显了这一点。可以注意到,音乐作为一种艺术形式,不是通过说理的方式来影响人,而是更多地以情感人。说理具有间接性,需要以逻辑的方式给出理由,这是一个漫长的过程;人情的感化,则是在欣赏音乐之后一下子有所触动。就此而言,音乐具有无中介的特点。

如前所述,荀子特别强调正当的音乐和非正当音乐之间的区分。音乐若要感染人心，本身需要具有正当性，应该让人奋发向上；如果是靡靡之音，则不仅无法感人心，而且容易使人萎靡不振；这种相异的结果表明，后者不具有正当性。与之相关，荀子在此作了某种对照：积极的音乐具有正面效应，淫乐则引向行为不端正，并导致社会的纷乱争夺。因此，对音乐需要慎之又慎，而区分正声与邪声、废除邪淫之音、确立正面的音乐，则是注重礼乐的题中之义。如何废除邪淫的靡靡之音？从当时的体制来看，这主要是由太师决定：作为负责音乐的主官，太师将制定各种乐章，把音乐规定在一个比较恰当的地位之上，通过规范各种音乐，确定什么音乐是好的、什么是不好的，以此保证音乐始终能够具有正面的引导意义，并使不正当的邪淫之声远离社会。在这一问题上，荀子的观点基本上与孔子前后相承。孔子在评论《诗经》时，曾道："《诗》三百，一言以蔽之，曰'思无邪'。"①在孔子看来，"思无邪"是《诗经》最核心的方面，无邪就是正当。诗与音乐相近，两者相互联系，其共通的价值指向是正当有序，荀子的以上看法也体现了这一点。

可以看到，按荀子之见，音乐呈现直截了当的感化作用，对人心具有教化意义。这种教化并非通过逻辑分析的途径来完成，而是借助情感的触动或感染来实现。一般而言，教化可以有不同的形态和方式：有的偏重道德说理或说教，这种教化效果常常不是很大；有的则通过艺术的形式，如诗歌、音乐，让人感受悲愤、欢愉之情。以尊重先人而言，如果告诉人应该如何尊重先祖，相关对象常常触动不大；如果让其身临其境，到祭祀之处听听音乐、领略仪式，则会形成"祭神如神在"的感觉，荀子主要是从后一角度着眼。音乐的教化作用和音乐本身的性质联系在一起，只有当音乐本身具有正当性

---

① 《论语・为政》。

的时候,才会起到正面的引导作用。在荀子以及更广意义上的儒家看来,礼义教化和音乐感染,两者有不同的意义,不能彼此取代。

概括而言,对荀子来说,不能把所谓形而上的思辨作为唯一的教化形态。从日常引导的角度来看,对民众的教育确实很重要,然而,对于普通民众,讲形而上的道理,恐怕不能很有成效,如果切实用音乐去感化,则可能更有作用。从思辨理性的角度去理解和把握与从音乐角度去日常教化,是两个不同的层面。音乐不仅是一种教化工具,而且具有感动人心的实际作用,荀子作为哲学家已注意到这一点。音乐的形式有很多,对人的感触也并不一样,在讲到音乐的作用的时候,需要诉诸日常经验,因为音乐本来具有情感性,与日常经验分不开。从广义上说,形上和形下不能脱节,思辨和经验要相互沟通,这样才会有一种脚踏大地的感觉,不然可能落入思辨的鸿沟中去。

三

与儒家注重乐相对,墨家主张“非乐”。对墨家的这种“非乐”说,荀子作了多方面的批评:“墨子曰:‘乐者,圣王之所非也,而儒者为之,过也。’君子以为不然。乐者,圣人之所乐也,而可以善民心,其感人深,其移风易俗,故先王导之以礼乐而民和睦。”墨家对音乐的正当与否不加区分,对音乐的作用持笼统的否定态度,以为音乐过于奢侈,违背了节俭原则。荀子在此则明确肯定,音乐具有重要的社会功能。他首先确认了快乐之情的合理性:人存在于世,追求快乐是无可非议的。如前所言,对荀子来说,乐(yuè)与乐(lè)相互联系。以上看法进一步指出了音乐的作用:通过情感给人快乐之情,音乐也具有对人心的规整作用。由此,荀子又对音乐的具体功能作了考察,所谓“善民心”“感人深”“移风易俗”,便涉及不同方面的相关问题。“善民心”“感人深”更多从个体着眼:通过情感的熏陶,将人引向积极正当的方向。“移风易俗”则更多地体现了社会功能:音乐不仅仅教化个体,而且从整个社会的角度看,也具有改良风气、使社会趋向“和睦”的作用。通过礼乐的引导,社会容易走向和谐之境,人心也可以趋于正当。它表明,音乐对个体或对社会都是不可或缺的。

从以上前提出发,荀子进一步对情感及其作用作了分疏:“夫民有好恶之情而无喜怒之应,则乱。先王恶其乱也,故修其行,正其乐,而天下顺焉。故齐衰之服,哭泣之声,使人之心悲;带甲婴胄,歌于行伍,使人之心伤;姚冶之容,郑、卫之音,使人之心淫;绅、端、章甫,舞《韶》歌《武》,使人之心庄。故君子耳不听淫声,目不视女色,口不出恶言。此三者,君子慎之。凡奸声感人而逆气应之,逆气成象而乱生焉;正声感人而顺气应之,顺气成象而治生焉。唱和有应,善恶相象,故君子慎其所去就也。”这里所说的“好恶”之情本来具有“价值中立”的性质,其走向何方取决于以何种方式加以应对:只有在正面的引导之下,情感才会具有积极的作用。音乐在这里呈现了规范的意义:如果受制于靡靡之音,则人的精神、情感也难以走向正途。后面荀子再一次把礼与乐联系起来:其中提及的丧礼,可以视为礼的具体化,“哭泣”“人心悲”等等,则是在音乐的感化之下人所发生的变化。对荀子而言,军队出征、整肃与军队的悲壮之情也相互关联。战国末年,战乱频繁,军队的每次出征总是少不了音乐的助威,有鉴于此,荀子对音乐和军队的关系作了以上描述。荀子注重现实情境,他对礼、乐作用的考察,也往往与对现实的分析相联系。

音乐所具有的现实作用,使其性质成为需要正视的问题。音乐的正当与否，直接关系到社会风尚的好坏，而风尚好坏又决定着社会的形态。荀子一再强调，礼的作用是建立社会秩序，音乐对此具有辅助性的作用，它有助于更好地实现礼的建构功能。从现实的形态来看，礼关乎社会生活的方方面面，乐则更多地涉及内心情感：它主要通过影响人的内心情感来达到礼无法完全涵盖的领域。当然，礼乐固然都是走向文明的前提，但乐的正当与否取决于礼，其社会功能也与礼相关。所谓“君子慎其所去就”，意味着注重礼的规范作用。

值得一提的是，荀子在此以“先王”之说为立说的依据之一，这主要是引用历史说法来增加自己的权威性：在当时的历史条件之下，历史上的圣王之言具有权威的意义，论说如果出自圣王，便容易得到普遍的认可。事实上，不管是儒家还是墨家，往往都以此来提高自己说话的分量，增加论点的权威性和正当性。先秦时期中国还没有建立专门的修辞学，但在言说过程中，实际上已开始运用修辞方式。修辞的作用在于增加语言的说服力，以此使自己所说的内容具有可接受性，引用圣王之言，实际上也具有这种修辞的意义。

如后文将进一步讨论的，音乐总是与乐器演奏相联系，荀子也肯定了这一点：“君子以钟鼓道志，以琴瑟乐心。动以干戚，饰以羽旄，从以磬管。故其清明象天，其广大象地，其俯仰周旋有似于四时。故乐行而志清，礼修而行成，耳目聪明，血气和平，移风易俗，天下皆宁，美善相乐。故曰：乐者，乐也。”这里所说的“钟鼓”，是乐器的泛称。音乐不仅仅体现了外在情感的流露，而且以志向为表达的内容，所谓“道志”即与后者相关。干戚、羽旄关乎舞蹈动作以及部队征战时的各种象征。舞与乐，在中国古代常常相辅相成：乐不仅涉及单纯的音响，而且需要辅之以各种动作，以此更具体地表达人的情感。

音乐本来是人间的艺术作品，但在以上引文中，荀子又将其与天地四时相配，这就使之超脱了人的存在领域，带有某种形而上的意味。不过，后面荀子再次回到了人的存在形态，所谓“志清”“礼修而行成”都与人的活动相关。按其实质，人既是音乐的演奏者，也是欣赏者。从音乐与舞蹈之间的关系来看，音乐与起舞，均由人承担：离开人便既没有音乐，也无舞蹈。人作为使音乐获得生命的主体，又通过音乐的作用被引向精神的感化，进而在生活中真正按礼而行。音乐与听相关，首先具有感性的特点，所谓“耳目聪明，血气和平”，便把音乐的这一特点突显出来：在中国古代，“血气”总是与人的感性相关。血气的感性品格，使之在不同的场合之下有不同的作用。对这种感性血气，需要加以引导。总体上说，音乐感化人心，可以使血气保持平和的状态。由此，音乐的作用也通过感性形式得到了体现：所谓移风易俗，即从对个体感性世界的影响扩展到社会领域之中，而风俗的改良，则使“天下皆宁”。

这里同时提出了中国美学的一个重要原则，即美善相乐。根据中国文化的理解，音乐应当尽善而尽美。“善”更多地涉及价值上的道德人格，美则关涉艺术品格。在中国哲学中，儒家一直强调美与善之间的关联：按照儒家的传统看法，真正好的音乐应该尽善尽美，美善相乐将带来良好的社会风尚，并使社会走向比较有序的状态。荀子没有提“真善美”，即“真”在这里没有得到注重，这可能体现了中国思想的传统。对中国传统文化而言，“认识世界”或得其真，并不占主导地位。在这一点上，中国传统的美学思想与西方有所不同。

以美善统一的观念为出发点，荀子对“道”与“欲”作了区分：“君子乐得其道，小人乐得其欲。以道制欲，则乐而不乱；以欲忘道，则惑而不乐。故乐者，所以道乐也。金石丝竹，所以道德也。乐行而民乡方矣。故乐者，治人之盛者也，而墨子非之。”前面将乐与感性存在联系起来，这里则肯定了“道”与乐的关联。在荀子看来，对乐的欣赏也有深入人心的内涵。音乐本身具有感性的一面，但它又需要理性的引导。如果单纯“以欲为乐”，便意味着将乐仅仅停留在感性欲望之维，荀子对此明确加以否定。与之相对，“道”在此首先与理性的原则相关联，“以道为乐”则相应地侧重于理性对感性的制约。在荀子看来，正是理性的引导，使音乐始终保持了正当性：正当的音乐，乃是通过理性的规范而体现出来的。由此，音乐才真正具有正面的教化意义，并最终达到“治人之盛”。这里同时提及“金石丝竹，所以道德也”，这与后面的“乐行而民乡方矣”彼此呼应，肯定了音乐的引导作用，“乐行”与“道（导）德”实际上具有一致性。这里的前提在于，乐器不只是一种器具，通过人的演奏，它最后呈现为音乐，其中的正音（正当的音乐）便具有规范的意义。

从比较的视域看，古希腊强调由悲剧宣泄情感，尔后使精神得到洗礼和净化。引申而言，欣赏名山大川时所体会的崇高之美，也可以产生类似悲剧的作用：在伟峻的山川之前，人会感到自己很渺小，精神境界则可能由此提升。同样，在悲剧情节的感染之下，人好像成了剧中的角色，与剧中的人物同呼吸，共命运，由此达到灵魂的提升。相对于此，中国人从先秦开始便强调理性的引导，传统文化中注重的所谓“礼节”，即是以清醒的理性来引导人的情感走向。当然，如果理性引导不适当地加以强化，也会走向理性的专制。人的情感、意欲是多方面的，其发展和满足并不一定妨碍整个社会的有序。事实上，正是情感的多样性展现了个体意义世界的多样性。“乐者，乐也”，表明快乐可以积极向上，经过理性引导获得快乐，便既自然而然，又具有正当性。与之相对，后来的所谓“伪道学”实际上很痛苦，其愿望并没有消解，但又需作出道貌岸然的模样，如此，既不自然,也缺乏乐(lè)。

回到礼乐文化。礼与乐具有不同功能,但又无法截然相分。荀子对两者的关系作了具体的分析:“且乐也者,和之不可变者也;礼也者,理之不可易者也。乐合同,礼别异,礼乐之统,管乎人心矣。穷本极变,乐之情也;著诚去伪,礼之经也。墨子非之,几遇刑也。明王已没,莫之正也。愚者学之,危其身也。君子明乐,乃其德也。乱世恶善,不此听也。於乎哀哉!不得成也。弟子勉学,无所营也。”乐以“和”为指向,礼的作用则在于“别”,后者主要体现于度量分界,亦即把社会群体区分为不同的成员,同时为每一个等级中的社会成员规定相应的权利和义务,使之不相互越位。比较而言,“和”的功能主要是通过人与人之间的沟通,包括君臣之间、父子兄弟共同欣赏音乐所产生的共鸣,以达到情感的融合,由此,使为礼所区分的人们再次凝聚起来。如前所言,以乐沟通情感,与礼的区分功能相互关联,“乐合同,礼别异”,两者的彼此互补,最终指向社会秩序的建立。

进一步来说,荀子又通过历史上的各种说法,对此作了深入的梳理。所谓“君子明乐,乃其德也”,主要意谓:正确理解音乐既是一种内在品格,也是职责所在。“乱世恶善,不此听也”则表明,乱世之中,礼与乐的正当作用往往未能得到正确的把握。礼乐与人心的感化、改造相关联。作为规范系统,礼同时也涉及内在情感世界;乐之合同,则有助于礼的规范作用的实现,两者既有不同侧重,又可以说异曲而同工。

四

前文提到,音乐与乐器相关,广义的音乐既包括声乐,也关乎器乐,后者与乐器有更为直接的关联,并具有不可忽视的作用:“声乐之象:鼓大丽,钟统实,磬廉制,竽笙箫和,筦、籥发猛,埙、篪翁博,瑟易良,琴妇好,歌清尽,舞意天道兼。鼓,其乐之君邪!故鼓似天,钟似地,磬似水,竽笙、箫和、筦籥似星辰日月,鞉、柷、拊、鞷、椌、楬似万物。曷以知舞之意?曰:目不自见,耳不自闻也,然而治俯仰、诎信、进退、迟速莫不廉制,尽筋骨之力以要钟鼓俯会之节,而靡有悖逆者,众积意謘謘乎!”这里首先提到,乐器所发出的声音具有象征意义,在通常所说的“钟鼓之声”中,钟和鼓都是乐器的重要形态。钟鼓首先是鼓舞人心,大而充实,声音浑厚,同时又具有清晰的特点,“廉”本来指棱角,棱角具有分明的特点,以此来比喻音乐,指音乐节奏清楚明白。“竽”“笙”等在古典时代也是重要的乐器,能产生激昂之声。“琴”主要指古琴,其演奏需要有一定的技术和指法。歌声以清楚嘹亮为特点,而歌与舞又相互关联。这里特别把舞意与天道连在一起,这就使舞蹈的意义进一步提升了。术与道相对,在荀子看来,舞蹈不仅仅是技术性的问题,而且与天道相关,“天道兼”便表明舞姿中蕴含天道。前面已提及,荀子对音乐的形而上意义也给予了一定的关注,不管是音乐还是舞蹈,对荀子而言都内含某种形而上的意味。儒家的礼乐之所以具有较高地位,与对音乐与舞蹈的以上理解相关:在儒家那里,乐不仅仅是术,而且渗入了道。

与道相关的这种音乐,具有正当性质,与不正当之乐相对。作为君子之乐,这种音乐与天地、日月等具有一种彼此相配的关系,从而蕴含超乎具体器物的意义。同时,尽管它不同于具体器物,但是又模拟万物:不同的乐器,模拟不同的对象。可以看到,荀子把音乐以及与之相关的乐器提到了重要的位置,对于不同乐器的象征意义他都作了比较具体的阐述。作为模拟万物而又象征天地和天道的对象，音乐与乐器既与经验事实相关，又有形而上的意蕴。尽管从教化的角度看，不能陷于形而上的思辨，但音乐本身的形而上意义，又不可完全否定。当然，在荀子那里，形上与形下又并非截然分离：模拟万物，便体现了音乐与经验世界的关联。

从直观的角度来看，舞蹈与乐器无疑有所不同。舞蹈首先表现为个人的动作，乐器则更多地需要相互协调，以形成协奏的效果。两者在表达或象征天道的方式上也存在差异，乐器通过不同形式的彼此配合来象征日月天地，舞蹈则是直接以人的肢体动作来模拟对象。乐器是物，舞的主体则是人：舞是人之所作。不过，乐器由人演奏，其结果则是音乐（器乐）的形成，就此而言，乐器与舞蹈又并非截然相分。总之，乐器、音乐、舞蹈作为艺术的不同方面，彼此相互关联。

以上引文中同时提到“目不自见，耳不自闻”。舞蹈往往是表达给人家看的，不是自我娱乐，“不自见”“不自闻”主要侧重于这一点。从通常的感官功能上说，耳可以听天地之声，但是不能自听；目可以看见万物，但是不能看见自己。可以说，耳目都以对象世界为指向，而不是以自身为目标。同样，尽管也可以说舞蹈具有表达自己情感的一面，但它主要面向公众，其终极的目标不是自我满足，而是产生公共影响。在这一点上，它与前述感官有相通之处。同时，舞蹈作为人的活动，具有专一、忘我的特点，“不自视”“不自听”也同时体现了舞蹈的以上特征。从具体的对象来说，舞蹈涉及目（眼），乐与耳相联系。舞蹈主要是看而不是听，乐主要是听而不是看，其所关联的感官有所不同。

礼与乐之间具有密切关联。就乡间饮酒而言，其中既有依礼而行的规范，也包含音乐的作用：“吾观于乡，而知王道之易易也。主人亲速宾及介，而众宾皆从之，至于门外，主人拜宾及介，而众宾皆入，贵贱之义别矣。三揖至于阶，三让以宾升，拜至，献酬，辞让之节繁。及介省矣。至于众宾，升受，坐祭，立饮，不酢而降。隆杀之义辨矣。工入，升歌三终，主人献之；笙入三终，主人献之；间歌三终，合乐三终，工告乐备，遂出。二人扬觯，乃立司正。焉知其能和乐而不流也。宾酬主人，主人酬介，介酬众宾，少长以齿，终于沃洗者。焉知其能弟长而无遗也。降，说屦，升坐，修爵无数。饮酒之节，朝不废朝，莫不废夕。宾出，主人拜送，节文终遂。焉知其能安燕而不乱也。贵贱明，隆杀辨，和乐而不流，弟长而无遗，安燕而不乱。此五行者，足以正身安国矣。彼国安而天下安。"乡间饮酒是当时公共空间中的一种表现形式，它既不同于政治意义上国家层面的活动，也有别于家庭伦理视域中的私人性活动，朋友、邻里则是这种公共空间的主要构成。就此而言，乡间饮酒实际上展开于社会领域，荀子也从这一社会领域讨论礼与乐的关系，并肯定，王道的践行并非过于繁复的过程（"知王道之易易也"）。总体上，礼、乐彼此沟通。从礼的角度上来看，荀子在《礼论》中讲了很多具体的细节，涉及人的多重活动；此处以乡间饮酒这一社会领域中展开的活动，来表达礼所规定的各种程序，其中，主宾之间和长幼之间，都是公共空间中礼所面对的基本对象。在这一过程中，音乐也是不可少的，所谓"工入，升歌三终"，便是把音乐融合进来。从理论的层面看，首先需要以礼为主要规范，使行为合规合法，合乎秩序；其次，乐也具有情感沟通的作用。音乐并不指向逻辑的认同，也不以某种理念为准则，欣赏音乐，主要在于达到情感上的共鸣，这是一种发自内心的沟通。音乐之所以能做到这一点，是因为它具有非功利性：从艺术的角度来说，音乐欣赏等审美过程都有非功利的一面，正因如此，所以能够在深层面达到人与人之间的情感沟通。

可以看到，一方面，礼的规范体现于长幼之间、邻里相处、主客互动的交往过程,举手投足,如何来安排,都有具体规定;另一方面,音乐也在其中扮演了重要的角色:在乡间饮酒期间,音乐便加入了进来。这一事实表明,礼乐是相互关联的,礼的展开过程中少不了乐。当然,尽管礼乐不分家,但两者之中礼具有主导性,乐则是次要的;首先需要突出礼的规范意义,然后才谈乐的辅助性作用。具体来说,在乡间饮酒的过程中,如何对待贵贱等级的差异,是一个需要重视的问题,各种不同的社会地位、角色、长幼的人都要加以区别,地位高的与长者,需要加以尊重,最终所要达到的目标则是"和乐而不流",它所体现的是社会的和谐状态。乡间饮酒实际上通过具体而微的事例来表明,在社会领域中应该如何建构和谐的关系。在这里,荀子特别提到"贵贱别,隆杀辨,和乐而不流,弟长而无遗,安燕而不乱"五个方面,其中涉及社会领域的贵贱、家庭伦理的秩序,以及长幼之间的区分,等等,对荀子而言,只要这些方面做得比较完善,社会领域的和谐秩序就可以建立起来。

荀子肯定礼和乐之间的相关性,它既体现于公共领域中,也与私人领域相关。其中,音乐的价值属性得到了一再的关注。从个体层面看,从孔子开始就有"放郑声"之说,引申而言,即使是个体自娱自乐的音乐演奏,也有正与不正之分。当然,艺术中个性的东西总是要介入进来,如果整齐划一,便没有艺术可言。这样,音乐一方面要有个性,另一方面,这种个性不应排斥其正当性的承诺。从礼来说,礼是普遍的规范系统,这种规范系统同样既涉及社会中人的言行举止,也与个体的人格塑造相关。规范主要包括两个方面,一是做什么,另一是怎么做。"做什么"涉及方向性的东西,就成人而言,其关注的是如下问题:究竟应把自己培养成什么样的人?"怎么做"关乎行为的具体方式、途径、程序的问题,包括如何达到理想的人格。音乐的规范意义也与之相关,两者都具有正当与否的问题。事实上，乐的正与不正都与礼相涉，合乎礼的乐就具有正当性，不合乎礼的乐则是不正当的，礼在此具有标准和准则的意义。

音乐的社会意义，体现于多重方面，在乱世与治世中，同样可见其不同："乱世之征，其服组，其容妇，其俗淫，其志利，其行杂，其声乐险，其文章匿而采，其养生无度，其送死瘠墨，贱礼义而贵勇力，贫则为盗，富则为贼。治世反是也。"这里所谈的服饰、行为方式等等，都属日常生活。前面乡间饮酒代表社会领域中的活动，此处涉及更宽泛层面上的社会生活。以上还胪列了各种负面的社会现象，按照荀子的理解，这些现象是乱世所有的，它们折射了社会的无序性，而之所以会出现这些现象，归根到底是因为偏离了礼乐。礼乐本身体现于日常生活中，社会风气如何，音乐的正当与否，都属于日常生活的形态。同时，荀子特别把生和死的问题提出来，生和死是人生中最重要的两个方面，也是人存在于世所涉及的基本形态。一个是日常生活，一个是生与死，在这些方面都可以看到礼是否得到贯彻执行、乐是否起到了正面作用。总体上，"其行杂""其声乐险"构成了乱世的特点。

以上是《乐论》的最后一段，荀子在此将礼乐与日常生活之间的关联进一步突显出来，他试图表明，如果能够真正按照礼乐的要求去做，那么社会就是正当而有希望的，相反，若背离礼乐，则对社会的演化来说便具有消极意义。可以看到，治与乱的区分，就在于礼与乐是不是受到尊重：治世的特点是礼乐都能够得到贯彻，乱世则完全背离了礼乐的基本精神。这里再次涉及礼乐的社会功能，荀子之所以讲礼论乐，并不是无的放矢，而是始终与人类的生存、社会生活的展开过程相联系。

作为规范系统的礼

——从经学的现代意义看《仪礼》《周礼》《礼记》

《仪礼》《周礼》《礼记》作为早期经典,大致形成于先秦及秦汉之际。其中,《仪礼》出现最早,在《诗》《书》《礼》《易》《春秋》五经中,“礼”即指《仪礼》。就其内容而言,在经学的视域中,五经既有学术层面的内涵,也有意识形态的意义。从现代思想的层面看,五经之中,《春秋》作为鲁国史,具有历史的品格,其中既包含着历史事实的记载,也渗入了历史的观念。这种意识又常常与政治领域的价值观念联系在一起,邵雍已指出这一点:“春秋为君弱臣强而作,故谓之名分之书。”[①]所谓名分,便体现了政治取向。《周易》以道与器、形上与形下等关系为关注之点,其观物取象、弥纶天地之道等观念既蕴含认识论取向,也体现了形而上的视域。魏晋时期,王弼对《周易》的考察,已从其象数之学中蕴含的超验内容,回到哲学层面的智慧形态,这种进路今天依然有其意义。《诗经》通过对赋、比、

① 邵雍:《观物外篇》,载《邵雍集》,中华书局,2010 年,第 172 页。

兴等艺术方式的具体运用,展现了多方面的艺术、美学思想,其中包含审美和艺术哲学视域中的见解,并涉及人在日常之情方面的体验。《尚书》主要是殷周等时代的政论、历史文献以及早期治国理政文档的汇编,并相应地渗入了历史哲学、政治哲学的内容。与以上经典相近,三礼关乎社会人伦的多重领域,从家庭之内的父子有亲,到政治领域的君臣之义,都内含“应当做什么”“应当如何做”的要求。宽泛地看,礼既与政治、伦理的体制相关(所谓“礼制”,便体现了这一点),也以当然之则为内容:在人与人之间的交往过程中,礼便主要表现为一种规范系统。与之相联系,考察三礼,首先也应当关注其中的规范性观念。《诗》《书》《易》《春秋》和《礼》都是经学的原初文本,而经学本身则经历了历史衍化的过程①,在不同时代呈现相异的形态。这里拟从经学的现代意义这一角度,对三礼的规范内涵作简要考察。

一、礼与社会生活

以“应当如何”的规定为内容,礼涉及社会领域的不同方面;从日常生活,到政治践行,从个体的饮食起居,到人与人之间的交往,无论巨细,都提出了对礼的要求。就《仪礼》而言,在谈到士冠礼时,《仪礼》便对其“如何做”的过程作了十分具体的叙述:“筮于庙门。主人玄冠,朝服,缁带,素韠,即位于门东,西面。有司如主人服,即位于西方,东面北上。筮与席、所卦者,具馔于西塾。布席于门中闑西、阈外,西面。筮人执筴,抽上韇,兼执之,进受命于主人。宰自右少退,赞命。筮人许诺,右还,即席坐,西面。卦者在左。卒

① 参见本书《经学的历史形态与现代走向》一文。

筮，书卦，执以示主人。主人受眡，反之。筮人还，东面。旅占，卒，进告吉。若不吉，则筮远日，如初仪。撤筮席。宗人告事毕。"①以上程式关乎服饰、主人所处之门、卦卜者的位置等具体规定，冠礼即通过与之相关的程序而完成。

同样，在乡饮酒的过程中，也包含各种细则："宾若有遵者，诸公、大夫则既一人举觯，乃入。席于宾东，公三重，大夫再重。公如大夫入，主人降，宾、介降，众宾皆降，复初位。主人迎，揖让升。公升如宾礼，辞一席，使一人去之。大夫则如介礼，有诸公则辞加席，委于席端，主人不撤。无诸公，则大夫辞加席，主人对，不去加席。"②乡间饮酒之时，重要宾客的入席、座次，都有具体规定，整个过程俨然有序；活动期间，诸公在场或不在场，直接影响相关程序。乡饮酒是当时公共生活中深受关注的活动，有不同阶层的成员参加，其举行既有联谊的性质，也关乎社会秩序的展示，正因如此，《仪礼》对其展开过程作了多重规定：从一般意义上的序齿，到根据政治地位以确定如何迎送，都一一作出安排，其中体现了礼对日常行为的制约。

对《仪礼》《周礼》《礼记》而言，人存在的各个方面，都无法脱离礼的规范。从成人、成婚、日常交往，到君臣之间的私饮（燕礼）；从丧礼、祭祀到聘礼，人的一生，几乎所有活动，都受到礼的约束。《礼记·王制》具体地论述了礼的规范所涉及的六个方面、七重关系、八种对象："六礼，冠、昏、丧、祭、乡、相见。七教，父子、兄弟、夫妇、君臣、长幼、朋友、宾客。八政，饮食、衣服、事为、异别、度、量、数、

---

① 《仪礼·士冠礼》，商务印书馆，2023年，第11页。

② 《仪礼·乡饮酒礼》，第93页。

制。”[①]在此，六个方面关乎冠礼、婚礼、丧礼、祭礼等；七重关系涵盖存在领域的基本人伦，其中，父子、兄弟、夫妇属私人领域的家庭伦理，君臣之间是政治关系，长幼、朋友、宾客则以公共空间中的交往为内容，这种公共领域介于私人领域与政治关系之间；八种对象则指向日常行为所涉的不同事物。礼首先以既成的规范为形态，《仪礼》《周礼》《礼记》便包含各种已有规定的描述，诸如成人礼（士冠礼）、成婚礼（士昏礼）、人与人交往之礼（士相见礼）、“乡饮酒礼”等等。其中既可以看到礼的具体内容，也不难注意到其对人的行为的多重规范意义。

作为规范，礼是社会领域中“事”展开的条件：“礼者何也？即事之治也。君子有其事，必有其治。治国而无礼，譬犹瞽之无相与！伥伥乎其何之？譬如终夜有求于幽室之中，非烛何见？若无礼，则手足无所错，耳目无所加，进退揖让无所制。是故以之居处，长幼失其别，闺门、三族失其和，朝廷、官爵失其序，田猎、戎事失其策，军旅、武功失其制，宫室失其度，量鼎失其象，味失其时，乐失其节，车失其式，鬼神失其飨，丧纪失其哀，辨失其党，官失其体，政事失其施，加于身而错于前，凡之动失其宜。如此，则无以祖洽于也。”[②]“事”即人之所作，包含人的日常行为，礼则规定着人的做事过程；没有礼的节制，诸事皆难以取得成效：“事不节则无功。”[③]引申而言，无礼将使人手足无措、不知进退揖让。从长幼之别、家族之和，到朝廷、田猎、戎事、军旅、宫室，等等，无不受到礼的制约。在这里，礼的规范意义渗入社会生活的方方面面。

---

① 《礼记·王制》，商务印书馆，2023年，第240页。

② 《礼记·仲尼燕居》，第723页。

③ 《礼记·乐记》，第565页。

从正面看，人的日常举止，都需要合乎礼："君子之容舒迟，见所尊者齐遬。足容重，手容恭，目容端，口容止，声容静，头容直，气容肃，立容德，色容庄，坐如尸。燕居告温温。"[1]行住坐卧的展开，都有形之于外的一面，唯有举手投足都遵循礼的要求，才能出现君子的端庄风格。儒家十分注重人格的外化或外显，后者包括容貌、站形、坐姿，而礼的引导，则是保证其合理形态的前提。如果偏离了礼的准则，则不仅人格的外在形象无法给人以谨严庄重之感，而且在人的实质存在层面将影响社会的运行："道德仁义，非礼不成。教训正俗，非礼不备，分争辨讼，非礼不决。君臣、上下、父子、兄弟，非礼不定。宦学事师，非礼不亲。班朝治军，莅官行法，非礼威严不行。祷祠祭祀，供给鬼神，非礼不诚不庄。是以君子恭敬、撙节、退让以明礼。"[2]"非礼无以节事天地之神也，非礼无以辨君臣、上下、长幼之位也，非礼无以别男女、父子、兄弟之亲，昏姻、疏数之交也。"[3]这里涉及存在的多重领域以及人的行为的不同规定：仁义道德是社会伦理生活的构成，"教训正俗"关乎社会教化，辨讼断案，涉及法制活动，君臣、上下首先指向政治领域的尊卑等级之序；父子、兄弟是家庭中的伦理主体；长幼所涉，是介于家庭关系与政治关系的公共空间；学与师以广义的师生关系为对象；祷祠祭祀、节事天地鬼神，则体现了对先祖及超验之神的尊奉，如此等等。可以看到，礼在社会生活中的遍及各处，道德、教化、政治、日常行为，都需要依礼而行。

以规范为形态，礼不仅直接制约人的行为，而且为德性的正面

---

① 《礼记·玉藻》，第469页。

② 《礼记·曲礼上》，第30—31页。

③ 《礼记·哀公问》，第715页。

作用提供了担保："敬而不中礼，谓之野；恭而不中礼，谓之给；勇而不中礼，谓之逆。"[①]敬、恭、勇本来是具有积极意义的品格，但如果不合乎礼，便可能引向负面之列。在《论语·泰伯》中，孔子已有类似表述："恭而无礼则劳；慎而无礼则葸；勇而无礼则乱；直而无礼则绞。"这里所说的恭、慎、勇、直同样属于正面的德性，但在孔子看来，如果缺乏礼的引导，这些德性或品格也容易走向反面。在此，相对于人的德性与品格，礼被赋予更为本源和基本的意义：日常行为中的多样品德唯有在礼的制约下，才能产生正面的作用。

礼作为规范系统，属于当然之则。人在存在过程中既面临与外部世界的关系，并相应地需要作用于对象，所谓天人互动，便体现了这一点；也离不开人与人之间的交往。对象之中蕴含必然法则，人与人的交往则关乎当然之则；前者以客观之道为形态，其作用不以人的意志为转移；后者则同时涉及人的价值理想，其实施和落实往往与人的意愿相关。对外部事物的作用，以把握其中的必然法则，并在活动过程中合乎这一法则为前提：悖离必然法则，将一事无成。人与人的交往过程，则处处涉及当然之则，礼在社会生活中方方面面的作用，即体现了这一点。从现实层面看，必然法则与当然之则并非截然分离，在作用于对象的过程中，既需要遵循必然法则，也离不开当然之则。以变革自然的活动而言，人乃是以群体的力量应对自然的变化，荀子谓"人能群"，便是注意到了这一点，而群体行为的协调，则离不开规范（传统社会中的礼）的制约。同样，人与人之间的交往受到当然之则的引导，但社会的存在与演进，也有自身的必然法则，就此而言，交往过程并非与必然法则相隔绝。然而，相对而言，在天人互动的过程中，必然法则呈现更直接的意义，社会

---

① 《礼记·仲尼燕居》，第721页。

交往则首先以合乎当然之则为前提。以约束人的行为(“节事”)为主要指向,礼的作用更多地体现于社会领域,三礼(《仪礼》《周礼》《礼记》)对多样社会行为的规定,也表明了这一点。

二、作为目的性规范的礼

礼既与人在社会生活的不同活动相关,也涉及人的存在状况:“人有礼则安,无礼则危。”①在政治领域中,礼的这一功能得到了特别的强调。就《周礼》而言,以社会体制的建构与安排为指向,其内容关乎政治治理的具体设置,其中的《天官冢宰》《地官司徒》《春官宗伯》《夏官司马》《秋官司寇》《冬官司空》等篇,便分别对应于王权之下的相关治理部门。从体制层面看,“天官”负责“邦治”,属职六十三项;“地官”指向“邦教”,属职七十八项;“春官”关乎“邦礼”,属职七十项;“夏官”涉及“邦政”,属职七十项;“秋官”以“邦禁”为责,属职六十六项;“冬官”管理宽泛意义的“邦事”,属职三十项。《周礼》所列职官共三百七十七项,既涉及秦汉实际的政治格局,也包含理想的政治蓝图。值得注意的是,作为政治规范,周礼不仅提出了政治治理的程序要求,而且规定了政治发展应该指向何方:“大宰之职,掌建邦之六典,以佐王治邦国。一曰治典,以经邦国,以治官府,以纪万民。二曰教典,以安邦国,以教官府,以扰万民。三曰礼典,以和邦国,以统百官,以谐万民。四曰政典,以平邦国,以正百官,以均万民。五曰刑典,以诘邦国,以刑百官,以纠万民。六曰事典,以富邦国,以任百官,以生万民。”②这里所述六典,关乎具体的

① 《礼记·曲礼上》,第 32 页。

② 《周礼·天官冢宰》,商务印书馆,2023 年,第 20 页。

治理方式,其中包括“以治官府”“以统百官”等规定;而“以安邦国”“以平邦国”“以谐万民”“以生万民”等等,则涉及政治领域的发展方向和发展目的。

一般而言,规范不仅涉及“如何做”的要求,而且关乎“做什么”的引导。在这一意义上,规范具有两重特点:它既包含目的性品格,也具有手段或工具性的规定;前者可以视为作为目的的规范,后者则是作为手段的规范。规范的以上二重性质并非彼此对峙,在现实的形态中,两者往往兼而有之,然而,尽管如此,在不同的规范形态中,仍有侧重之点的差异。从功能看,作为目的的规范主要决定价值导向:它制约着行为过程朝何种目标发展;作为手段的规范则关涉以什么样的方式、途径、程序去实现行为的目的或达到行为的目标。“以安邦国”“以平邦国”“以谐万民”“以生万民”等要求具有目标指向,主要关注政治演化的结果和理想形态,与之相关的礼,可以看作是作为目的的规范。

规范的目的指向,体现了礼的不同形式:“五物者民之常,而施十有二教焉。一曰以祀礼教敬,则民不苟。二曰以阳礼教让,则民不争。三曰以阴礼教亲,则民不怨。四曰以乐礼教和,则民不乖。五曰以仪辨等,则民不越。六曰以俗教安,则民不愉。七曰以刑教中,则民不虣。八曰以誓教恤,则民不怠。九曰以度教节,则民知足。十曰以世事教能,则民不失职。十有一曰以贤制爵,则民慎德。十有二曰以庸制禄,则民兴功。”①这里所说的“五物”,指山林、川泽、丘陵、坟衍、原隰。在此,规范的形式与规范的目标相互沟通:在“以祀礼教敬,则民不苟”、“以阳礼教让,则民不争”、“以阴礼教亲,则民不怨”等论述中,“教敬”“教让”“教亲”呈现为如何做的具

① 《周礼·地官司徒》,第108—109页。

体规范,而“民不苟”“民不争”“民不怨”则既是礼的规范所指向的目标,也是按礼而行的结果。

从政治领域看,作为规范的礼首先与君主的地位相关:“是故礼者,君之大柄也,所以别嫌明微、傧鬼神、考制度、别仁义,所以治政安君也。故政不正,则君位危。君位危,则大臣倍,小臣窃。”[①]区分不同社会等级、辨别仁义,体现了礼在治理过程中的规范作用,而“所以治政安君”,则指出了这种规范的目的指向。就更广的层面而言,礼的旨趣在于民众的安顿、社会的有序:“故圣人参于天地,并于鬼神,以治政也。处其所存,礼之序也。玩其所乐,民之治也。”[②]在这里,“礼之序”的具体内容,表现为社会平和而无冲突,而人与人之间的和谐相处,则同时构成了作为目的之规范的现实指向。

社会和谐的实现,展示了合乎礼的积极意义,与之相对的是悖离规范。三礼之中的《礼记》曾对月令作了考察。在传统思想中,月令的基本内容是按时节做相关之事,从而也具有规范的意义。对《礼记》作者而言,如果悖离了月令的规范要求,便会引向负面结果:“孟夏行秋令,则苦雨数来,五谷不滋,四鄙入保。行冬令,则草木蚤枯,后乃大水,败其城郭。行春令,则蝗虫为灾,暴风来格,秀草不实。”[③]孟夏行秋令,意味着夏天做秋天之事,如此,必然招来各种灾难。同样,如果夏天做冬天之事,也将导致不同殃祸:“仲夏行冬令,则雹冻伤谷,道路不通,暴兵来至。行春令,则五穀晚孰,百螣时起,其国乃饥。行秋令,则草木零落,果实早成,民殃于疫。”[④]尽管月令的具体表述带有某种神秘意味,但《礼记》作者主要将其视为

---

① 《礼记・礼运》,第 353 页。

② 《礼记・礼运》,第 354 页。

③ 《礼记・月令》,第 264—565 页。

④ 《礼记・月令》,第 268 页。

制约人事的规范,从后一角度看,无论是夏行秋令,还是夏行冬令,其共同特点在于未能遵循礼的规范。

礼(规范)的目的意义或作为目的的礼不仅体现于“做什么”的选择,而且决定着“是什么”的存在品格。在比较人与某些动物时,《礼记》指出:“鹦鹉能言,不离飞鸟。猩猩能言,不离禽兽。今人而无礼,虽能言,不亦禽兽之心乎?夫唯禽兽无礼,故父子聚麀。是故圣人作,为礼以教人,使人以有礼,知自别于禽兽。”[①]何为人?这是先秦以来反复讨论的问题,人禽之辨、文野之别,都与之相关。言说能力曾被视为人之为人的规定之一,但在《礼记》作者看来,如果缺乏礼的引导,即使能够以语言加以表达,依然无法与禽兽(动物)区分开来。在这里,礼构成了人之为人的基本规定。也就是说,作为当然之则,礼不仅影响着行为的选择(“做什么”),而且决定了对象的性质(“是什么”)。这一看法在《礼记·礼运》中得到了进一步阐发:“故礼义也者,人之大端也。所以讲信修睦,而固人之肌肤之会,筋骸之束也,所以养生、送死、事鬼神之大端也;所以达天道、顺人情之大窦也。故唯圣人为知礼之不可以已也。故坏国、丧家、亡人,必先去其礼。”要而言之,礼作为规范,同时决定着人成为何种存在形态。

以上论点的前提,在于肯定礼与人的内在关联。《礼记·曾子问》中可以看到以下对话:“曾子问曰:‘相识,有丧服可以与于祭乎?’孔子曰:‘缌不祭,又何助于人?’”[②]“缌”即用于制作丧服的麻布。以上看法与荀子具有一致性。在谈到丧礼时,荀子曾指出:“久

---

① 《礼记·曲礼上》,第31页。

② 《礼记·曾子问》,第306页。

而平,所以优生也”①,其内蕴如下:丧礼举行一段时间后,人的哀伤之情便可以渐渐得到平复,这种情感变化的意义,在于有利于生命的存在(“所以优生也”)。不难注意到,礼(丧礼)与人相互联系,而人则具有目的指向。与之相关,祭祀也离不开人的现实存在,其意义在于帮助在世的人缅怀先人。从人的前后绵延看,父子之亲构成了原始的联系,在父子关系中,则包含着礼的分别之义;没有这种分别,人将倒退为禽兽:“父子亲,然后义生。义生,然后礼作。礼作,然后万物安。无别无义,禽兽之道也。”②礼与人的不可分离性,在此得到了进一步的阐释,而礼作为当然之则的目的意蕴,便基于以上关联。

礼作为目的性规范,以肯定人的价值为指向。三礼有言,人不同于物,不能将人归结为物:“人生而静,天之性也。感于物而动,性之欲也。物至知知,然后好恶形焉。好恶无节于内,知诱于外,不能反躬,天理灭矣。夫物之感人无穷而人之好恶无节,则是物至而人化物也。人化物也者,灭天理而穷人欲者也。于是有悖逆诈伪之心,有淫泆作乱之事。是故强者胁弱,众者暴寡,知者诈愚,勇者苦怯,疾病不养,老幼、孤独不得其所,此大乱之道也。”③“物至而人化物”即人的物化,这一结果意味着天理的失落和人欲的泛滥,按三礼之见,如此将进而导致各种纷乱现象,并使社会处于无序状态。宋明时期,天理人欲成为价值领域的重要论题,而理、欲的对峙,则可追溯到《礼记》的以上看法。在《礼记》那里,两者的分野伴随着人的物化,后者又源于偏离作为目的的规范。

① 《荀子·礼论》。

② 《礼记·郊特牲》,第401页。

③ 《礼记·乐记》,第557页。

可以看到,礼作为规范,包含目的意蕴,以肯定人的存在价值为前提。以目的为内涵,礼的规范作用既体现于人与人之间的和谐相处,也指向合理社会秩序的建构。在这一意义上,“做什么”与“是什么”彼此交融,两者从不同维度展现了礼的规范内涵,而行为的引导与人的成就则构成了同一规范过程的相关方面。

三、“如何做”:礼对行为方式的制约

礼的规范意义具体展开于人的践行过程:“制度在礼,文为在礼。行之其在人乎!”①正是通过人的活动,礼的规范作用才得到落实。与人的行为(做事)过程相关,规范既关乎目的,也涉及手段;前者以“做什么”为关注之点,后者则更多地关涉“如何做”。从内容看,三礼(《仪礼》《周礼》《礼记》)对“如何做”作了多方面的考察,其中呈现的便是行为的方式、程序。

如何治理民众,是传统之礼首先面临的问题。《周礼》以八项举措(八统)为驭民之策:“以八统诏王驭万民。一曰亲亲,二曰敬故,三曰进贤,四曰使能,五曰保庸,六曰尊贵,七曰达吏,八曰礼宾。”②这里所说的“亲亲”,关乎家庭伦理,是处理亲子关系的基本准则;“敬故”则表现为对先人的尊重;“进贤”“使能”,可以视为儒家贤能政治的体现;“保庸”意味着对有功之人的承认;“尊贵”则是对等级尊卑之序的肯定和维护;“达吏”表明对职位低的官员需要给予必要重视;“礼宾”则是对交往过程中来客的礼遇。这八项虽然并未穷尽社会生活的所有方面,但从伦理关系、政治体制到吏治、

① 《礼记·仲尼燕居》,第724页。
② 《周礼·天官冢宰》,第23页。

外交,都提出了相关的原则,这些原则同时为社会领域"如何做"提供了规范。

在传统的社会结构中,王权或君权如何运作,是君主政治所无法回避的议题。与一般社会领域中的"八统"相应,《周礼》提出了"八柄",以此作为处理君臣关系的准则:"以八柄诏王驭群臣。一曰爵,以驭其贵。二曰禄,以驭其富。三曰予,以驭其幸。四曰置,以驭其行。五曰生,以驭其福。六曰夺,以驭其贫。七曰废,以驭其罪。八曰诛,以驭其过。"①爵、禄、生、杀、予、夺等等,直接影响人的经济、政治地位以及福祉和生命存在,在政治领域,它们同时又具有工具的意义,可以成为君主驾驭群臣的手段。正是以上述历史事实为背景,这些工具同时被视为政治运作中实施奖惩的准则,保证了君主对群臣的有效控制。

在日常生活中,人的具体行为如何展开,同样有需要遵循的准则。就主客之间的拜见、接待而言,主人和宾客如何站立、如何行走,都有十分具体的规定:"凡与客入者,每门让于客。客至于寝门,则主人请入为席。然后出迎客,客固辞,主人肃客而入。主人入门而右,客入门而左。主人就东阶,客就西阶。客若降等,则就主人之阶。主人固辞,然后客复就西阶。主人与客让登,主人先登,客从之,拾级聚足。连步以上。上于东阶,则先右足。上于西阶,则先左足。"②迎来送往,是日常领域中时时涉及的行为,可以视为日用常行的习见现象;对这一过程的以上规定,则从一个方面体现了礼的普遍制约作用。

前文已提及,礼作为规范,首先体现于调节社会交往的过程。

---

① 《周礼·天官冢宰》,第 22 页。

② 《礼记·曲礼上》,第 39 页。

人在社会生活中,总是会有值得肯定的善行,也不免存在各种过失。在人与人的交往中,如何面对善和过?这涉及和谐的社会关系如何建构的问题。对此,《礼记》提出了如下看法:“善则称人,过则称己,则民让善。《诗》云:‘考卜惟王,度是镐京。惟龟正之,武王成之。’”①所谓“善则称人,过则称己”,也就是将积极的成果(善)归之于人,而把过失归之于己,这同时构成了人与人交往过程的基本依据。作为交往的原则,归善于人、归过于己首先以普遍的“让善”为直接的社会效应,而“让善”的普遍化,则引向人与人之间的和谐相处。按其实质,归善于人、归过于己意味着宽以待人,在三礼看来,以此为交往准则,社会的有序化也可以得到伦理的担保。

社会生活不仅仅有善与过失的问题,而且常常会出现各种失范的现象。失范既表现为背离道德原则,也与法律规范未能落实相联系。与之相关,如何协调礼与法的关系,便成为不能不加以正视的问题。《礼记》有言,在注重礼的同时,对法也不能忽视:“刑肃而俗敝,则法无常。法无常而礼无列。礼无列,则士不事也。刑肃而俗敝,则民弗归也,是谓疵国。”②宽泛地看,礼与法都属于制约行为的规范,不过,作为当然之则,礼以说服为实施的主要方式,与之相对,法则具有强制性。在现实生活中,人的行为呈现多样特点,说服性的礼与强制性的法在行为制约方面具有不同作用。具体来说,一方面,对不同性质的行为需要分别以礼或法加以应对,一旦行为越轨(触犯法规),便应以法为依据,加以惩处,所谓“刑肃”,便涉及这一点。另一方面,礼本身也受到法的影响,如果法不确定,则礼也易于杂乱,这不仅会导致人们无所适从,而且使人难以从事相关活动;所

① 《礼记·坊记》,第737页。
② 《礼记·礼运》,第353页。

谓“法无常而礼无列”“礼无列，则士不事也”，便指出了两者的这一关系。这样，在引导行为的过程中，礼法的合理互动，便显得十分重要。事实上，除了三礼，儒家的其他人物也注意到礼法的关联，在荀子那里，隆礼重法，便构成了其思想的重要特征：“故学也者，礼法也。”[①]作为社会领域的当然之则，礼与法难以分离，唯有通过两者的交融，才能不仅适当地引导相关行为，而且使作为行为准则的礼、法能够有效作用，由此安邦定国。

人在社会中的活动，乃是通过言、行而展开的，言在广义上与认识（包括对象的考察）相关，这一过程在总体上无法离开礼的制约：“无节于内者，观物弗之察矣。欲察物而不由礼，弗之得矣。故作事不以礼，弗之敬矣；出言不以礼，弗之信矣。故曰：‘礼也者，物之致也。’”[②]观物涉及对事物的认识，“察”则是细查，对《礼记》作者而言，缺乏礼的引导，观物便不免失误。引申来说，言、行（“作事”）都离不开礼的规范。与事相关的“敬”既指尊重，也有专一之义，礼的制约，则是达到以上之敬的前提。同样，出言需要为人所信，而依循礼则保证了言而被信。在此意义上，礼构成了最高准则，所谓“礼也者，物之致也”便肯定了这一点。

当然，礼本身在运用过程中，也需要合理变通：“君子之于礼也，有所竭情尽慎，致其敬而诚若，有美而文而诚若。君子之于礼也，有直而行也，有曲而杀也，有经而等也，有顺而讨也，有撕而播也，有推而进也，有放而文也，有放而不致也，有顺而摭也。”[③]这里提到了礼实施过程中呈现的不同方式：“直而行”，表示率真而无所掩饰；“曲而

---

① 《荀子·修身》。

② 《礼记·礼器》，第376页。

③ 同上书，第373页。

杀”,包含有所限定和抑制;“经而等”,意味着对不同等级加以调节;“顺而讨”,则是从尊到卑依次而下;“撕而播”,以除去其上者而及于其下者为指向;“推而进”,则涉及向上仿效;“放而文”,主要表现为宽松而文饰;“放而不致”,则是宽松而不以达到为取向;“顺而摭”,主要以在下者逐渐向上为内容。这些方式当然有其自身的历史含义,但这里重要的不是它的特定形态,而是其中所蕴含的如下观念:礼的运用包含不同形式。这里的礼,侧重于作为手段的规范,其功能体现于“如何做”,与之相关的主要是做事或行动的方式,它表明:当问题涉及“如何做”时,多样的作用方式便成为关注的主导方面。

要言之,礼作为当然之则,不仅规定行为的方向,而且制约着行动的展开方式;前者呈现为规范的目的义,后者则以作为手段的规范为形态。无论是作为目的规范,还是作为手段的准则,礼都具有普遍性。“敖不可长,欲不可从,志不可满,乐不可极。”[①]礼的以上要求关乎人生的不同方面,既对整个人生的发展具有引导意义,也在总体上规定了人应该如何做。

四、礼的多重根据

以“做什么”的引导和“如何做”的规定为内容,礼对人在社会生活中的活动提供了多方面的制约。作为行为的规范,礼本身并不具有终极的意义,其存在关乎多重根据。从根本上说,礼乃是得之现实之道而又还治现实之身,其规范作用(当然之义)无法与实然与必然分离。这里的实然即现实存在,必然则是现实中蕴含的内在法则。“做什么”和“如何做”都包含“应当”,其中包含人的价值理

① 《礼记·曲礼上》,第27页。

想，然而，这一意义上的“应当”本身又基于实然与必然；规范的现实作用，难以隔绝于以上前提。

礼非凭空而起，这是三礼的基本观念。在《礼记》看来，礼首先以“天”为本：“夫礼，必本于天，动而之地，列而之事，变而从时，协于分艺，其居人也曰养，其行之以货力、辞让、饮食、冠、昏、丧、祭、射、御、朝、聘。”①这里的“本于天”，包含形而上的内涵，其内在之旨在于肯定礼具有形式上的根据，正是在此意义上，“本于天”又被视为本于“大一”（“太一”）：“是故夫礼，必本于大一，分而为天地，转而为阴阳，变而为四时，列而为鬼神，其降曰命，其官于天也。”②天地、四时本来具有自然义，但当它们与太一、阴阳、鬼神等相互交融之时，便同时被赋予神秘的形而上意味。当然，这里依然提及“列而之事”，其中蕴含着对人的活动（事）的引导，并相应地肯定了礼的规范意义。可以看到，作为传统的思想，三礼之中自然的观念与超自然的取向彼此纠缠，对礼的理解也体现了这一特点。

礼与天地万物的以上关系，从不同方面得到了阐发：“礼也者，合于天时，设于地财，顺于鬼神，合于人心，理万物者也。是故天时有生也，地理有宜也，人官有能也，物曲有利也。故天不生，地不养，君子不以为礼，鬼神弗飨也。居山以鱼鳖为礼，居泽以鹿豕为礼，君子谓之不知礼。故必举其定国之数，以为礼之大经。礼之大伦，以地广狭。礼之薄厚，与年之上下。是故年虽大杀，众不匡惧，则上之制礼也节矣。”③“合于天时，设于地财，顺于鬼神”，突出的是礼的形而上之维，类似的看法也见于以下论述：“凡礼之大体，体天地，法四

①② 《礼记·礼运》，第359页。

③ 《礼记·礼器》，第365页。

时,则阴阳,顺人情,故谓之礼。”①值得注意的是,这里同时提出了“合于人心”“顺人情”的观念,相对于“阴阳”“四时”“鬼神”的形而上意义而言,“人心”与“人情”具有价值的意味,两者构成了礼的不同根据。

对礼的价值之维的关注,在以下论述中以更明确的方式得到了体现:“先王之立礼也,有本有文。忠信,礼之本也。义理,礼之文也。无本不立,无文不行。”②忠信和义理都可以归入价值的范畴:“忠信”关乎内在的品格和行为取向;“义理”则表现为广义的理论形态。后者固然可以被赋予形而上的意味,但与“忠信”关联,则更多地呈现价值内涵。“本”与根据、基础处于同一序列,“文”则主要涉及外在的修饰。以“忠信”为本,突出的是礼的价值根据;以“义理”为文,则从形式层面体现了礼的价值意义。可以注意到,作为普遍的规范系统,礼既以“太一”“天地”为形而上的根据,又关乎“人心”“人情”,并包含价值层面的根据。对礼的这一理解,同时关乎当然与必然的分别:必然的法则关乎外在之理,与人的价值理想无直接关联;与之不同,当然之则一方面基于实然与必然,另一方面又包含人的价值追求。

礼的以上二重根据在礼乐关系的讨论中,得到了更为具体的展现:“大乐与天地同和,大礼与天地同节。和,故百物不失;节,故祀天祭地。明则有礼乐,幽则有鬼神。如此,则四海之内,合敬同爱矣。礼者,殊事合敬者也。乐者,异文合爱者也,礼乐之情同,故明王以相沿也。”③“与天地同节”,体现了礼的形上之维;“合敬同爱”

---

① 《礼记·丧服四制》,第903页。

② 《礼记·礼器》,第364页。

③ 《礼记·乐记》,第559—560页。

则呈现价值的意义，两者同上又与现实人生与彼岸的存在相关：明幽所隐喻的便是人间礼乐与彼岸鬼神的区分。比较而言，礼呈现了沟通此岸与彼岸的作用：所谓“礼者，殊事合敬者也”，便暗示了这一点。对《礼记》作者来说，在礼的秩序中，天地、鬼神各有定位：“故圣人参于天地，并于鬼神，以治政也。处其所存，礼之序也。玩其所乐，民之治也。故天生时而地生财，人其父生而师教之，四者君以正用之。”①在这里，礼的形而上根据与价值根据的统一，构成了沟通两个世界的前提。

历史地看，礼的形而上根据与大道并不具有同义性。在追溯大道与礼义的关系时，《礼记》指出：“今大道既隐，天下为家。各亲其亲，各子其子，货力为己。大人世及以为礼，城郭沟池以为固。礼义以为纪，以正君臣，以笃父子，以睦兄弟，以和夫妇，以设制度，以立田里，以贤勇知，以功为己，故谋用是作，而兵由此起。禹、汤、文、武、成王、周公，由此其选也。此六君子者，未有不谨于礼者也。以著其义，以考其信，著有过，刑仁、讲让，示民有常。如有不由此者，在执者去，众以为殃。是谓小康。”②这一叙述尽管以历史考察为形式，但并不同于历史实际演进过程的记述。不过，其中也展示了作者对礼与道关系的基本看法：礼义乃是在大道退隐后形成的。这里的大道，不同于前述形而上的根据，而主要隐喻着社会历史的原初状况，在《礼记》作者看来，这种状况终结之后，天下为公的大同之世便让位于各亲其亲、各子其子的社会形态，追逐利益（“货力为己”）则成为普遍现象，社会也由此走向无序化，礼正是在这一背景下应运而生。如果说，天地、阴阳、鬼神侧重于礼的形而上根据，那

---

① 《礼记·礼运》，第354页。

② 同上书，第346页。

么，这里主要指出了礼形成的历史根据。

除了形上之维、价值关切和历史沿革，礼也具有现实的向度："礼之所尊，尊其义也。失其义，陈其数，祝、史之事也。故其数可陈也，其义难知也。知其义而敬守之，天子之所以治天下也。"[①]"义"者宜也，包含适宜的内涵，其具体要求表现为根据现实需要，作出合理的选择。在此，现实存在构成了礼所规定的行为选择的主要依据。《礼记》强调礼尊其义，反对"失其义"，突出的便是行为规范的现实依据。与"义"相对的"数"，可以视为脱离现实的形式之举，需要加以避免或拒斥。在谈到祭祀活动时，《礼记》指出："祭不欲数，数则烦，烦则不敬。祭不欲疏，疏则怠，怠则忘。"[②]祭祀在当时是重要而严肃的活动，必须定期举行，然而，如果不顾实际情况，频繁展开（所谓"数"），则容易让人厌倦，从而使之失去庄重、严肃的品格。同样，若疏于这种活动，也会导致过于懈怠。"数"与"疏"表现为脱离实际的两种极端，合理的方式在于保持中道，这种"持中"的选择避免了引向一端，其前提是尊重事实。祭本身是礼的重要内容，"祭礼"即确证了祭与礼的关联，"祭"的适宜性要求，也从一个方面体现了作为当然之则的礼以现实形态为根据。

礼与现实的如上关联，使之同时形成务实的趋向。对《礼记》而言，"宜"与"俗"具有一致性："礼从宜，使从俗。"[③]俗即世俗，泛指现实的社会形态。按礼而行与合乎世俗，并非截然相分："君子行礼，不求变俗。祭祀之礼，居丧之服，哭泣之位，皆如其国之故，谨修其法而审行之。"[④]礼与俗的并行不悖，同时表现为行为规范与日常

---

① 《礼记·郊特牲》，第401页。
② 《礼记·祭义》，第676页。
③ 《礼记·曲礼上》，第29页。
④ 《礼记·曲礼下》，第75页。

生活的交融。从祭祀之礼看,“不求变俗”意味着入乡随俗、尊重现实,所谓“皆如其国之故”便表明了这一点。与之相应,举行礼仪活动,不必拘泥于各种外在规定,而是可以根据现实状况,作出合乎实际的安排。以孝而言,其具体要求既在于父母生时能够赡养,也表现为去世时能够注重丧礼。但以何种方式办丧礼,则需要依照经济状况而定。子路与孔子的以下对话,便表明了这一点:“子路曰:‘伤哉,贫也!生无以为养,死无以为礼也。’孔子曰:‘啜菽饮水,尽其欢,斯之谓孝。敛手足形,还葬而无椁,称其财,斯之谓礼。’”①父母去世后下葬,通常需要有椁,以示相关丧礼的庄重,但如经济状况难以承担,则不一定如此,这里便体现了礼的灵活性:只要与经济状况相称(“称其财”),即可以视为合乎礼。这种因时制宜并非偶然的变通,而是被视为普遍的原则:“是故昔先王之制礼也,因其财物而致其义焉尔。”②

作为当然之则,礼既涉及实然、必然、历史过程以及宜与俗,又关乎人的价值理想。实然、必然和历史过程,赋予规范以多重根据;价值理想的渗入,则使当然之则区别于必然法则。与宜与俗的联系,不仅体现了规范的适宜性和变通性,而且从一个更为内在的方面展现了当然之则的现实品格。

五、礼的形式之维与实质规定

礼的不同根据包含着实质的意义,其变通则体现了对规范形式的扬弃。广而言之,作为当然之则的礼难以回避实质与形式之辨。

---

① 《礼记·檀弓下》,第177页。

② 《礼记·礼器》,第376页。

在礼与乐、礼与情、礼与理等关系中，礼的实质之维与形式方面得到具体的彰显。

礼首先与乐相关，礼乐并提，也体现了这一点。相对于乐，礼侧重于外："乐，所以修内也；礼所以修外也。"①礼乐之分，在此呈现为内外之别。从内容看，这一区分表现为以礼节事，以乐导志："礼也者，反其所自生。乐也者，乐其所自成。是故先王之制礼也以节事，修乐以道志。故观其礼乐而治乱可知也。"②自生自成，体现了礼乐的自主性；"节事"是对人的行为（做事活动）的制约；"道志"则意味着对人的内在志向的引导。礼首先表现为对事的节制，乐则与志向往何处发展相关：简言之，礼，制约外在之事；乐，范导内在之心。在此，礼与乐都被赋予了规范的功能，与内外之别相关的"事"与"心"，则构成了当然之则指向的不同方面。

作为与人的存在相关的规定，礼乐在社会生活中都不可或缺："礼乐不可斯须去身。致乐以治心，则易、直、子、谅之心油然生矣。易、直、子、谅之心生则乐，乐则安，安则久，久则天，天则神。天则不言而信，神则不怒而威，致乐以治心者也。致礼以治躬则庄敬，庄敬则严威。心中斯须不和不乐，而鄙诈之心入之矣。外貌斯须不庄不敬，而慢易之心入之矣。故乐也者，动于内者也。礼也者，动于外者也。乐极和，礼极顺。内和而外顺，则民瞻其颜色而不与争也，望其容貌而不生慢易焉。"③"致乐以治心"，展开了乐的内在"道志"作用；与之相对的礼，则以"动于外者"为特点。这里的"外"不仅仅指人的形象，而且在广义上涉及人的行为过程，在"致礼以治躬则庄

---

① 《礼记·文王世子》，第 331 页。

② 《礼记·礼器》，第 378 页。

③ 《礼记·祭义》，第 686 页。

敬"中,"治躬"便关乎依礼而行的活动举止,后者可以视为"节事"的具体化。在这里,礼乐的内外之分,进一步表现为内在精神的制约与外在行为的范导。

礼乐所具有的规范意义,表现为对相关事宜的节制,所谓"人为之节":"是故先王之制礼乐,人为之节。衰麻哭泣,所以节丧纪也。钟鼓、干戚,所以和安乐也。昏姻、冠笄,所以别男女也。射、乡、食、飨,所以正交接也。礼节民心,乐和民声,政以行之,刑以防之。礼、乐、刑、政,四达而不悖,则王道备矣。"[①]一方面,礼乐都呈现规范功能,另一方面,对社会生活的引导,又呈现不同侧重。值得注意的是,这里肯定"礼节民心",亦即确认了礼对人的意识的影响。事实上,对三礼(《仪礼》《周礼》《礼记》)而言,礼的规范作用指向人与事的不同方面,礼乐的内外之分也具有相对性:礼对内在之心也具有制约意义。当然,比较而言,在"礼、乐、刑、政"四者中,礼与后两个方面(刑、政)也有更切近的关联。

从更实质的方面看,礼乐之别,表现在"同"与"异"的区分上:"乐者为同,礼者为异,同则相亲,异则相敬。乐胜则流,礼胜则离。合情饰貌者,礼乐之事也。礼义立,则贵贱等矣。乐文同,则上下和矣。好恶著,则贤、不肖别矣。刑禁暴,爵举贤,则政均矣。仁以爱之,义以正之。如此,则民治行矣。"[②]作为生活世界中的普遍规范,礼的作用首先体现于对不同社会成员加以划分,荀子已指出这一点:"人生而有欲,欲而不得,则不能无求,求而无度量分界,则不能不争。争则乱,乱则穷。先王恶其乱也,故制礼义以分之,以养人之欲,给人之求。"[③]所谓"度量分界",也就是将人"分之"(划分为不

---

①② 《礼记·乐记》,第558页。

③ 《荀子·礼论》。

同等级)，并为相关等级规定不同的权利与义务。礼在此作为基本的准则，构成了以上区分的内在依据：它使每一成员都能各安其位，互不越界，由此形成有序的社会关系，所谓“礼义立，则贵贱等”，也表明了这一点。尽管礼乐相互关联，但两者仍可有不同侧重：相对于礼的分别功能，乐更多地以人与人之间的情感沟通为指向，并使人彼此交融、和谐相处，所谓“乐文同，则上下和”，便对此作了肯定。在中国文化中，礼别异、乐合同，成为基本的观念，而礼乐则展现了不同的规范意义。

就其起源而言，礼作为社会制定的准则，对个体来说具有外在的特点，乐则首先表现为情感的内在流露：“乐由中出，礼自外作。乐由中出，故静。礼自外作，故文。大乐必易，大礼必简。乐至则无怨，礼至则不争。揖让而治天下者，礼乐之谓也。暴民不作，诸侯宾服，兵革不试，五刑不用，百姓无患，天子不怒，如此则乐达矣。合父子之亲，明长幼之序，以敬四海之内，天子如此，则礼行矣。”①以上看法乃是接着内外之辨而言，乐所涉为内在之心，以静为指向，礼则离不开外在的文饰。乐如果衍化过度，易于导致繁复；礼的文饰，则可能引向琐碎。与繁文缛礼相对，作为普遍的规范，礼乐的合理形态表现为简约有效。以情感沟通为前提，乐使人内心平复(无怨)；礼则通过确立度量分界，避免了人与人之间的纷争。从日常生活到政治运作，礼与乐的以上制约，既为社会之序的建构提供了前提，也担保了人与人之间的和谐相处。

从以上观念出发，《礼记》作者指出：“乐者，天地之和也。礼者，天地之序也。和故百物皆化，序故群物皆别。乐由天作，礼以地

---

① 《礼记·乐记》，第559页。

制。过制则乱,过作则暴。明于天地,然后能兴礼乐也。”[①]所谓“天地之和”“天地之序”,既蕴含着秩序的视域,也展现了形而上的根据。同时,这里再次肯定了适宜的要求(“过制则乱,过作则暴”),其中渗入了面对现实、取法适中的行为准则。从形式上看,社会的繁荣似乎源于形上根据,然而,在实质的层面,万物发展、社会和谐乃是基于现实的本源,正是以此为前提,礼乐与“得”相互关联:“知乐,则几于礼矣。礼乐皆得,谓之有德。德者,得也。”[②]

礼乐的以上联系,既关乎同异之辨,也涉及情与理的互动:“乐也者,情之不可变者也。礼也者,理之不可易者也。乐统同,礼辨异。乐之说,管乎人情矣。”[③]情主要表现为内在意识,理则与外在的法则相关。从规范的层面看,当然之则一方面以必然法则为依据,另一方面又需要内化为人的意愿,并为相关个体所接受;前者担保了规范的普遍有效性,后者则是其现实作用的前提。就此而言,规范与情理具有内在关联。在以下论述中,上述内涵得到更明确的肯定:“礼也者,理也。乐也者,节也。君子无理不动,无节不作。”[④]这里的“节”关乎情感的调节,礼乐与情理相互联结,构成了礼运行的基本形态。

理与情的互动不仅呈现形而上的意义,而且具有价值的内涵。与之相联系,礼乐既有形而上的根据,也指向社会领域:“穷本知变,乐之情也。著诚去伪,礼之经也。礼乐偩天地之情,达神明之德,降兴上下之神,而凝是精粗之体,领父子君臣之节。”[⑤]“著诚去伪”体现了礼的价值取向,“父子君臣”则是社会领域的对象。作为“礼之

---

① 《礼记·乐记》,第562页。

②③ 同上书,第556页。

④ 《礼记·仲尼燕居》,第724页。

⑤ 《礼记·乐记》,第571页。

经”,真诚展示了规范的正当性;“乐之情”则主要指向精神世界。在价值之维,精神世界内涵,构成了关注之点。以丧礼而言,重要的不是外在仪式,而是内在之情:“吊于人,是日不乐。”[①]同样,祭祀过程也以真情实感为重:“奠以素器,以生者有哀素之心也。唯祭祀之礼,主人自尽焉尔,岂知神之所飨?亦以主人有齐敬之心也。”[②]这里着重指出了祭祀过程中礼的规范意义,而“哀素之心”与“齐敬之心”则从不同方面体现了内在之情在行礼过程中的作用。

作为规范作用不可或缺的方面,情感成为不能不重视的因素:“故圣王修义之柄、礼之序,以治人情。故人情者,圣王之田也,修礼以耕之,陈义以种之,讲学以耨之,本仁以聚之,播乐以安之。礼也者,义之实也。协诸义而协。则礼虽先王未之有,可以义起者,艺之分、仁之节也。协于艺,讲于仁,得之者强。仁者,义之本也,顺之体也,得之者尊。”[③]这里,“治人情”被提到了重要地位,而对人情的制约,又以礼这一当然之则的运行为内容。《礼记》的以下论述,更为言简意赅地肯定了这一点:“夫礼,先王以承天之道,以治人之情”。[④] 在人的存在中,田地既是人“所作”(从事生产活动)的对象,又呈现本源或基础的意义(在农耕时代,人的生存依赖田地中的农耕),以“圣王之田”隐喻人情,同时也赋予人情以独特的品格,“修礼”“陈义”等等,则构成了人情正当、有效作用的前提。

在三礼看来,“仁”“义”等一方面内含各自的价值意蕴,另一方面又具有广义规范的功能:它们从不同方面制约着人的社会生活。

---

① 《礼记·檀弓下》,第157页。

② 同上书,第163页。

③ 《礼记·礼运》,第360页。

④ 同上书,第347页。

以“义”而言,《礼记》特别将其与“恩”作了区分:“门内之治,恩掩义;门外之治,义断恩。”①“恩”是亲情、关切之情的体现,“义”则以更普遍的“当然”为内容。在亲子等关系(“门内之治”)中,“恩”固然可以调节相关事宜,但在更广的领域(门外之治),以当然之则为内涵的“义”则呈现了其规范作用。广而言之,礼义本身非彼此分离,两者既本于自然的“性情”,又以内化的必然(“度数”)为根据:“是故先王本之情性,稽之度数,制之礼义,合生气之和,道五常之行,使之阳而不散,阴而不密,刚气不怒,柔气不慑,四畅交于中,而发作于外,皆安其位,而不相夺也。”②“皆安其位”可以视为度量分界的体现,这种社会引导与“治人之情”的内在制约相互关联,体现了礼义在规范层面的普遍性。事实上,对三礼而言,礼对“事”与“情”的约束具有终极的意义:“是故先王有大事,必以礼以哀之。有大福,必有礼以乐之。哀乐之分,皆以礼终。”③“事”关乎生活中的不同活动,哀乐则既以“情”为内容,又涉及精神的调节,后者引向哀乐有度;而事及相关的哀乐,最后均受到礼的制约。

以礼与乐、礼与理、礼与情的互动为形态,作为规范的礼既展示了其形式之维,也显现了实质的内涵。在形式的层面,礼呈现为普遍的、无人格的准则;在实质的维度,礼不仅与情感及人的其他内在意识相联系并由此获得现实作用的担保,而且其制约作用具有“最终”的意义(“皆以礼终”)。由此,礼作为规范系统所内含的主导性,也得到了普遍的确认。

---

① 《礼记·丧服四制》,第 904 页。

② 《礼记·乐记》,第 567 页。

③ 《礼记·乐记》,第 566 页。

《易传》的价值取向

作为传统的经典,《周易》包括经与传。尽管早期经学所涉及的《五经》首先指向《周易》中的《易经》,但广义的《周易》则以传为其重要内容。现存《易传》十篇,旧说为孔子所作,但据后人考证,此说并不可信。现在一般认为,《易传》既非出于一人之手,亦非成书于一时,它大致形成于战国中后期。按其内容及儒学演变的逻辑历程,其主要部分似乎出现于孟、荀之后。① 尽管《易传》非孔子所作,但作为早期儒家的经典,它确实又从一个侧面展开了儒学思想。

一

天人关系是儒学关注的基本问题之一。从孔子开始,儒家便注重于辨析天人。在这方面,《易传》并没有偏离儒学的传统。按照

---

① 郭沫若认为《易传》系荀子门人所作(参见郭沫若:《青铜时代·周易之制作时代》,中国人民大学出版社,2005 年,第 60—62 页)。尽管将《易传》视为荀子后学的作品并不很确切,但认为《易传》主要成书于荀子之后,则并非毫无根据。

《易传》的看法，天与人一开始便存在着历史的联系。《序卦》对此有一个总纲式的解说："有天地然后有万物，有万物然后有男女，有男女然后有夫妇，有夫妇然后有父子，有父子然后有君臣，有君臣然后有上下，有上下然后礼义有所错。"质言之，以礼义等形式表现出来的人文，总是有其自然的前提；天与人并不仅仅展开为一种断裂、间隔的关系，相反，两者首先内含着历史的连续性。天人之间的历史联系同样体现在广义的文化创造过程中："古者包牺氏之王天下也，仰则观象于天，俯则观法于地，观鸟兽之文与地之宜，近取诸身，远取诸物，于是始作八卦，以通神明之德，以类万物之情。作结绳而为罔罟，以佃以渔，盖取诸《离》；包牺氏没，神农氏作，斫木为耜，揉木为耒，耒耨之利，以教天下，盖取诸《益》。""是故《易》者，象也；象也者，像也；彖者，材也；爻也者，效天下之动者也。"①神农之后，是黄帝、尧、舜等等，与之相随的则是刳木为舟、服牛乘马、弦木为弧、剡木为矢，以及由穴居野处而易之以宫室，从结绳而治到使用书契，等等。而这一切又都毫无例外地取象于卦。这既是对文明起源的回溯，又是对人的文化创造过程的历史描述，而两者的共同前提则是"类万物之情"：从渔猎农耕到文字书契，从生产工具到舟楫宫室，无不效法于卦象，而卦象又形成于仰观于天、俯察于地的过程。《易经》各卦的意蕴，已多少被剔除了神秘的色彩而被赋予人文的解释：推断吉凶的卦象，在这里已成为连接天人的中介。如果说，"有天地然后有万物，有万物然后有男女"等等主要还是天人相连的表层推论（存在意义上的推绎），那么，把文明的起源及文化创造与"类万物之情"联系起来，则在更内在的层面上肯定了天与人的相互关联。

---

① 《易·系辞下》。

《易传》对天人关系的如上规定，表现了与孔、孟、荀有所不同的侧重之点。孔、孟、荀在辨析天人上诚然各有特点，但同时又表现出相近的趋向，即在肯定天人统一的同时，又通过天人之分以突出人文的价值。孔子认为鸟兽不可与同群，可以“相与”的只能是文明化的人（斯人之徒），这里便内在地蕴含着超越自然（天）的要求；孟子一再注目于人不同于禽兽的本质特征；荀子则在更广的历史意义上强调明于天人之分。尽管他们并未由此而否定天与人之间的关联，但却首先把人的文化创造理解为对自然（天）的超越。换言之，他们着重以人文对自然的扬弃和转换，来展示自我的人化（孔孟）和对象的人化（荀）之意义，而化本然的我为人化的我，或化自在的对象为人化的存在，总是意味着天与人的某种间断。① 相形之下，《易传》的视域则开始由人对天的超越，转向了文化创造的自然前提，而天与人的关系则相应地由历史的间断呈现为历史的连续。

由天到人的推绎，当然不仅仅是为了以“类万物之情”来解释人的文化创造。它有着更为深刻的理论意蕴。稍作分析便可看到，在《易传》中，“天”事实上具有二重含义：它既指自然（天地万物），又兼指超乎自然的形而上之道。所谓“乾道变化，各正性命”②，便是指形而上之天道对万物的统摄。这样，以天为人之出发点，同时也就意味着以天道为人道（包括价值原则）之本。作为人道之所本，天道的含义当然已超出了狭义的自然规律，它在本质上展现为普遍的宇宙法则，“形而上者谓之道”③表明的正是这一点。也正是从人道应当以普遍的宇宙法则（形而上之道）为本这一观点出发，

① 必须再一次指出，间断不等于彼此隔绝。

② 《易·乾彖》。

③ 《易·系辞上》。

《易传》将与天地合其德视为崇高的道德境界:“夫大人者与天地合其德。”[①]而所谓与天地合其德,也就是道德规范与行为完全合乎普遍的宇宙法则。在继善成性说中,天道与人道的关系得到了更高层面的概括:“一阴一阳之谓道,继之者,善也;成之者,性也。”[②]在此,天道既构成了人道的历史前提,又表现为形而上的根据;人的价值创造被理解为天道的延续(继之者善也),而人格则被视为形而上之道在个体中的展开(成之者,性也)。于是,从广义的文化演进到个体人格的形成,无不奠基于形而上之道。质言之,作为宇宙普遍法则的天道,同时构成了文化创造过程中的价值本体。“是故易有太极,是生两仪,两仪生四象,四象生八卦,八卦定吉凶,吉凶生大业。”[③]这既是自然生成演化的隐喻,又是文化创造过程的象征,而宇宙的最高本体(太极)则相应地既体现于天演过程,又展开于人文之中。

从肯定天与人的历史延续,到以天道为人道之本,这便是《易传》在天人之辨上的基本思路,而其逻辑结果则是价值本体的建立。相对于孔、孟、荀,《易传》对形而上的本体确乎表现出更浓厚的兴趣,并作了更自觉的探讨。它似乎不满足于对价值原则作就事论事的阐释和规定,而总是力图追溯其本体论的根据,其思维模式常常表现为由形而上之道到具体原则的推绎,诸如“是以明于天之道,而察于民之故”[④],“天下之动,贞夫一者也”[⑤],“其道甚大,百物不废”[⑥],如此等等。总之,以一统众的本体,始终是《易传》的关注之点,而价值本体也正是在这种形上的关注中得到确立。只有首先从这一角

---

① 《易·乾文言》。

②③④ 《易·系辞上》。

⑤⑥ 《易·系辞下》。

度考察《易传》,才能使之在儒家价值观的演进过程中得到恰当的定位。

二

在《易传》那里,形而上的本体当然并非超然于价值领域之外,它多方面地展开为现实的价值原则并体现于其中。按《易传》的看法,天道首先表现为刚健的趋向,在人生领域具体化为自强不息的价值定势:“天行健,君子以自强不息。”[①]这种刚健自强的价值原则上承孔门的“弘道”精神,但又具有更为宽宏的气象,在以普遍的天道(宇宙法则)为本的同时,其自身的内涵也得到了提升:它已超越了主体的历史使命而泛化为广义的人生信念,后者在尔后的历史演进中逐渐衍化为儒家价值体系的重要原则。

自强不息的意识,具体展开于经纬天地、安邦经世、个体自立等等方面。按照《易传》的看法,人作为主体,具有“财(裁)成天地之道,辅相天地之宜”[②]的力量,在这里,自强体现于征服自然的努力之中。这种看法明显地发挥了荀子的思想。在这方面,《易传》与荀子确实存在着历史的联系。当然,辅相天地之宜,主要展现为一种族类的力量,而人不仅仅是类,同时又作为个体而存在。就个体而言,自强首先表现为卓然自立而不为世俗所移:“不易乎世,不成乎名。遯世无闷,不见是而无闷。乐则行之,忧则违之,确乎其不可拔。”[③]世俗的力量常常是很难抗拒的。在与世俗发生冲突时能依

---

① 《易·乾象》。
② 《易·泰象》。
③ 《易·乾文言》。

然超然挺立,既不与之合流,也不因此而消沉(无闷),这确实体现了刚健自强的精神力量。中国历史上众多的志士仁人之所以能够在各种逆境中保持高尚的节操,与儒家如上价值观的深层影响显然不无关系。

不易乎世当然还只是一种消极的选择。雄健自强在本质上更多地展现为积极的价值取向:“君子以果行育德”①,“健而说(悦),决而和”②。在此,刚健的价值原则开始与积极进取的精神相融合,它不仅体现于德性的塑造过程,而且展开于一般的文明进程。尽管整个表述显得相当抽象,但其中确乎可以看到一种勃然向上、强劲有为的精神趋向,而这种刚健的价值取向同时又渗入了乐观和融的人生态度。相对于《老子》那种守雌向静、阴柔无为的哲理,《易传》无疑使人更深刻地领悟到自身的力量,并激励着主体确立健康的人生信念。

天行不仅表现为一种刚健向上的趋势,而且展开为创生不已的过程:“天地之大德曰生”③,“日新之谓盛德,生生之谓易”④,“天地之道恒久而不已也”⑤。通观《易传》,这一类的记述几乎随处可见。如果说,刚健主要隐喻了创造的力量与挺立的人格,那么,生生日新则展示了一种流行不止的绵延观念。在《易传》看来,宇宙即是一个大化流行的过程,在绵绵的宇宙之流中,天地䌷缊,刚柔相推,阴阳交感,由此形成了万物永恒的化生变迁;个体(小我)与宇宙大我并非彼此隔绝,相反,君子的特点即在于能顺乎宇宙的大势:“君子尚消息盈

---

① 《易·蒙象》。
② 《易·夬象》。
③ 《易·系辞下》。
④ 《易·系辞上》。
⑤ 《易·恒象》。

虚，天行也。”[1]而个体一旦真正融合于绵延不绝的宇宙之流，便能超越有限（生死），而实现永恒的存在意义：“夫大人者与天地合其德，与日月合其明，与四时合其序”[2]，“圣人久于其道，而天下化成。”[3]

三

从孔子以来，超越有限便成为儒家所追求的价值目标。如前所述，孔子着重从文化的延续上追寻个体存在的永恒意义，相形之下，《易传》则试图从形而上的层面，为有限的超越寻找一个本体论的基础。宇宙是一个生生不已的无穷过程，而个体则是这一过程中的分子。当个体的创造与宇宙之流融合为一时，它便可以与天地同久，与日月同辉，从而获得恒久的价值。可以看出，不尽的宇宙之流，实际上已成为超越有限、走向永恒的本体论根据。较之孔、孟、荀，《易传》的如上思路无疑更多地带有超越的意味，但这种超越又不同于宗教的超越，因为它最终植根于生生不息、日新不已的自然过程，而不是指向彼岸世界。就此而言，《易传》并没有离开儒家的人文主义传统。

生生不息的日新过程，主要表现为纵向的绵延；从横向看，天地万物又呈现出彼此交感的关系。《易传》将天地之交、万物之感提到了极为突出的地位，并予以相当的重视：“天地交而万物通也”[4]，

---

① 《易·剥彖》。
② 《易·乾文言》。
③ 《易·恒》。
④ 《易·泰彖》。

“天地不交，而万物不兴”①，“天地感，而万物化生”②，如此等等。交感即事物之间的相互作用、相互沟通。按《易传》的看法，宇宙万物所以能化生不已，绵延不绝，其根本的原因便在于对象间具有这种交感的关系。这样，绵延的观念便与交感的观念融合为一，而交感作为绵延的内在根源也同时被提到了天道的高度。

人道作为天道的延续，相应地受到后者的制约。正是由天地万物的普遍感通，《易传》进而引出了人际的彼此联系与感通：“天地感，而万物化生。圣人感人心，而天下和平”③，“唯君子为能通天下之志”④。所谓感人心，通天下之志，也就是通过人与人之间的相互理解与彼此沟通，以达到同心同德。一旦主体之间能达到相互沟通，那就可以突破自我中心，消解紧张与对峙，形成开放的心态。所谓“君子以容民畜众”⑤，强调的也正是这一点。由感通而达到的群体认同，同时具有十分现实的社会功能：“二人同心，其利断金”⑥，“与人同者，物必归焉”⑦。因此，《易传》诚然也十分注意对立与冲突，但对立与冲突最终仍是以感通为归宿：“天地睽而其事同也，男女睽而其志通也，万物睽而其事类也。”⑧在这些议论中，我们不难看到儒家超越自我封闭、注重群体和谐的传统。不过，与孔、孟、荀着重由人道展开群体原则不同，在《易传》中，人际的感通同时又被赋予一种本体论的前提，从而内在地具有了形而上的性质。

天地之交，万物之感，并不是一个无序的过程。在天地万物的

---

① 《易·归妹彖》。

②③ 《易·咸彖》。

④ 《易·同人彖》。

⑤ 《易·师象》。

⑥ 《易·系辞上》。

⑦ 《易·序卦》。

⑧ 《易·睽彖》。

普遍感通中,同时又存在着自身的秩序:“天尊地卑,乾坤定矣。”[①]按其本义,尊卑多少具有价值的意味,以尊卑规定天地之序,无疑体现了对宇宙的人文关注。事实上,《易传》强调天人的历史连续,一开始便使其天道观不同于纯粹的自然哲学,而带有某种人文的色彩。从天行健到天地之大德曰生,从天地感通到天尊地卑,都无不表现为一种价值的投射。人文价值一旦通过与天道合一而被形而上化后,转过来又成为社会秩序的本体论根据:“天尊地卑,乾坤定矣;卑高以陈,贵贱位矣。”[②]类似的论述还包括:“崇效天,卑法地”[③],“上天下泽,履,君子以辨上下,定民志”[④]。而别贵贱、辨上下的现实目的,则是“不乱群”[⑤]。

对秩序的关注与肯定人际沟通的观念相结合,使《易传》刚健自强的价值取向完全不同于尼采所赞美的强力意志与进取精神。如果我们看一下尼采的如下议论,便不难注意到这一点:“生命本质上就是占有、伤害、征服异己者和弱者、压制、历难、按人自己的方式进行欺诈、吞并,而且最起码也是利用。”[⑥]在此,尼采固然推崇奋斗进取的精神,强调生命力量的外在展现,但这种生命的自强又被片面地理解为打破人际的平衡,超越社会的秩序,换言之,生命的冲动可以不受任何秩序的约束。相形之下,《易传》则力图将创造奋进与稳定的社会秩序联系起来。所谓“刚健而不陷”[⑦]便表现了这一趋向,而定尊卑、辨上下则被视为达到社会稳定的必要前提。这种价值取向上承了孔、孟、荀(特别是荀)的思路,使儒家的自强精神

---

①②③ 《易·系辞上》。

④ 《易·履象》。

⑤ 《易·否象》。

⑥ [德]尼采:《上帝死了——尼采文选》,上海:上海三联书店,1989年,第303页。

⑦ 《易·需象》。

始终与意志主义保持了相当的距离。

当然，以人间的尊卑贵贱为天经地义，也深深地刻上了时代的印记。它似乎已隐约地预示了秦汉以后大一统帝国中森严的等级制度，并对此作了某种“超前”的本体论论证。从《易传》的如上看法中，我们已可以看到董仲舒儒学体系的某些端倪。事实上，《易传》由天道而推绎人世秩序的思路，后来确实也为董仲舒所承继。如果我们进而联系“天下同归而殊途，一致而百虑、天下何思可虑？”之类的议论，便不难窥见，儒学确乎已开始向正统化的方向演进：意识形态的一统化与政治上的等级秩序，已渐渐地投射到儒家价值体系。

不过，《易传》本身毕竟没有由此走向独断论。在注重秩序的同时，《易传》又将“时”提到了相当突出的地位：“天地盈虚，与时消息”①，“坤道其顺乎，承天而时行”②。这里的“时”，不仅仅是指时间之流，它在广义上乃是指与时间相联系的具体条件。天地万物作为一个生生不息的过程，既展开于时间之流中，又依特定条件而运行变化。天道的这种本性，同时也决定了人的行为方式。《易传》将随时、因时提到了极为重要的地位：“故乾乾因其时而惕，虽危无咎矣”③，“应乎天而时行，是以元亨”④，“时止则止，时行则行，动静不失其时，其道光明”⑤。所谓因时、随时，也就是根据具体的时间条件和特定情景灵活应变，在此，能否因时而变，待时而动，直接涉及主体自身的成败安危；顺时则吉，失时则凶，“随时”已成为规范行为的基本原则。

---

① 《易·丰彖》。
② 《易·坤文言》。
③ 《易·乾文言》。
④ 《易·大有彖》。
⑤ 《易·艮彖》。

所谓“随时之义大矣哉”[1]，便多少反映了这一点。随时、因时本身当然并不是一种新的观念，《易传》以前，孔、孟、荀均在不同程度上注意到了这一点：在孔、孟、荀的权变学说中，事实上已内在地包含着随时、因时的要求；不过，在《易传》的“随时之义”中，儒家的权变思想确实又被进一步地展开并获得了更为具体的内涵。尤为重要的是，通过与天道的沟通，因时的观念不仅被提升到普遍法则的高度，而且同时获得了形而上的根据。不妨说，《易传》由天道引出“时行”，正是力图为儒家的经权学说提供一个本体论的基础。

总之，由强调天人的历史连续进而建构儒家形而上学，这便是《易传》的基本逻辑行程。这种形而上学尽管包含着对宇宙自然的种种规定和解释，但并非仅仅是一种宇宙观或自然哲学。如前文一再提到的，对宇宙图景的描述总是处处渗入了人文的关注，天道实质上成了人道的本体论根据；不妨说，《易传》的形而上学在某种意义上取得了价值本体论的形式。基本的价值原则与价值取向当然并没有离开儒学的传统，但这些原则同时又被提升到了形而上的层面。可以说，正是价值本体论，构成了《易传》的主要理论建树：它使儒家的价值体系与宇宙观融合为一，从而获得了内在的逻辑力量。然而，以天道为人道之本毕竟带有思辨的性质，它不可避免地赋予《易传》价值本体论以某种超验的色彩。

---

① 《易·随彖》。

《中庸》释义[①]

《中庸》本是作为儒家经典的《礼记》中的一篇，后被移除而独立成章，并成为四书之一。这里侧重于对其哲学意蕴的诠释和阐发，关于具体字词的注解从略。

原文：

天命之谓性，率性之谓道，修道之谓教。道也者，不可须臾离也，可离非道也。是故君子戒慎乎其所不睹，恐惧乎其所不闻。莫见乎隐，莫显乎微，故君子慎其独也。喜怒哀乐之未发，谓之中；发而皆中节，谓之和。中也者，天下之大本也；和也者，天下之达道也。致中和，天地位焉，万物育焉。

释义：

"命"在此既表示定向，也有动词之义；"天命"犹言天所赋予。

① 本文曾作为儒家经典的疏解之一，讲授于研究生讨论班，由研究生根据录音记录而成，并经作者校订。

"性"则是某种存在之为某种存在的内在规定,就宽泛意义而言,它既涉及物,也关乎人,这里主要指向后者。"天命之谓性",意味着性作为人之为人的基本规定,是一种天所赋予的定向。此所谓天之所赋,既展现为必然的趋向,也有自然而然之意,它表明,性之为物虽表现为必然定向,但又非外在的强加。在郭店楚简中的《性自命出》篇中,可以看到与《中庸》相近的论述:"性自命出,命自天降。道始于情,情生于性。"对性与情相关性的确认,也从一个方面肯定了性的自然之维。

"率性之为道"中的"率",有循、顺之意。就成物而言,"率性"意味着顺乎对象的内在规定;就成己而言,"率性"则表明德性的培养以人性为内在根据。"道"既指普遍的法则,也隐喻人当循之正道,后者即朱熹所谓"当行之路"(《中庸章句》)。从人的发展看,合乎内在之性,被理解为人的正当之道。性作为天之所赋,包含自然之维,道作为"当行之路",属当然之维。在这里,"率性之为道"既肯定天性与德性的联系,也沟通了自然与当然。

"修道"之"修",有"治"之意。引申而言,"修道"意味着通过言和行,将当然提升为自觉的规范系统,以此引导人,这种规范系统及引导方式,便是"教"。"率性之谓道"侧重于顺乎人的本然之性,"修道之谓教"则强调自觉的引导作用。这里涉及内在根据与普遍规范、自发与自觉等关系:过分的"率性"可能使行为导向自发,仅仅强调"修道"则往往会扭曲人的内在之性,"率性"与"修道"的统一,既以内在根据扬弃对人性的外在强制和扭曲,又通过普遍规范的引导,避免行为的自发趋向。

与"性"相联系的"道"既本于天命,从而表现为必然,又涉及人的行为方式(当行之路),从而表现为当然。作为必然与当然的统一,道具有普遍的品格,所谓"道也者,不可须臾离也",侧重的首先是这种普遍性：道无时不在。从更深沉的方面看，这里同时又肯定了道与人的相关性：道之不可须臾离，表明道的意义唯有对人才呈现。如果说，道的普遍品格突出了道对人的行为具有普遍的制约性，那么，道与人的相关性，则从道的呈现方式上，肯定了道的意义与人的存在之联系，“可离非道也”，同时包含以上二重含义。

人的存在同时涉及可见与不可见、隐与显等问题。隐与显在广义上包含本体论的意义，表示对象的不同呈现方式，本章所说的见（现）与隐、微与显等等，主要与人在社会中的存在相关。隐、微即在众人的视野之外（未为人所睹、他人所不可见），现与显，即是彰显于外、可见可睹。人在日常生活中并非总是处于他人的视线之下，相反，个人往往在相对意义上“独”处。在这种独处中，他人的目光、社会的舆论都似乎缺席，个人的行为也仿佛“隐”而不“显”。然而，从道不离人的角度看，即使处于他人的视野之外，道依然存在，行为不管如何“隐”或“微”，都要放在道之前加以评判，从而无法离开道的制约。可以说，以道观之，行为虽隐而显、虽微而著；“莫见乎隐，莫显乎微”，便是就此而言。道的制约既然并不因为他人目光的消隐而消隐，因而人在任何时候都不能忘却“戒慎”“恐惧”。然而，当个人独处时，由于他人的视野暂时无法达到，公众舆论的压力也不复存在，如何使所作所为合于道，便成为尤为紧要也格外困难的问题，所谓“君子慎其独”，强调的便是这一点。类似的观念在《大学》中亦可看到。

作为现实的存在，人之性与人之情彼此相关，前引《性自命出》篇已肯定了这一点。情的基本表现形态，便是喜怒哀乐，所谓未发，则指情的本然形态。情的本然形态不存在过与不及的问题：在未发的形态下，情以不偏不倚（“中”）为其潜在规定。当情由潜在形态呈现为现实形态（发）时，便具有了不同的表现形式，唯有合乎一般规范(中节),才获得统一、适当的性质("和")。在此,《中庸》通过区分情的不同形态,着重突出了"中"与"和"。如上所述,与未发相联系的"中",主要表现为存在的本然形态,在引申的意义上,它所表示的首先是存在的根据:作为现实的存在,天下万物呈现统一的形态,这种形态以"中"为本,所谓"中也者,天下之大本也",便指出了这一点。相对于本然之"中",此处之"和"更多地与人的存在过程相关,它意味着通过人自身的努力而达到存在过程(包括人的情感、意识)的协调、统一。所谓"和也者,天下之达道也",已包含以上寓意:"大本"涉及的是存在的本然形态,相形之下,"达道"则体现于人的实践过程,展示了应当如何的方式或途径(当行之路),在"大本"与"达道"的相互关联之后,是本然与当然的统一,而"中"与"和"则既体现了存在的原理,又展示了价值的原则。一旦"中"与"和"真正得到体现("致中和"),则一方面,天地间的一切便能各得其所,世界也将由此获得内在的秩序("天地位"),另一方面,万物也可各顺其性,得到多样的发展("万物育")。

要而言之,以"性"与"道"的辨析为出发点,《中庸》既肯定了天道与人道、天性与人性的统一,又联结了本然与当然,而内在于其中的基本视域,则是本体论与价值论的统一。

原文:

仲尼曰:"君子中庸,小人反中庸。君子之中庸也,君子而时中;小人之中庸也,小人而无忌惮也。"

子曰:"中庸其至矣乎!民鲜能久矣!"

子曰:"道之不行也,我知之矣,知者过之,愚者不及也;道之不明也,我知之矣,贤者过之,不肖者不及也。人莫不饮食也,鲜能知味也。"

子曰:“道其不行矣夫!”

子曰:“舜其大知也与! 舜好问而好察迩言,隐恶而扬善,执其两端,用其中于民,其斯以为舜乎!”

子曰:“人皆曰‘予知’,驱而纳诸罟擭陷阱之中,而莫之知辟也。人皆曰‘予知’,择乎中庸而不能期月守也。”

子曰:“回之为人也,择乎中庸,得一善,则拳拳服膺而弗失之矣。”

子曰:“天下国家可均也,爵禄可辞也,白刃可蹈也,中庸不可能也。”

释义:

以上数章通过引孔子之语,对中庸的思想作了阐述。所引孔子语是否为孔子的原话,当然可以进一步考查,不过,其中的一些观念在《论语》中确乎可以看到。

何为中庸? 郑玄曾提出了两种看法。其一:“名曰中庸者,以其记中和之为用也。庸,用也。”(《经典释文》引郑玄《三礼目录》)其二:“庸,常也,用中为常,道也。”(《礼记注·中庸》)两者既有相通之处,又存在某些差异。从实质的方面看,中庸首先体现于“中”,“中”的基本内涵则如前述,表现为不偏不倚、无过无不及,与之相联系的“庸”,则既指日用常行,也指“中”的原则之运用。朱熹已指出了这一点:“中者,无过无不及之名也。庸,平常也。”(《论语集注·雍也》)“中庸者,不偏不倚,无过不及而平常之理。”(《中庸章句》)郑玄的以上解释,也包含了类似的含义。总起来,所谓中庸也就是在日用常行中循中和之道而行。与之相对,“知者过之,愚者不及也”、“贤者过之,不肖者不及也”作为道之不行、不明的根源,则表现为对中庸原则的背离。

以不偏不倚、无过无不及为内容,中庸无疑涉及"量"的规定。从"量"的角度看,"中"意味着把握中点,如达到与两端等距离的中间之点,所谓"执其两端"而"用其中",便多少关乎这一方面。然而,作为普遍、平常之理,"中"并不仅仅限于量的层面,毋宁说,在更实质的意义上,"中"所内含的,是"度"的原则和观念。从"度"的方面看,"中"便不仅仅表现为数量关系上的等量或无偏无倚,而是与具体的境遇、背景、场合相联系的最适宜状态。在单纯的数量关系上,在两端之中偏向某一端便非"中",然而,在某种情况下,偏向某一端恰恰为保持中道所必需。中医的辨证施治,对体质寒者用药偏温、体质温者用药偏凉,便体现了这一点。这里的"中",已非简单地在量上各取其半或截其中端,而是表现为根据对象的具体情况,保持适当的度。

不难看到,上述意义上的"中庸",与具体的条件无法分离。《中庸》将"时中"与中庸联系起来,无疑也注意到了这一点。"时"涉及特定的情景、具体的条件,"中"则是对这种情景、条件的适合,"时"与"中"相结合,便表现为在一定的境遇下选择适合这种境遇的行为方式。这里有两点尤为值得注意:其一,《中庸》将"中"与人的现实活动联系起来,把它具体地理解为实践的原则和方式。郑玄将"庸"解释为"用",无疑也注意到了这一点。其二,《中庸》将"时"的观念引入到"中"的论域,由此展开对"中"的进一步讨论。"时"的观念既确认了条件性,又涉及历史性和过程性,"中庸"与"时中"的联系,使中庸不再表现为一种僵硬、划一的模式,而是呈现具体的、历史的品格。

《中庸》同时把是否达到中庸,作为区分小人与君子的标准。君子的特点在于合乎中庸,从而行为张弛有度,"小人"则好走极端,从而偏而无度。根据前后文意及逻辑关系,"小人之中庸也,小人而无忌惮也”中的“之”后，应有一“反”字，朱熹也指出了这一点，“小人”正因为“反中庸”，故行为每每肆无忌惮。“反中庸”与“反时中”又彼此联系在一起，小人的特点即表现为由反“中(度)”而无视“时”，罔顾时间、背景的具体变化，我行我素，无所忌惮。与之相对，从舜到颜回，圣贤都以合乎中庸为原则。就舜而言，他主要在政治实践的过程中达到了这一点，“好问”和“察言”表明舜善于倾听和分析不同的意见，这也是一种“中”的态度，即兼听各方面的意见，避免偏向一极。“执两端”意味着扬弃片面性，它与“过”和“不及”同样形成了一种对照。这是从政治实践的角度来考察中庸。在这里中庸与反中庸，构成了圣凡之别。

作为人道之域的行为原则，中庸以“度”的观念为内在核心、以条件性和历史性为关注之点，从而既不同于单纯数量关系上的中点，也有别于抽象、不变的公式。达到中庸的境界并不只是意志力、能力的问题，它更需要一种实践的智慧。中庸的以上品格，往往使人们对它的真正理解、接受、运用变得不甚容易，所谓“天下国家可均也，爵禄可辞也，白刃可蹈也，中庸不可能也”，便具体地表明了中庸原则推行的这种艰难性。

原文：

子路问强。子曰：“南方之强与？北方之强与？抑而强与？宽柔以教，不报无道，南方之强也，君子居之。衽金革，死而不厌，北方之强也，而强者居之。故君子和而不流，强哉矫！中立而不倚，强哉矫！国有道，不变塞焉，强哉矫！国无道，至死不变，强哉矫！”

释义：

这一章首先区分了以宽容待人的南方之强与勇武无畏的北方

之强。前者表现为柔弱之强，后者则是刚猛之强。这里实际上借强弱的问题来谈中庸的具体表现形态，肯定强柔之间应该保持适当之度，所谓刚以柔之，柔以刚之。南方之强与北方之强都有所偏，从而尚未达到完全意义上的强。在《中庸》看来，真正的坚强有力，体现在与人和谐相处而又不随波逐流、合乎中道而无偏无倚，不管处于何种社会状况（有道或无道），都始终保持自己的操守。在此，中庸既表现为对适当之度的把握，又不同于无原则的乡愿。

原文：

子曰："素隐行怪，后世有述焉，吾弗为之矣。君子遵道而行，半途而废，吾弗能已矣。君子依乎中庸，遁世不见知而不悔，唯圣者能之。"

释义：

这里作者批评了"素隐行怪"。"素"，朱熹认为按《汉书》，当作"索"；《汉书·艺文志》引孔子语，确作"索"。郑玄在《礼记注·中庸》中则认为，"素"当读为"傃"，"傃"则有向往之意。这两种理解究竟何者更合乎原文，也许有待进一步的研究。不过，两者解读虽不同，但有一点却相通：即"素"无论为"索"（求索），抑或为"傃"（向往），都包含追求、指向之意。"隐"有诡秘不能公开之意，"索隐"或"傃隐"，亦即秘而不能公开之言或行为指向；"怪"有怪异、反常之意，"行怪"亦即行为不合常理。无论是一味探求隐秘之事，抑或悖乎日常行为原则，都与中庸的观念相违：如上所述，中庸既意味着不偏于一端，也要求不离日用常行。从正面看，这里强调了两点：其一，日用即道，不应远离日常的生活而热衷于隐秘怪异之言和行，理想的追求即内在于日用常行之中。后面"极高明而道中庸”,进一步阐发和强调了这一点。其二,行道应始终不渝。半途而废往往并不是能力不够,而是缺乏行道的真正意愿。君子的特点在于能选择中庸的原则,而始终坚持、即使不为人知也不感到遗憾,则是一种更高的境界(圣人之境)。

原文:

君子之道费而隐。夫妇之愚,可以与知焉,及其至也,虽圣人亦有所不知焉;夫妇之不肖,可以能行焉,及其至也,虽圣人亦有所不能焉。天地之大也,人犹有所憾。故君子语大,天下莫能载焉;语小,天下莫能破焉。《诗》云:“鸢飞戾天,鱼跃于渊。”言其上下察也。君子之道,造端乎夫妇;及其至也,察乎天地。

释义:

这里的“道”,表现为广义上当然与必然的统一,它既涉及价值理想,又有规范的意义。作为普通人(夫妇)都可以理解的原理,道首先体现于日常之域,但又不限于此:它一方面展开于日用常行,另一方面又超越日常存在,既有现实性又有超越性,既广大(费)又精微(隐)。就《中庸》而言,终极意义的道并非游离于日常的存在之外,前文提及的“道也者,不可须臾离也,可离非道也”已蕴含此意;“君子之道,造端乎夫妇”则进一步强调了这一点。另一方面,道又包含丰富、深沉的内容,仅仅停留在日常的生活实践,往往难以达到对道的深刻体认;所谓“及其至也,虽圣人亦有所不知焉”,便肯定了这一点。总之,日用常行与形上之道、日常存在与终极关怀,不可截然分离。

原文:

子曰:“道不远人。人之为道而远人,不可以为道。《诗》云:

‘伐柯伐柯,其则不远。’执柯以伐柯,睨而视之,犹以为远。故君子以人治人,改而止。忠恕违道不远,施诸己而不愿,亦勿施于人。君子之道四,丘未能一焉:所求乎子,以事父,未能也;所求乎臣,以事君,未能也;所求乎弟,以事兄,未能也;所求乎朋友,先施之,未能也。庸德之行,庸言之谨,有所不足,不敢不勉,有余不敢尽。言顾行,行顾言,君子胡不慥慥尔!”

释义:

本章通过引用孔子之语,对上一章的思想作了进一步的阐述。“道不远人”之“道”,首先涉及当然之维。作为普遍的价值理想和规范系统,道一方面源于人的生活实践,另一方面又无时、无处不引导人的行为;这样,无论是其来源,抑或其现实作用,都并不远离人。后面引《诗经》,旨在说明同一道理:伐木作柄,其则即在所执之柄,所效之则,即在手边。同样,治人之道,便源于所治对象(人本身)。“忠恕”的原则,从另一个方面体现了道不远人。“忠”即“己欲立而立人,己欲达而达人”,“恕”则指“己所不欲,勿施于人”,两者都涉及推己及人,而推己及人的前提,则是己与人属同一群体、具有相通之心(人同此心)。存在形态、生活样式、理想追求的相通性,使“忠恕”等普遍之道的形成、作用成为可能。而从另一方面看,道与人的共同生活的这种联系,也使之难以与人分离。君子之道旨在建立一种和谐的秩序,这种秩序体现了现实性与历史性的统一、日常生活之道与终极之道的关联。“君子之道四”涉及父子、君臣、兄弟、朋友方面基本的人伦,它表明,道内含的规范不是形式化的、抽象的东西,而是体现于生活的各个方面,有着十分具体的内容。广而言之,日常的言行(庸言庸行),处处关乎普遍之道(涉及是否合乎道的问题),因此都要谨慎对待,勉力去做。道既广大又精微,求道、合乎道的过程也永无止境。本章结尾的这些论述从庸言庸行的角度,强调普遍之道要求人们始终如一地去实践,而这种求道、行道的过程既内在于日用常行,又具有超越性。

原文:

君子素其位而行,不愿乎其外。素富贵,行乎富贵;素贫贱,行乎贫贱;素夷狄,行乎夷狄;素患难,行乎患难;君子无入而不自得焉。在上位不陵下,在下位不援上,正己而不求于人,则无怨。上不怨天,下不尤人。故君子居易以俟命,小人行险以侥幸。子曰:"射有似乎君子,失诸正鹄,反求诸其身。"

释义:

本章首先强调每一个社会成员都要各处其位,安于自身的境遇、社会身份,不存彼此越界之念。在《中庸》看来,每一个体在社会结构中都有特定的社会位置;每一特定的社会角色,都有相应的义务;个体的职责,就是承担这种义务,不试图改变自己的特定地位和角色,以此保证社会的秩序以及社会的有序运行。《中庸》以各安其位作为社会有序性的担保,这与荀子的看法有相近之处。在一定的历史条件下,等级结构与社会秩序之间确乎也存在相关性。不过,过分强调"素其位而行,不愿乎其外",无疑也容易导致人满足现状、不思进取,从而抑制人的创造性。这里似乎也涉及日用常行与道的追求之间的"度":相对于"道"的理想之维,日用常行更多地呈现当下性、既成性的特点,对日用常行的不适当侧重,也相应地容易偏向求稳守成。当然,"在上位不陵下",也多少表达了作者对在下者基本权利的尊重。就自我而言,"上不怨天,下不尤人"固然有消极的意义,但也肯定了自我的自主性及责任意识:对行为的结果，不能仅仅从外部寻找其根源，而应充分关注自我本身的作用。需要注意的是，“俟命”强调听天由命，“不怨天、不尤人”则如上述，确认了自我的作用；两者之间似乎存在某种张力，但实际上其论点有不同的侧重：“俟命”主要是从维系社会安定这个角度出发，强调的是外在的境遇非个人所能任意改变，个人应安于其位；“不怨天、不尤人”则是就个体在社会人伦中的具体行为而言，是否按当然之则去行动，主要取决于个体自身。这里同样存在是否合乎中道的问题：过分“俟命”就会走向宿命论，过分强化个人的作用，就会出现“小人行险以侥幸”的现象，甚而不择手段地去达到个人的目的。总之，以上两个方面不能偏于一隅。

原文：

君子之道，辟如行远必自迩，辟如登高必自卑。《诗》曰：“妻子好合，如鼓瑟琴。兄弟既翕，和乐且耽。宜尔室家，乐尔妻帑。”子曰：“父母其顺矣乎！”

释义：

本章对道与人的关系作了进一步的论述，肯定明道与行道需要从切近处入手。对人而言，家庭关系是一种最基本的人伦，它同时也构成了行道的切近入手处。后面以音乐的演奏（“鼓瑟琴”），来说明家庭人伦是差异性的和谐统一。音乐是在时间中展开的统一的系统，表现为一种动态的和谐性，《中庸》以此来隐喻人与人之间的关系。各个个体都有差异性，但通过个体间的彼此尊重、沟通，仍然可以达到人与人之间的和谐统一，这就如同音乐的音符虽各不相同，但却可以形成和谐的乐章。不难看到，这里从一个方面体现了“中”与“和”的思想。

原文：

子曰："鬼神之为德，其盛矣乎！视之而弗见，听之而弗闻，体物而不可遗。使天下之人齐明盛服，以承祭祀。洋洋乎！如在其上，如在其左右。《诗》曰：'神之格思，不可度思！矧可射思！'夫微之显，诚之不可掩如此夫！"

释义：

作为宗教领域的存在，鬼神可以从人格化层面来界说，也可以从其精神力量的维度加以理解。《中庸》主要侧重后者。从精神力量及其影响方面看，鬼神不具有感性的形态，也不能以见闻等感性的方式来把握，从而不同于人格化的存在；所谓"视之而弗见，听之而弗闻"，便表明了鬼神的以上品格。在《中庸》看来，鬼神虽无可感形态，但却具有普遍的影响，这种影响，与祭祀活动相联系。通过人的祭祀活动，"鬼神"展示了无形的作用和力量，使人形成敬畏之感。不过，鬼神的影响虽然隐而无形，但却并非超然于人的日常生活，相反，它具体地体现于现实存在，亦即"体物而不可遗"。与之相联系，鬼神不再仅仅表现为超验之物，而是同时内在于现实，所谓"微之显"，也暗示了这一点。《中庸》所理解之鬼神的以上品格，与前述之"道"似有相通之处，两者的共同特点是都包含隐与显、超越性与内在性的统一。

这里同时涉及祭祀的意义。从现实的层面看，祭祀体现了儒家"慎终追远"的观念，包含着对前人的缅怀、对文化的历史承继的关注，其中既有个体情感的寄托，又有对类的历史文化延续的注重以及对影响人类生活的各种力量的敬畏。《中庸》的以上思想固然未完全摆脱早期的宗教观念，但与注重日用常行相应，其中又体现了对现实人生的关切。

原文：

子曰："舜其大孝也与！德为圣人，尊为天子，富有四海之内。宗庙飨之，子孙保之。故大德必得其位，必得其禄，必得其名，必得其寿。故天之生物，必因其材而笃焉。故栽者培之，倾者覆之。《诗》曰：'嘉乐君子，宪宪令德。宜民宜人，受禄于天。保佑命之，自天申之。'故大德者必受命。"

释义：

本章通过对舜的赞美，论述了内在德性与政治地位、社会名声等现实境遇的关系。从形式的层面看，这里似乎主要肯定了"大德必得其位"，亦即内在的德性可以获得现实的回报，但从实质的方面看，则主要强调了社会的境遇、名声、功业的成就，需要以德性的提升为其前提。换言之，境遇、功名、功业，都要由德性来担保：在德性与功名、功业之间，前者是更为主导的方面。

本章同时涉及对孝的理解：通过对舜的评价，《中庸》将形成大德并有其位、得其名等，视为"大孝"的体现，这表明，《中庸》所理解的孝并不仅仅限于亲子之间的直接关系，而是具有多方面的社会内容。

原文：

子曰："无忧者，其惟文王乎！以王季为父，以武王为子，父作之，子述之。武王缵大王、王季、文王之绪，壹戎衣而有天下，身不失天下之显名。尊为天子，富有四海之内，宗庙飨之，子孙保之。武王末受命。周公成文、武之德，追王大王、王季，上祀先公以天子之礼。斯礼也，达乎诸侯、大夫，及士、庶人。父为大夫，子为士，葬以大夫，祭以士。父为士，子为大夫，葬以士，祭以大夫。期之丧，达乎大夫。

三年之丧，达乎天子。父母之丧，无贵贱，一也。”

释义：

本章以文王、武文、周公为例，说明政治、文化事业的历史承继性、延续性。在这一过程中，继承（述）与创造（作）都不可或缺，换言之，历史的绵延发展，是通过前人与后人之间继承与创造的统一而实现的。这里还谈到了战争的问题。对待战争，作者并不一概反对，所谓武王“壹戎衣而有天下”，便包含着对武王伐殷的肯定。就对历史人物的评价而言，作者对周公的历史作用给予了充分的肯定，尤其是对周公在制礼过程中的贡献，更是甚为推崇。此处具体介绍的内容虽为与孝相联系的葬、祭之礼（孝体现于生时养之以礼、死时葬之以礼等等），但礼的意义显然不限于此。礼强调的是秩序，它通过规定不同等级的人的行为方式等而体现出来。对礼的注重，也包含着对秩序的注重。

原文：

子曰：“武王、周公，其达孝矣乎！夫孝者，善继人之志，善述人之事者也。春秋修其祖庙，陈其宗器，设其裳衣，荐其时食。宗庙之礼，所以序昭穆也。序爵，所以辨贵贱也。序事，所以辨贤也。旅酬，下为上，所以逮贱也。燕毛，所以序齿也。践其位，行其礼，奏其乐，敬其所尊，爱其所亲，事死如事生，事亡如事存，孝之至也。郊社之礼，所以事上帝也。宗庙之礼，所以祀乎其先也。明乎郊社之礼、禘尝之义，治国其如示诸掌乎！”

释义：

上章论及历史人物承先启后的作用，这一章从文化的前后相继具体阐述孝的意义，以“善继人之志、述人之事”界定孝。前一章主要在宗教与伦常的角度谈孝，这里对孝的意义进一步作了历史的提升：孝的终极意义就在于继承、拓展前人开创的事业。对孝的这一理解超越了个体伦常之域，使之获得了更广的历史内涵。这一层面的含义，也是儒家非常重视的方面。《论语》中已涉及孝与文化传承之间的关系，但尚不十分明确。这一章再一次论及祭祀的问题，并从这一角度对礼制作了论述。祭祀过程的行为之序，是礼的重要体现。从个人伦理角度着眼，祭祀之礼体现了情感的寄托；从国家政治层面看，祭祀之礼则通过祖述先人而体现对政统的合法继承。宽泛而言，祭祀有祭天与祭祖之分，祭天是以超验的方式，对现实统治的根据加以确认，所谓“郊社之礼，所以事上帝也”，所着重的便是这一方面；祭祖体现了对家庭伦常传承关系的肯定，所谓“宗庙之礼，所以祀乎其先也”，便表明了这一点。从治天下的层面看，确认政治统治的超验根据与注重现实的社会伦理关系必须并重。这里所展示的，是伦理、政治、宗教之间的交错与互渗。

原文：

哀公问政。子曰：“文、武之政，布在方策。其人存，则其政举；其人亡，则其政息。人道敏政，地道敏树。夫政也者，蒲卢也。故为政在人，取人以身，修身以道，修道以仁。仁者，人也，亲亲为大；义者，宜也，尊贤为大。亲亲之杀，尊贤之等，礼所生也。在下位不获乎上，民不可得而治矣！故君子不可以不修身；思修身，不可以不事亲；思事亲，不可以不知人；思知人，不可以不知天。天下之达道五，所以行之者三。曰：君臣也，父子也，夫妇也，昆弟也，朋友之交也，五者天下之达道也。知、仁、勇三者，天下之达德也，所以行之者一也。或生而知之，或学而知之，或因而知之；及其知之，一也。或安而行之,或利而行之,或勉强而行之;及其成功,一也。”

释义:

本章所讨论的,是政治生活中的具体原则。作者着重强调了政治实践中人的作用,文武之政的关键在人。这里的人首先是指统治者或政治领袖,作者把统治者个人的品格放在突出的位置,强调政治的运作与个人的修养无法分离。治国先治人,欲治人则先修身,亦即从自己做起。修身以治国,这就是儒家反复强调的政治原则,从孔子的修己以安人到《大学》的修身、齐家、治国、平天下,都体现了这一点。不过,《中庸》同时又肯定政治生活不仅要依靠政治家个人的品格,如仁、德等等,而且离不开礼的作用。仁以爱人为内涵,而爱又有差等,后者便涉及礼,所谓“亲亲之杀,尊贤之等”,便体现了礼的秩序性(“礼所生也”)。从而,“礼”在政治生活中也不可忽视。

在近代以来的各种政治设计中,形式化、技术化、程序化的规定往往成为主要指向,而人的德性、品格等方面,在政治体制中常常难以获得适当的定位。即使是当代的罗尔斯、哈贝马斯等,仍将人格修养等问题置于公共领域之外,很少从社会政治生活的合理组织等角度讨论这一类问题。就本体论的层面而言,上述思维趋向显然未能注意到人的存在的多面性。按其现实形态,人既是政治法制关系中的存在,也有其道德的面向,作为人的存在的相关方面,这些规定并非彼此悬隔,而是相互交错、融合,并展开于人的同一存在过程。本体论上的这种存在方式,决定了人的政治生活和道德生活不能截然分离。从制度本身的运作来看,它固然涉及非人格的形式化结构,但同时在其运作过程中也包含着人的参与,而作为参与的主体,人自身的品格、德性等总是处处影响着参与的过程。在此意义上,体制组织的合理运作既有其形式化的、程序性的前提,也需要道德的担保和制衡;离开了道德等因素的制约,社会生活的理性化只能在技术或工具层面得到实现,从而难以避免片面性。从以上背景看,《中庸》对内在人格与外在之礼的双重关注,无疑有其值得注意之点。

从修身出发,《中庸》进而引出事亲、知人、知天。"身"与个体相联系,"亲"涉及家庭伦常,"人"是更广意义上的类(作为类的存在),"天"则表现为形上之域的存在。在形式的层面上,这里展开为由修身而事亲、由事亲而知人、由知人而知天的过程,但在实质的意义上,则是修身本于事亲,事亲本于知人,知人本于知天。"知人本于知天"既将个体放在类的视域之中,又以"天"为社会伦常及德性培养的形上根据。这里所说的五"达道",以君臣、父子、夫妇、兄弟、朋友五种基本的人伦关系为内容,可以看作是上文"知人"的展开。三"达德"则是处理以上基本人伦关系的内在德性,其中,"知"(智)是理性的品格,"仁"体现了仁道的原则,"勇"则表现为意志的力量,而作为德性的不同体现,理性、仁道、意志的品格具有内在的统一性。就个人的认识过程而言,对人与天的理解往往有不同的方式:"生而知之"侧重于与个体潜能相联系的自我体悟,"学而知之"更多地与他人的引导、启示相联系("学"同时表现为接受教育的过程),"困而知之"则主要基于生活过程的实际经历。途径和方式虽不同,但所知的对象及理解的内容则相通。同样,实践的过程也有个体的差异,但在合乎人伦原则等方面,则又是一致的。

原文:

子曰:"好学近乎知,力行近乎仁,知耻近乎勇。知斯三者,则知所以修身;知所以修身,则知所以治人;知所以治人,则知所以治天下国家矣。凡为天下国家有九经,曰:修身也,尊贤也,亲亲也,敬大臣也,体群臣也,子庶民也,来百工也,柔远人也,怀诸侯也。修身则道立,尊贤则不惑,亲亲则诸父昆弟不怨,敬大臣则不眩,体群臣则士之报礼重,子庶民则百姓劝,来百工则财用足,柔远人则四方归之,怀诸侯则天下畏之。齐明盛服,非礼不动,所以修身也;去谗远色,贱货而贵德,所以劝贤也;尊其位,重其禄,同其好恶,所以劝亲亲也;官盛任使,所以劝大臣也;忠信重禄,所以劝士也。时使薄敛,所以劝百姓也;日省月试,既禀称事,所以劝百工也;送往迎来,嘉善而矜不能,所以柔远人也;继绝世,举废国,治乱持危,朝聘以时,厚往而薄来,所以怀诸侯也。凡为天下国家有九经,所以行之者一也。"

释义:

这一段引孔子之语,进一步强调了个人品格修养在政治生活中的作用。就品格而言,好学既与知识的积累相联系,又以理性能力的提升为内容,故近于知(智);这里的力行以善为指向,故近乎仁;知耻意味着敢于坦诚直面、自觉反省自我之过,故近于勇。以上三个方面,同时构成了修身的重要内容,而修身又被规定为治国平天下的前提条件。这里所说的"九经"也就是治理天下的不同方略,它同样以修身为出发点,还包括尊贤、亲亲、敬大臣、体群臣、子庶民、来百工、柔远人、怀诸侯,其中涉及父子之间、君臣之间、君民之间、邦国之间的伦理、政治关系。而处理这些关系的原则、方式,则既关乎形式层面的礼制,如"送往迎来""朝聘以时"等等,体现了礼制的要求(来而不往非礼也);又渗入了人与人之间的价值认同和情感沟通,如"贱货而贵德""同其好恶",便体现了这种认同和沟通。《中庸》的这些看法,可以看作是对内在人格与外在之礼双重关注的进一步引申。

原文：

“凡事豫则立，不豫则废。言前定则不跲，事前定则不困，行前定则不疚，道前定则不穷。在下位，不获乎上，民不可得而治矣。获乎上有道：不信乎朋友，不获乎上矣；信乎朋友有道：不顺乎亲，不信乎朋友矣；顺乎亲有道：反诸身不诚，不顺乎亲矣；诚身有道：不明乎善，不诚乎身矣。诚者，天之道也；诚之者，人之道也。诚者，不勉而中，不思而得，从容中道，圣人也。诚之者，择善而固执之者也。”

释义：

本章首先肯定了实践过程中预先准备（“豫”）的重要性，这种准备既涉及外在的条件，也包括观念的层面（如计划的制定、方案的构想等等）。按《中庸》的理解，预先的准备情况，直接关系到事之成败，从言说，到日常的处事、活动、行路（道路的选择），都概莫能外。这可以看作对生活实践经验的总结。作者在前面已一再提到，治国平天下的前提是处理好人与人之间的各种关系，这里则进一步从政治、伦理等层面加以分析。地位的上下，是政治生活中的关系；在《中庸》看来，上下之间关系的协调，内在地牵涉朋友、亲子等关系。这里的基本思想仍是伦理关系与政治关系、伦理生活与政治生活无法彼此相分。事实上，对儒家而言，作为人的存在的相关方面，伦理关系与政治关系具有内在的联系；同样，作为人的实践的相关领域，政治生活与伦理生活也非相互分离。仁与礼、内在人格与外在规范的统一，事实上已从一个方面具体确认了以上统一，而由政治关系到伦理关系的层层推论，则可以看作是同一观念的展开。

由确认政治关系与伦理关系之间的相关性,《中庸》进而引出了“诚”的观念:对政治、伦常关系的处理,最终建立在“诚”的基础之上。“诚”在这里既涉及天道,又关联人道(“诚者,天之道也;诚之者,人之道也”)。作为天道的“诚”具有实在的意义,指万事万物本然的、真实的状态;作为人道的“诚”则既表现为人的存在形态,也呈现为价值层面的规范,具有引导和塑造人自身的意义。从以上方面看,“诚”内在地体现了存在与价值、实然与当然的统一。就个体而言,一旦达到了“诚”,则意味着形成了真实的内在德性,其行为也将超越勉强,能够自然地合乎规范。这里所说的“不勉而中,不思而得”,既包含了自觉,从而不同于自发的行为;也超越了自觉,从而区别于单纯地有意为之。“从容中道”则以普遍的规范化为人的真诚品格为前提:此时内在的德性已如同人的第二天性,出于真诚德性的行为也超越了人为的依循和努力,表现为自然为善。这是一种扬弃了自发与自觉之后达到的更高境界,《中庸》将其视为圣人之境。作为存在形态与内在品格的统一,“诚”既有本体论的意义,也包含价值论的内涵。

原文:

“博学之,审问之,慎思之,明辨之,笃行之。有弗学,学之弗能,弗措也;有弗问,问之弗知,弗措也;有弗思,思之弗得,弗措也;有弗辨,辨之弗明,弗措也;有弗行,行之弗笃,弗措也。人一能之己百之,人十能之己千之。果能此道矣,虽愚必明,虽柔必强。”

释义:

本章具体讨论了为学工夫问题。这里提到了博学、审问、慎思、明辨、笃行五个方面,其间包含着内在的逻辑关系。“学”以接受已有知识为指向,博学意味着积累与扩展知识经验,它构成了进一步认识的出发点;“问”是探求的过程,“审问”蕴含善于提出疑问、避免盲目信从等内容;“思”是在学与问的基础上的自觉反思,“慎思”包含着思维严密性的要求;“辨”涉及观念的澄清以及不同个体之间的讨论、辨析,“明辨”包括分辨、界定是与非;“行”是实践,“笃行”意味着在认识之后,应当切实地去付诸实践。在认识的出发点上,《中庸》与道家存在值得注意的差异:道家强调“损”(“为道日损”)、“忘”(“坐忘”),其内在含义在于悬置、消解已有的知识经验,从而为以直觉等方式(“静观”“玄览”)把握“道”提供前提;《中庸》突出博学,则注重知识的积累性、延续性以及已有知识对新的认识的作用;两者侧重于认识过程的不同方面。就学、问、思、辨、行而言,其中包含已知与未知、接受与存疑、思与辨、知与行等多重关系,《中庸》将其联系起来考察,显然注意到认识过程中各个环节之间的统一性。

需要指出的是,这里的为学工夫不仅仅涉及狭义的认知,而且包含价值层面的涵养。事实上,儒家一开始就对为学过程作了广义的理解。孔子将“敏于事而慎于言,就有道而正焉”称之为“好学”(《论语·学而》),子夏也认为:“事父母能竭其力,事君能致其身,与朋友交言而有信,虽曰未学,吾必谓之学矣。”(同上)此所谓“学”即包含德性的涵养。本章后面接连提出几个“弗措”,既要求个体持之以恒、坚持不懈,又肯定了为学的过程性。而“人一能之己百之,人十能之己千之”,也不仅仅确认了个体努力的必要性,而且强调了这种努力的持久性,后者同样以为学的过程性为前提。

原文:

自诚明,谓之性。自明诚,谓之教。诚则明矣,明则诚矣。

释义：

“自诚明”是指由诚到明。相对于“明”而言的“诚”，主要指完善的德性；相对于“诚”的“明”，则主要指理性的自觉。“诚”有不同的层面。“自诚明”之“诚”侧重于本然之善，其实质所指，是善的潜能或可能形态的德性；由诚而明，也就是经过理性的明觉，使本然或可能形态的德性，化为自觉形态的德性。后来王阳明区分良知的本然形态与明觉形态，提出通过致良知的过程，化本然之知为明觉之知，这一进路可以看作是以上思想的发展。“自明诚”更多地与教育、学习过程联系在一起，亦即通过外在的教化与自我的学习、涵养，进一步提升、发展内在的德性。“自诚明”与“自明诚”是一个互动的过程，其中隐含着真与善、德性涵养与理性自觉的互动。

原文：

唯天下至诚，为能尽其性；能尽其性，则能尽人之性；能尽人之性，则能尽物之性；能尽物之性，则可以赞天地之化育；可以赞天地之化育，则可以与天地参矣。

释义：

这一章涉及个人与社会、自我与他人以及更广意义上人与世界之间的关系，从一个方面体现了儒家的形上学。“至诚”是德性的完美形态，“尽其性”既是对自我德性的反省，也意味着化德性为德行。以上的反省与实践，一方面构成了认识他人的前提，另一方面又在实践意义上影响他人，这也就是所谓“尽人之性”。在认识自己与作用自己、认识他人与作用他人的基础上进一步展开的，则是对世界的认识与作用过程（“尽物之性”）。正是基于以上过程，人参与了现实世界的形成，所谓“赞天地之化育”，便强调了这一点。

这种参与使人不同于消极地适应世界，而是同时成为现实世界的积极一员（“与天地参”）。这里蕴含的本体论前提，是人之外的本然存在与人生活于其间的现实世界之区分。现实世界不能等同于本然的自在之物，事实上，“赞天地之化育”的实质，就在于化本然存在为现实世界，而这一过程始终包含着人的参与。总之，人生活于其间的世界，其建构过程与人的实践过程是不可分的，人与世界的统一首先就在于人参与了这个世界的形成过程。现实的世界既具有实在性，也包含价值之维。《中庸》对人与世界关系的理解，显然不同于超验的形而上学，这与前面提到的“道不远人”之说，也前后一致。从尽己之性、尽人之性、尽物之性到“赞天地之化育”，同时也可以看作是学、思、问、辩、行的具体展开。

原文：

其次致曲。曲能有诚，诚则形，形则著，著则明，明则动，动则变，变则化。唯天下至诚为能化。至诚之道，可以前知。国家将兴，必有祯祥。国家将亡，必有妖孽。见乎蓍龟，动乎四体，祸福将至：善，必先知之；不善，必先知之。故至诚如神。

释义：

“曲”指的是从某一个方面入手，以达到诚的境界。“诚则形”表现为德性展开于外在的实践过程，从而使德性得到具体的展示（“著”）；基于这一切实践履行的过程，道德的自觉也得到进一步提升（“明”）。由“著”至“明”，意味着道德自觉以道德实践为其现实之源。“动”在此指对他人与外物的影响，“变”表示由此形成的对象的改变，“化”则包含着潜移默化的影响。由自我到他人和世界，从化己到化人、化天下，展开为一个自我与社会、人与世界的相互作用过程。

当然,由人与世界的互动,作者进一步引向"国家将兴,必有祯祥"之类的天人感应观念,则似乎又陷入了思辨的幻觉。这里同时也表现出对道德之境的过于渲染:在作者看来,如果达到至诚的境界,人与天之间便可以形成神秘的感应关系。在这方面,《中庸》无疑又表现了儒家神秘主义的一面。

原文:

诚者自成也,而道自道也。诚者物之终始,不诚无物。是故君子诚之为贵。诚者,非自成己而已也,所以成物也。成己,仁也;成物,知也。性之德也,合外内之道也,故时措之宜也。

释义:

"诚者自诚",侧重于道德涵养与自我努力的联系,与孔子"为仁由己"思想彼此一致;"道自道"中后一"道",有"引导"之意。这里意在肯定德性的完善过程以自我引导、自我要求为内容,而非完全取决于外在规范的约束。接下来便进一步从本体论与价值论两个方面对"诚"作了界说。"诚者物之终始,不诚无物"主要是在本体论上说的;这里的"诚"表示的是实在性(与虚幻或虚妄相对),后来王夫之也在此意义上运用"诚"的概念。"故君子诚之为贵"中的"诚",则与人的品格、行为相联系,包含价值论含义(表示德性与行为的真诚)。作者肯定了"诚"的实在义与"诚"的真诚义彼此相关,其中也蕴含了本体论与价值论的统一。"成己"主要指向自我的完善,这一自我完善的过程表现为以仁为根据自我塑造,从而体现了仁的原则;"成物"在广义上既指成就他人,也指成就世界("参天地之化育"),两者以尽人之性与尽物之性为前提,涉及广义的认识过程(知)。当然,成人与成物、仁与知并非彼此分离,前面对尽己之性、尽人之性、尽物之性之间相关性的肯定,已表明了这一点。成己展开于成物的过程,成物的过程也包含成己,两者的这种统一构成了“合内外之道”的具体内涵之一。而无论是成己,抑或成物,都离不开具体的历史条件,所谓“时措之宜”,便着重提示了这一点。

原文:

故至诚无息。不息则久,久则征,征则悠远,悠远则博厚,博厚则高明。博厚,所以载物也;高明,所以覆物也;悠久,所以成物也。博厚配地,高明配天,悠久无疆。如此者,不见而章,不动而变,无为而成。天地之道,可一言而尽也:其为物不贰,则其生物不测。天地之道,博也,厚也,高也,明也,悠也,久也。今夫天,斯昭昭之多,及其无穷也,日月星辰系焉,万物覆焉。今夫地,一撮土之多,及其广厚,载华岳而不重,振河海而不泄,万物载焉。今夫山,一卷石之多,及其广大,草木生之,禽兽居之,宝藏兴焉。今夫水,一勺之多,及其不测,鼋鼍、蛟龙、鱼鳖生焉,货财殖焉。《诗》曰:“唯天之命,于穆不已!”盖曰天之所以为天也。“于乎不显,文王之德之纯!”盖曰文王之所以为文也,纯亦不已。

释义:

本章从人道与天道的双重角度继续阐发有关“诚”的思想。如上所述,天道意义上的“诚”表示存在的实然状态,人道意义上的“诚”则关乎人的存在境界、人的行为方式。“至诚无息”既指天地万物变化不断的过程,又指成己与成物过程的绵延不息,表明世界之存在与人自身的存在并不是固定不变的,而是展开为一个无止境的发展过程。“悠远”与“高明”也是从以上两个方面来说的。从天道看,天地“博厚”“高明”,隐喻世界在空间上的广大以及天地间万物的无限、多样,“悠远”则表示世界在时间上的永恒性,以及与此相关的万物化生的永无止境。从人道看,至诚之境与天地的“博厚”“高明”“悠远”有着一致性:作为德性涵养的境界,它意味着在精神的层面不断超越有限、达到无限。“不见而章,不动而变,无为而成”,表明德性的呈现(彰显)、影响、凝聚,都是一个自然而然的过程,它与前文所说的“不思不勉、自然中道”相一致。作为“天地之道”的体现,“为物不贰”体现了存在的统一性、稳定性,“生物不测”则展示了事物变动不居的一面;前者肯定了存在过程中包含的必然性,后者则蕴含着对偶然性的确认。不难看到,天道与人道、必然与偶然的统一,构成《中庸》形上学的重要内容。

原文:

大哉圣人之道!洋洋乎!发育万物,峻极于天。优优大哉!礼仪三百,威仪三千,待其人然后行。故曰:苟不至德,至道不凝焉。故君子尊德性而道问学,致广大而尽精微,极高明而道中庸,温故而知新,敦厚以崇礼。是故居上不骄,为下不倍。国有道,其言足以兴;国无道,其默足以容。《诗》曰:“既明且哲,以保其身。”其此之谓与!

释义:

这一章转而讨论圣人之道。作者首先肯定了圣人之道在成己与成物过程中的作用,由此,又再一次强调礼制的推行与人无法分离:礼的运作离不开实施礼的人。从人的主导性出发,作者进一步讨论了“尊德性”与“道问学”的关系问题。与由诚而明、由明而诚的互动相应,作者肯定了“尊德性”与“道问学”之间的统一。宽泛而言,“尊德性”以人格的完善为出发点,“道问学”则侧重于由知而入德。在《中庸》这里,两者彼此相关;然而,儒学后来的发展,似乎表现出不同的趋向,在宋明理学那里,便不难注意到这一点:相对于程朱对道问学的关注,陆王似乎较多地偏向于尊德性。

与德性和问学之辨相联系的是“极高明而道中庸”,后者从形而上的层面,对中庸的观念作了进一步的阐发:“极高明”表现为终极性的价值关切和价值追求,“道中庸”则强调通过日用常行以实现这种价值的关切,它以集中的形式体现了早期儒家将终极的关怀与日常存在联系起来的进路。终极关怀固然包含对日常存在的超越,但这种超越又并不离开日常生活。“致广大”与“极高明”具有一致性,两者都内含着对理想之道的关切;“尽精微”则可以看作是“道中庸”的展开,它更多地要求深入到具体的现实存在。从另一方面看,广大与精微同时也体现了广度与深度的统一。本章所说的“温故而知新”,是对孔子思想的发挥,其中既体现了文化积累与文化创新的统一,也包含着对文化的传承性与历史性的关注。“敦厚以崇礼”展现了内在德性(敦厚之德)与外在规范(尊重礼)的统一。最后引《诗经》之语,强调现实处世方式的理性态度与灵活性。面对“有道”与“无道”的不同存在背景,可以采取“言”与“默”的不同应对方式:政治清明(有道)之时,可选择以“言”兴邦;政治黑暗(无道)之时,则可选择“默”以保全自身。这里既体现了“道”与日用之间的联系,也表现了儒家思想中现实、理性的一面。

原文:

子曰:“愚而好自用,贱而好自专;生乎今之世,反古之道。如此者,灾及其身者也。”非天子,不议礼,不制度,不考文。今天下车同轨,书同文,行同伦。虽有其位,苟无其德,不敢作礼乐焉;虽有其德，苟无其位，亦不敢作礼乐焉。子曰："吾说夏礼，杞不足征也。吾学殷礼，有宋存焉；吾学周礼，今用之，吾从周。"

释义：

本章引孔子之语，首先批评了与"诚"相对的主观独断现象，同时强调在治国的过程中要尊重历史经验，体现了政治领域中的历史观念。这些看法从古今关系的角度，展开了中庸的思想。在社会的体制、原则层面，作者认为礼（体制、规范）、度（普遍的标准）、文书之式等只能由最高统治者（天子）来制定，这可以看作是以人治国思想的强化，其历史局限性是显而易见的。不过，作者同时又肯定了德与位的统一，以此作为治国的前提条件。这与前文仁与礼统一的思想前后相承，体现了以人的内在品格制衡外在体制的思想趋向。最后又引孔子之语，一方面表现了对礼的推崇，另一方面又体现了对历史根据的注重。本章中"今天下车同轨，书同文"等句可能是后人加入，它使《中庸》成书时代的确定变得更为复杂。

原文：

王天下有三重焉，其寡过矣乎！上焉者虽善无征，无征不信，不信民弗从；下焉者虽善不尊，不尊不信，不信民弗从。故君子之道：本诸身，征诸庶民，考诸三王而不缪，建诸天地而不悖，质诸鬼神而无疑，百世以俟圣人而不惑。质诸鬼神而无疑，知天也；百世以俟圣人而不惑，知人也。是故君子动而世为天下道，行而世为天下法，言而世为天下则。远之则有望，近之则不厌。《诗》曰：'在彼无恶，在此无射，庶几夙夜，以永终誉！'君子未有不如此而早有誉于天下者也。

释义：

这一章讨论君主治理天下的不同环节，其中既有制度方面，如礼仪、制度，又涉及语言、文书（考文）。《中庸》强调，一种社会制度的建立，既要有形式化、程式化的制度担保，又要通过语言文书等手段和形式来达到人与人之间的沟通、协调。王道理想的实现具体涉及多重要求，包括最高统治者自身的作用（“本诸身”），取信于民（“征诸庶民”“不信民弗从”），政治决策要有历史根据（“考诸三王而不缪”），并诉诸形而上的超验根据（“建诸天地而不悖，质诸鬼神而无疑”），最后，还需经得起未来的历史检验（“百世以俟圣人而不惑”）。这里再一次肯定了政治人物个人德性与品格的重要性：一个理想的统治者，其举措应世代具有引导人的意义（“动而世为天下道”），其行为应可以世代成为人的榜样（“行而世为天下法”），其言论可以世代确立为准则（“言而世为天下则”）。与此相联系的，是政治实践与人格力量之间的统一。

原文：

仲尼祖述尧、舜，宪章文、武；上律天时，下袭水土。辟如天地之无不持载，无不覆帱；辟如四时之错行，如日月之代明。万物并育而不相害，道并行而不相悖，小德川流，大德敦化。此天地之所以为大也。

释义：

本章通过对孔子的赞美，首先表现了对文化发展过程中的历史延续和承继的注重：祖述尧、舜，宪章文、武的历史意义，就是对以往文化发展的承继。同时，这里也体现了对自然法则的尊重：“上律天时，下袭水土”的实际含义，就是遵循天地之道（自然法则）。这里更值得注意的是作者表达的如下思想:“万物并育而不相害,道并行而不相悖。”

先看“万物并育而不相害”。这一命题既有本体论的含义,也有价值观的意蕴。在本体论上,它意味着对象世界中的诸种事物都各有存在根据,彼此共在于天下;换言之,对象世界的不同存在物之间具有一种相互并存的关系。在价值论上,“万物并育而不相害”则涉及不同的个体、群体(包括民族、国家)之间的共处、交往问题,它以承认不同个体的差异、不同社会领域的分化为前提。个体的差异、不同社会领域的分化是历史演化过程中无法否认的事实,如何使分化过程中形成的不同存在形态以非冲突的方式共处于世界之中,便成为“万物并育而不相害”所指向的实质问题,后者同时也从形而上的层面,涉及社会的“和谐”。从引申的意义上看,这里重要的是在利益关系上获得共同之点,以此作为达到“并育而不相害”的基本社会前提;然而,当个体之间、社会集团之间在利益上彼此冲突时,达到“万物并育而不相害”或社会的和谐是非常困难的。在这里,所谓“万物并育而不相害”,即是保证每一个体、每一社会阶层或社会集团都有自己生存的基本空间;反之,如果剥夺或限定不同个体、社会阶层的生存、发展空间,社会成员之间的和谐就只是空谈。

与“万物并育而不相害”相联系的是“道并行而不相悖”。“道”在儒家哲学中不仅被理解为天道(存在的根据或存在的法则),也含有理想、价值原则等社会、文化的意义;“悖”是彼此的对立、冲突。“道并行而不相悖”,意味着不同的价值理想、价值观念不应导向彼此的冲突。在社会领域中,只要不同的个体、阶层存在,价值观念上的差异就难以避免;试图使每一个体认同绝对同一的价值观念,显然是行不通的。在此,问题不在于用独断的方式消除价值观上的差异,而是在差异业已存在的背景下,妥善地看待与处理这种差异。“道并行而不相悖”当然并不是在价值观上主张相对主义,这里的内在含义,是以宽容的原则,对待不同的价值观念。一方面,它并不否定价值原则的普遍性,相反,与利益关系上确认共同点、相关性相应,它也肯定历史的演进过程中存在普遍的价值原则,另一方面,它又要求以非独断的方式,来对待不同观念,后者与《中庸》所肯定的“恕”的观念(己所不欲,勿施于人)前后一致。

原文:

唯天下至圣,为能聪明睿知,足以有临也;宽裕温柔,足以有容也;发强刚毅,足以有执也;齐庄中正,足以有敬也;文理密察,足以有别也。溥博渊泉,而时出之。溥博如天,渊泉如渊。见而民莫不敬,言而民莫不信,行而民莫不说。是以声名洋溢乎中国,施及蛮貊。舟车所至,人力所通;天之所覆,地之所载;日月所照,霜露所队。凡有血气者,莫不尊亲,故曰配天。

释义:

本章主要讨论讲至圣、至诚的品格及其影响,对圣人气象作了多方面的描绘。“聪明睿知”强调的是知,它更多地呈现为理性的品格;“宽裕温柔”涉及内在的情感,“发强刚毅”则展现为坚韧的意志品德,“齐庄中正”是形之于外的庄重之貌,表现为合乎礼的外部形象,“文理密察,足以有别”不仅关乎理性的分辨,而且涉及对具体情景的把握,后者与“时”的观念相通。从人格形态看,这里包括智、情、意的交融,而在交融之后,则是追求真善美的价值取向。同时,人格又涉及内在品格与外在人格形象的统一,而这种统一所蕴含的实质观念,则是德性(道德意识)与德行(道德实践)的并重。

此外，作为完美人格，圣人既确认普遍的价值原则，又与“时中”观念相联系而注重具体的情景分析。在《中庸》的作者看来，上述意义上的“至圣”之人，将形成广大而深远的精神影响。

原文：

唯天下至诚，为能经纶天下之大经，立天下之大本，知天地之化育。夫焉有所倚？肫肫其仁！渊渊其渊！浩浩其天！苟不固聪明圣知达天德者，其孰能知之？

释义：

本章讨论了普遍原则的制定、把握与运用过程，认为只有达到至诚之境的人，才能制订这样的原则或准则。“天下之大经”，涉及政治、伦理的基本原则；“天下之大本”则是上述原则的普遍根据，“知天地之化育”是指对自然法则的理解。“夫焉有所倚”，意味着不能仅仅依赖、停留在日常经验上，应该立足于此但又超越于此，这种基于日用常行又超越之的境界，便是至诚之境。“渊渊其渊”为深沉貌，隐喻着历史中的绵延；“浩浩其天”是就广度而言，它同时隐喻着普遍性；两者既是对至诚之境的精神内涵的描述，又蕴含着对“大经”“大本”形上意义的确认。从历史的层面看，伦理、政治等基本价值原则的形成，往往以社会文化发展本身的历史需要以及文明成果的积累为其前提，作者所提及的“至诚”“圣知达天德”既表现为道德之境，也包含着对文明成果的承继与把握，与之相应，以“至诚”“圣知达天德”为“经纶天下之大经，立天下之大本”的必要条件，似乎也从一个方面注意到了价值原则与社会文明发展之间的联系。

原文：

《诗》曰："衣锦尚䌹。"恶其文之著也。故君子之道，暗然而日章；小人之道，的然而日亡。君子之道，淡而不厌，简而文，温而理。知远之近，知风之自，知微之显，可与入德矣。

《诗》云："潜虽伏矣，亦孔之昭！"故君子内省不疚，无恶于志。君子之所不可及者，其唯人之所不见乎。《诗》云："相在尔室，尚不愧于屋漏。"故君子不动而敬，不言而信。《诗》曰："奏假无言，时靡有争。"是故君子不赏而民劝，不怒而民威于铁钺。诗曰："不显惟德，百辟其刑之。"是故君子笃恭而天下平。《诗》云："予怀明德，不大声以色。"子曰："声色之于以化民，末也。"《诗》曰："德辖如毛。"毛犹有伦。"上天之载，无声无臭"，至矣。

释义：

本章首先引用《诗经》，以表明君子品格的特点是充实于内而形之于外：他不刻意炫耀，但却形成广泛、深远的影响。这与缺乏内在德性而仅仅在表面上张扬的小人之道形成了对照。君子的这种人格特征与《中庸》反复强调的中庸之道与至诚之境是一致的。这里又谈到了君子之道的具体表现形式，即所谓"淡而不厌，简而文，温而理"。平淡往往容易使人厌倦，简朴常常会忽视必要的修饰，随和（温）则每每容易因纲纪不严而导致无序（与秩序井然意义上的"理"相对），君子之道则表现为在两极之间保持适当的度，从而达到一种内在的统一形态。对君子之道的以上描述，其意义当然并不限于处理淡与不厌、简与文、温与理等特定的关系，更在于从人格的层面，进一步阐发中道思想以及中道之中所包含的"度"的观念。

本章还包括郑玄所谓"三知"，即"知远之近，知风之自，知微之显”。对“远”的把握源于“近”（由近推知远）；对风的把握，在于了解其起于何处；对内在规定的认识，需要从呈现于外的现象入手。所谓“近”，既包括时间上的此时（当下），也涉及空间上的此地，“远”则相应地兼指时间上的过去或未来，以及空间上的远处；“风”之所自，关乎事物之源；“微”与“显”则牵涉外在呈现与内在规定之间的关系。与之相联系，“三知”所涉及的，是事物存在的时间关系与空间关系、事物存在之源或根据、外在现象与内在本质等关系。在《中庸》看来，唯有把握了这些关系，才能真正达到君子之德。由此，不难看到，《中庸》所理解的德性，并不仅仅限于伦理的品格，而且包含更深刻意义上的智慧：对以上关系的把握，便渗入形上的智慧。

在第二段中，作者进一步从不同方面对君子的内在人格以及他的社会影响作了考察。君子总是首先确立善的定向，由此保证内在动机的始终端正，即所谓“内省不疚，无恶于志”。正是内在的道德定向，使君子高于常人（为人“所不可及”）。善的定向体现于日常言行，往往对人形成了深沉的感染力量，从而使君子虽“不动”而为人所敬，虽“不言”而能获得他人信赖。君子的人格力量体现于政治、伦理实践，便表现为：无需物质的奖励，民众便接受引导而自然向善；温和待人（不怒），而民众却能够感受到其正气凛然的内在威严。这种人格的影响，对人形成的是无形的感化。它超越了外在的说教、强制的规范，展现为至上的道德之境，所谓“无声无臭，至矣”，便表明了这一点。

要而言之，《中庸》以中道和诚为其核心的观念。中道既蕴含了把握“度”的原则，又展开为形上与形下、人与世界、日用与道之间的统一；“诚”则既表现为天道意义上实在性，也构成了人道意义上的道德之境。对君子与圣人的考察，进一步从人格的层面，将以上观念具体化了。

《论语》中的人

《论语》是儒家早期经典之一,后来进一步成为经学中的十三经之一。儒学一开始便对人的存在予以了较多关注,作为儒家经典的《论语》也体现了儒学的这一趋向。如前所言,儒学的原初形态表现为仁与礼的统一,两者归根到底与人的存在相关: 礼,主要表现为对人与人关系的调节,以及人的行为的规范;仁,则进而引向心性与人性;两者从不同方面指向人自身。在儒学的早期经典《论语》那里,对人的追问,便构成了重要的论题。《论语》在提出"仁"这一核心观念的同时,又对"何为人"、人"为何而在"、"如何存在"等问题作了多方面的考察。

一

在儒家那里,"何为人"的追问,以广义的天人之辨为其背景,《论语》也没有离开这一前提。以人的存在处境为关注之点,孔子曾提出:"鸟兽不可与同群,吾非斯人之徒与而谁与?"[①]"鸟兽"作为

① 《论语·微子》。

自然境域中的对象，属于与“人”相对的“天”，“斯人之徒”则是超越了自然状态，具有文明特征的“人”。“鸟兽不可与同群”，隐喻着人不能停留或限定于自然的状态，“斯人之徒与”，则意味着以文明的形态为存在的当然之境。在这里，一方面，孔子将“何为人”的问题与“我是谁”的问题联系起来：“我”（“吾”）的定位和归属（我是谁）所指向的是“斯人之徒”（“何为人”）；另一方面，人（“斯人之徒”）又通过与自然的对象（鸟兽）之比较和区分，展示了其文明或文化的内涵。“人”超越自然（鸟兽）的性质，规定了“我”（“吾”）的文明向度，“我”（“吾”）与自然（鸟兽）的疏离、差异（“不可同群”）则进一步彰显了“人”的文明特征。

人的文明化特征不仅体现于天人关系，而且也表现在人自身的不同存在形态中。在孔子对管仲的评价中，便可以看到这一点：“管仲相桓公，霸诸侯，一匡天下，民到于今受其赐。微管仲，吾其被发左衽矣。岂若匹夫匹妇之为谅也，自经于沟渎而莫之知也。”①管仲曾事齐桓公之弟公子纠，后齐桓公使鲁国之人杀公子纠，管仲不仅未为公子纠赴死，而且担任了齐桓公之相。孔子的学生子路、子贡曾对此提出了批评，孔子的以上评价，是对子贡等人批评的一种回应。这里重要的不是孔子对管仲霸业的赞赏，而是对其社会历史贡献的肯定。“被发左衽”是所谓“夷狄之俗”②，它隐喻着人的前文明的存在形态。在孔子看来，管仲的历史贡献就在于通过运用社会政治的力量，担保了文明进程的延续，避免了停留或回到前文明（“被发左衽”）的存在形态。相对于维护文明的价值，是否效忠于某一

① 《论语·宪问》。

② 朱熹：《论语集注宪问》卷七，载《朱子全书》第6册，上海古籍出版社、安徽教育出版社，2002年，第192页。

政治人物并不足道。从“何为人”的维度看,“我”(“吾”)之避免“被发左衽”,与“民之受赐”表现为同一过程的两个方面,两者的实质内容则是获得或维护文明的品格。这里既可以再次看到“我是谁”与“何为人”之间的相通性,也不难注意到对人的文明规定的确认。不妨说,“何为人”的追问,在此具体化为对文明及文化的认同;儒家所展开的夷夏之辨,在更普遍的意义上体现了以上主题。

孔子所体现的上述儒家视域,与道家显然有所不同。较之儒家之注重人禽之别,道家似乎趋向于模糊人与其他对象的界限。《庄子》在描绘“至德之世”时,便将“同于禽兽居”视为其特点:“至德之世,同于禽兽居,族与万物并。”①“至德之世”是庄子心目中理想的社会形态,同于禽兽居则意味着文明价值的消解。从天人之辨看,庄子似乎多方面地表现出对文明进程及文明成果的疑惧、责难。对他而言,自然的形态是最为完美的,而文明的演进则总是导向自然形态的破坏,所谓以“人”灭“天”。这样,与儒家要求超越自然不同,道家更多地倾向于以“天”(自然)规定人。庄子所追求的理想人格,便是所谓“天人”:“不离于宗,谓之天人。”②这里的“天”作修饰词或限定词用,所谓“天人”,也就是合乎天或自然化的人。在“鸟兽不可与同群”与“同于禽兽居”、避免倒退到前文明形态(“被发左衽”)与回到前文明形态的分野之后,不难看到儒、道对“何为人”的不同理解。

作为文明化的存在,“斯人之徒”同时呈现类或社会的特点,与“被发左衽”相对的文明形态,也表现为社会的产物。与认同文明的价值相应,儒家对人的社会品格予以了相当的关注。孔子的学生

① 《庄子·马蹄》。
② 《庄子·天下》。

曾参曾作过如下自述:"吾日三省吾身:为人谋而不忠乎?与朋友交而不信乎?传不习乎?"[①]"人""朋友"泛指自我之外的他人,"传"则是前人思想的载体,三者分别从生活世界中的交往活动及文化传承等方面体现了"我"与其他社会成员的关系。在这里,反省的主体是"我"("吾"),然而,反省的对象则指向"我"("吾")之外的他人(现实交往中的人与"传"所涉及的历史中的人)。"自省吾身"在相当意义上体现了自我的认同(self-identity),但在以上的逻辑关系中,自我的认同却以社会的认同为其内容;这种思维进路所确认的,是人的社会归属或类的规定。

对人的社会归属或类的规定的关注,在孔子关于朋友的看法中得到具体的体现。孔子很注重朋友间的关系,曾从不同的方面论及朋友的存在意义。对孔子而言,朋友的特点在于志同道合,[②]这不仅仅限于私人间的趣味相投,而且表现在具有共同的价值取向。"有朋自远方来,不亦乐乎?"[③]这里的"乐",是与志同道合者相处、交往时产生的内在愉悦,这种交往、相处乃是基于共同的价值观念、相近的理想追求。与此相反相成的,是"毋友不如己者"[④]。此处的"如",有"类"之意,"不如己",犹言"不类己";与之相应,所谓"毋友不如己者",并不是拒绝与社会地位或人格修养等方面比不上自己的人交友,而是指不要与缺乏共同的价值取向(与己不属于同一类)者为友。不难看到,在这里,孔子所侧重的,仍是社会的认同:与己同类者(志同者)友之,与己不同类者(非志同者)则远之。

以人文化、社会化为内在规定,人既有求知的能力,又具有求知

---

① 《论语·学而》。

② 蔡谟在解释朋和友时,曾指出:"同志为友。"(参见《论语集解义疏》卷一)

③④ 《论语·学而》。

的要求。《论语》首篇第一章，便将人之“在”与“学”联系起来：“学而时习之，不亦说（悦）乎？”[①]这里的“学”，便包括广义的“知”。孔子很注重“知”，并把“知”（智）视为超越迷惑、达到自觉的前提。所谓“知者不惑”[②]，便表明了这一点。同时，孔子以“仁”为其学说的核心，而仁即以“知”为题中之义：“未知，焉得仁？”[③]如果不辅之以“学”，“仁”便将呈现消极的意义：“好仁不好学，其蔽也愚。”[④]仁道所肯定的，是人的内在存在价值，“学”则以理性的自觉为指向；仅仅具有人文的观念而缺乏理性的自觉，往往易于导向自发与盲目（所谓“愚”）。仁与知的统一，意味着人同时应当是一种理性的存在。

孔子曾对自己的一生作了回顾，并自述如下：“吾十有五而志于学，三十而立，四十而不惑，五十而知天命，六十而耳顺，七十而从心所欲不逾矩。”[⑤]“学”是对已有的文化、认识成果的把握和接受；“立”不仅仅是一般意义上有所成就，它的更实质的含义是行为合乎礼义规范，从而能挺立于世；“不惑”表现为明辨是非，并作出正确判断；“知天命”以理解与把握历史的必然之势为指向；“耳顺”与逆耳相对，表现为以宽容的精神对待别人的意见（听到不同意见，亦不觉逆耳）；“从心所欲”即行为不违背自己的意愿，“不逾矩”则是遵循普遍的规范，两者的统一，体现的是一种理想的道德之境。在这里，“学”或“知”构成了极为重要的环节：三十之立、四十之不惑，以“志于学”为前提；六十之耳顺、七十之从心所欲不逾矩，则奠基

① 《论语·学而》。
② 《论语·子罕》。
③ 《论语·公冶长》。
④ 《论语·阳货》。
⑤ 《论语·为政》。

于“知天命”。上述过程当然并不仅仅是孔子对个人一生的自我反省，它所涉及的，乃是普遍意义上人的成长与“在”世过程。通过肯定“学”与“知”对人“在”过程中的意义，孔子也进一步突出了人的理性规定：正是“学”与“知”所内含的理性品格，使人由本然的、自在的形态，提升为自觉的存在。

在儒家那里，理性的自觉往往与道德实践联系在一起。所谓“从心所欲不逾矩”，首先便表现为道德行为的特点，而知命则以成为道德意义上的君子为目标：“不知命，无以为君子也。”[①]“知”是以理性的方式来把握，“天命”则是当然之则的形上化（人的使命、职责被赋予必然的性质）；唯有将当然（人的使命、职责）作为必然来理解和把握（“知天命”），才能成为道德意义上的存在（“君子”）。对儒家而言，履行道德或伦理的职责，是人的基本使命。人之为人，便在于能自觉地承担这种职责。在对隐者的批评中，这一点得到了更明确的表述：“不仕无义。长幼之节不可废也，君臣之义，如之何其废之？欲洁其身而乱大伦。”[②]隐者虽存在于社会之中，却试图从社会伦理责任中解脱出来，这种仅仅追求个人的洁身自好而悬置社会伦理责任的趋向，显然未能注意到伦理关系对于人之“在”的内在意义。通过对伦理职责与伦理关系的如上强调，儒家同时肯定了人是伦理的存在。

伦理的规定与人化（文明化）、理性化等向度，更多地体现了人的“类”或社会品格。然而，作为具体的存在，人又包含个体之维，而并不仅仅表现为“类”的化身；在肯定人是理性的、社会伦理的存在的同时，儒家对人的个体性规定也给予了多方面的关注。就道德

---

① 《论语·尧曰》。

② 《论语·微子》。

实践的过程而言，个体同样构成了主导的方面："为仁由己，而由人乎哉？"[①]为仁既指按仁道的理想自我涵养或自我塑造，也指在行为过程中遵循仁道的规范或原则，而两者都主要依赖个体自身。

与之相联系的是对"乡原"的批评："子曰：乡原，德之贼也。"[②]"乡原"即乡愿，其特点在于迎合世俗之意、缺乏独立的判断与担当意识，所谓"同流合污以媚于世"[③]，在与世俗的"同流合污"中，个体本身往往也被消解。可以看到，乡愿之所以为德之贼，不仅在于其拒绝坚持原则，而且也在于其导致个性的丧失。

反对从众、拒斥乡愿，主要以否定的方式突显了个体的不可忽视性，在积极的意义上，个体的关注则体现于对人的个性差异的尊重。以教育过程而言，孔子非常注重教育对象的个性特点，并要求根据个体不同的特点而给予相应的引导。《论语·先进》记载："子路问：'闻斯行诸？'子曰：'有父兄在，如之何其闻斯行之？'冉有问：'闻斯行诸？'子曰：'闻斯行之。'公西华曰：'由也问闻斯行诸，子曰：有父兄在；求也问闻斯行诸，子曰：闻斯行之。赤也惑，敢问。'子曰：'求也退，故进之；由也兼人，故退之。'"这里涉及的是广义的知与行的关系：了解、把握了某种义理，是否应该立即付诸实践？对这一看似简单的问题，孔子没有给予笼而统之的解答，而是针对提问对象的不同特点，作出不同的回应：对率性而行的子路，以"父兄在"加以约束；对性格较为谦退的冉有，则以"闻斯行诸"加以激励。从教育学的角度看，这里体现了因材施教的原则。就人之"在"而言，其中无疑又蕴含了对个体性规定的确认。

---

① 《论语·颜渊》。

② 《论语·阳货》。

③ 朱熹：《论语集注·阳货》卷九，载《朱子全书》第6册，第222页。

以天人之辩为出发点，孔子首先将人置于文明演进的历史过程，肯定了人不同于自然的人文化（文明化）、社会化品格，后者进一步展开为理性的、伦理的规定。与人文化（文明化）、理性化、伦理化相辅相成的，是人的个体性规定。以上诸方面的交融和统一，展示了儒家对"我"是谁与"何为人"的具体理解；而这种理解，同时又构成了儒家思考与回应"为何在""向何在""如何在"的逻辑前提。

二

人存在于世，意义何在？以另一方式来表述，也就是：人为何而在？儒家在阐释"何为人"的同时，也从不同的维度对"为何在"作了多方面的沉思。

"为何而在"首先以"我"为追问的主体，相应于确认人的个体之维，儒家将如何完成、实现自我提到了重要的地位。孔子区分了"为己"与"为人"，[①]并以"为己"立说。在"为己"之学中，为学与成己已内在地融合为一，而其目标则是成就真实、完美的自我。以成就自我为价值指向，便无须在意是否为他人所知；事实上，正是在不为他人所了解、未能获得外在的赞誉的情况下，依然坚持自我的完善和实现，才真正体现了"为己"的性质："人不知而不愠，不亦君子乎？"[②]"不患人之不己知，患不知人也"[③]"君子病无能焉，不病人之不己知也"[④]。人不知、不知己（"不己知"），也就是他人对自己的

① 《论语·宪问》。
②③ 《论语·学而》。
④ 《论语·卫灵公》。

德性、品格等等，缺乏真切的认识，换言之，自我虽达到了较高的精神之境，却不为人所知；而理想人格（君子）的特点，即在于始终坚持以自我的实现为追求的目标，而并不关切自己的这种人生追求以及人生之境是否为人所知。在相近的意义上，孔子主张“躬自厚而薄责于人”①。“自厚”即自我的完善、充实，“责人”在宽泛意义上指对人的苛求，其中也包含要求他人“知己”，“躬自厚而薄责于人”意味着将存在的全部重心放在前一方面。在“为己”与“为人”（为人所知）、“自厚”与“责人”的张力中，为实现自我（成己）而“在”的这一价值趋向得到了具体的彰显。

当然，上述意义上的“为己”而不“为人”，并不表明无视群体的价值。事实上，在对“何为人”的理解中，孔子已将人的社会规定提到重要地位，与之相联系，孔子在肯定成己的同时，也十分注重“安人”。在孔子与子路有关君子的对话中，便不难注意到这一点：“子路问君子。子曰：‘修己以敬。’曰：‘如斯而已乎？’曰：‘修己以安人。’曰：‘如斯而已乎？’曰：‘修己以安百姓。修己以安百姓，尧舜其犹病诸。’”②“修己”以成就自我为目标，“安人”“安百姓”则以个体之外的他人、群体为关切的对象。在修己与安人（安百姓）的关系中，一方面，修己构成了过程的出发点；另一方面，修己本身又以安人（安百姓）为指向：“修己以安人”“修己以安百姓”中的“以”，具有内在的目的性内涵。作为自我完成的前提，“修己”意味着将成就自我视为存在意义的具体体现（为自我的完成而“在”）。“修己以安人”则进一步把“为何而在”的问题与群体价值联系起来：存在意义的落实，不能离开社会群体。这样，为成就自我而“在”与为

① 《论语·卫灵公》。

② 《论语·宪问》。

成就群体而“在”便构成了相互关联的两个方面。

孔子的以上思路与他对人的规定显然具有内在的联系：当孔子肯定“吾非斯人之徒与而谁与”时，便已确认了“我”的存在与他人或群体的难以分离性，后者逻辑地展开为成己与成人的统一。所谓“君子成人之美”[1]，表达的也是相近的含义。在儒学尔后的演进中，两者的这种相融性一再地得到阐发。以《中庸》为例，在解释其核心概念之一“诚”时，《中庸》即指出：“诚者，非自成己而已也，所以成物也。成己，仁也；成物，知也，性之德也，合外内之道也。”[2]这里的“物”并不仅仅指对象性的存在，而是广义地包括人。作为“诚”的体现，成己所以成物，同时也表现为成己与成人的统一。儒家的另一经典《大学》更直接地将“修己以安人”展开为修、齐、治、平的具体条目：“身修而后家齐，家齐而后国治，国治而后天下平。”[3]成就自我意义上的修身，与成就社会群体意义上的齐、治、平，在这里同样得到了双重肯定。当然，真正达到成己而成人，并不是一件容易的事。孔子对此已有清醒的意识，所谓“尧舜其犹病诸”，[4]便表明了这一点。但是，对儒家而言，尽管实现为己（成就自我）而“在”与为人（成就他人）而“在”的统一并非易事，然而作为理想之境，这一目标却依然应当加以坚持。

修己与安人的相关性，以自我与他人、个体与群体的共在、交往为背景。从共在与交往的层面看，个体间的沟通，又涉及对“道”的认同。前文已论及，儒家所重视的朋友，即以志同道合为其内在规定。广而言之，人与人的相互交往，也以接受和认同“道”为前提；

---

① 《论语·颜渊》。

② 《中庸·第二十五章》。

③ 《大学·第一章》。

④ 《论语·雍也》。

缺乏对“道”的认同，则彼此之间便难以建立交往关系：“道不同，不相为谋。”[①]这里的“道”，可以理解为社会文化理想或政治、道德理想。“道”在社会交往过程中的作用，首先便在于以共同的理想，将人们凝聚在一起。在以“道”相谋的同时，人又可以通过自身的力量，化理想之“道”为现实的形态，正是在此意义上，孔子强调“人能弘道”[②]。关于“道”的如上看法，从不同方面肯定了“道”对人的存在过程的意义。

就个体而言，其“在”世过程同样首先应以“道”为指向：“君子谋道不谋食”“君子忧道不忧贫”。[③]谋道在此指对社会文化理想及政治道德理想的追求，忧道则是对这种理想是否实现或能否实现的关切；与之相对，谋食与忧贫更多地表现为对感性的物质需要及物质境遇的关切与计较。在孔子看来，一旦志于道，则不能将物质的境遇看得过重。如果过于注重衣食之资，则很难视为真正的求道之士：“士志于道，而耻恶衣恶食者，未足与议也。”[④]不难看到，在理想的关切与物质的计较中，孔子将前者置于优先的地位。对孔子而言，在人的“在”世过程中，理想的追求具有至上的性质。为了实现社会价值理想，即使献出生命，也并不足惜：“志士仁人，无求生以害仁，有杀身以成仁。”[⑤]“仁”在孔子那里，被理解为文化的核心价值。作为价值理想，它同时构成了“道”的实质内涵，在此意义上，“成仁”与“弘道”“谋道”，无疑处于同一序列；所谓“杀身以成仁”，意味着将社会价值理想的实现，视为存在的最高目标。从“为何而在”的层面看，由成己、成物（成人）到弘道、成仁，成就自我、成就群体、

①②③ 《论语·卫灵公》。
④ 《论语·里仁》。
⑤ 《论语·卫灵公》。

实现价值理想，构成了人“在”世的相关意义指向：成己、成人（成物）都以仁、道等价值理想的实现为目标，从而，为己（为实现自我而“在”）、为人（为安人、安百姓而“在”）与为道（为实现价值理想而“在”）展开为一个统一的过程。

三

由“为何而在”进一步追问，便涉及“向何而在”，后者与德国哲学家康德关于“我可以期望什么”的提问有相通之处。不过，在儒家那里，“向何而在”的沉思与“可以期望什么”的追问又有所不同。“我可以期望什么”往往与宗教意义上的关切相联系，就宗教的层面而言，这种“期望”总是指向彼岸世界或超越的存在。与之相异，儒家对彼岸的存在每每持疏而远之的态度。《论语·先进》有如下记载：“季路问事鬼神。子曰：‘未能事人，焉能事鬼？’曰：‘敢问死？’曰：‘未知生，焉知死？’”“鬼神”隐喻着彼岸的世界，“死”则是现实生命的终结，与此相对，“人”“生”则表征着此岸的现实存在。较之超越的关切，儒家所注重的，更多的是此岸世界的现实存在。在“未能事人，焉能事鬼”“未知生，焉知死”的反诘之后，显然可以看到对彼岸世界的疏离。这种疏离，也使“向何而在”的追问难以指向彼岸的存在。

从人的存在看，“向何而在”的追问在逻辑上以有限性的克服为其内在意向。现实的“我”总是有限的，正是这种有限性，使何为人生归宿或走向何方成为问题。然而，在儒家那里，有限性的克服或扬弃并不表现为对现实人生的疏离或超越时间、导向永恒。与通过超越时间以达到永恒的进路不同，儒家更多地关注于时间中的绵延，其立德、立功、立言的不朽观念便体现了这一点：通过在人格精神、经世立业、文化创造等方面所形成的历史影响，人可以超越当下的存在境域，绵延于时间的长河，获得不朽的存在意义。质言之，对儒家而言，不朽并不在于超越时间，而是内在并展开于时间过程。

对向何而在的以上理解，更具体地展现为一种历史意识。在孔子的以下表述中，便可以看到这一点："慎终追远，民德归厚矣。"[①]"慎终"涉及的是丧礼，它固然以前辈生命的终结为前提，但对丧礼的注重本身却表明生命的终结并不意味着存在意义的终结：慎终的真正意义是让前辈的精神生命在未来得到延续。"追远"首先表现为对先人的缅怀，它表明：先人的存在价值既没有也不会在时间的绵延中被遗忘。在这里，指向未来（慎终）与面向过去（追远）相互交融，它所体现的是一种前后相承的历史意识。《论语·公冶长》曾记载了孔子与弟子有关各自志向的对话："颜渊、季路侍。子曰：'盍各言尔志？'子路曰：'愿车马、衣轻裘，与朋友共，敝之而无憾。'颜渊曰：'愿无伐善，无施劳。'子路曰：'愿闻子之志。'子曰：'老者安之，朋友信之，少者怀之。'"这里值得注意的是孔子所言之志。"老者"指先辈，"老者安之"，意谓使先辈安心或放心；"朋友"泛指同辈之人，"朋友信之"，即获得同辈的信赖；"少者"即晚辈，"少者怀之"，则是为后人所缅怀。个体"在"世，往往构成了历史演进中承前启后的环节：他既上承前人及其文化成果，也下启后人并表现为新的文化创造的出发点；人的存在意义，便体现在历史的这种传承过程之中。

也正是在同样的意义上，孔子一再肯定历史变迁中包含连续性，并对此高度重视。"子张问：'十世可知也？'子曰：'殷因于夏礼，所损益，可知也；周因于殷礼，所损益，可知也；其或继周者，虽百

---

① 《论语·学而》。

世可知也。'"[1]"因"体现了历史过程的连续性。在孔子看来,历史进程并非神秘莫测,它可以为人所推知和把握,而历史过程的这种可推知性,又以历史本身的延续性或连续性("因")为前提。孔子本人也每每自述:"我非生而知之者,好古,敏以求之者也。"与之相联系的则是"述而不作,信而好古"[2]。"述"更多地侧重于承继,"好古"则基于对历史文化成果价值的肯定,两者从不同方面体现了对历史的关注和尊重。当然,孔子并非真的不"作"。所谓"述而不作",强调的是"作"(新的创造)以"述"(承继)为前提和根据;从存在之所向("向何而在")看,这里展示的是认同传统、融入历史的意向。

历史与传统首先源自过去。在关注历史、尊重传统的同时,儒家同时也以积极的态度面向未来。前文曾论及,孔子的志向之一,便是"少者怀之",其中已蕴含着对未来的注重。孔子对未来充满了乐观的确信,在展望后人的发展前景时曾指出:"后生可畏,焉知来者之不如今也?"[3]"来者"指文化的继承者,在孔子看来,"来者"与"今"之间存在着历史的联系,每一个体在今天所创造的文化成果,并不会在未来消逝,相反,它们将为后人所继承并进一步光大。这样,尽管在社会理想的层面,孔子常常表现出面向往古的趋向,但就文化的延续而言,孔子并没有否定未来的意义。在"来者"与"今"的前后相承中,个体本身的存在意义也在文化的历史演进中得到延续,从而,他既无需通过超越此"在"、走向彼岸以获得永恒的依归,也不必因生命的有限而"畏"死:生命的终结对个体而言不

---

① 《论语·为政》。
② 《论语·述而》。
③ 《论语·子罕》。

再意味着导向虚无。“子在川上曰：逝者如斯夫！”[①]这里看不到任何消沉或感伤，毋宁说，它更多地表达了积极乐观的人生取向：人在此世所创造的一切，将融入历史的长河，并进一步奔向无穷的未来。同样，个体的存在价值与意义，也不会因个体生命的终结而终结，它将随着历史长河的绵延而长存。

可以看到，以文化历史的承继、延续为形式，过去与未来汇合为一，“慎终追远”“述而不作”所确认的历史传统与“少者怀之”“后生可畏”所表达的未来文化关切相互融合，赋予存在的意义以历史的内涵。在这里，为己（成就自我）、为人（成就群体）、为道（成就理想）所体现的“为何而在”，进一步获得了历史的向度。在面向历史、融入历史的文化演进过程中，“为何而在”与“向何而在”也展示了其相关性。

四

存在意义的实现，离不开实际的“在”世过程，而对“何为人”与“为何在”及“向何在”的理解，则又从不同的方面规定了在现实世界中“如何在”：不同的价值取向，总是制约着存在方式的选择。[②]

前面提到，儒家首先将人理解为不同于自然对象的文明或文化存在；以“弘道”“谋道”为形式，存在的意义也同时指向文化价值理想的实现。如何维护人的文明规定或文化品格？在此，礼无疑呈现了其独特的意义。孔子首先突出仁的意义，但并未由此忽视礼。

① 《论语·述而》。

② 李泽厚强调“如何活”先于“为何活”，似乎未能对本体论视域与价值观视域的如上区分，给予充分的关注（参见李泽厚：《实用理性与乐感文化》，生活·读书·新知三联书店，2005年，第163—193页）。

“礼”既具体呈现为社会政治、伦理的体制，又展开为宽泛意义上的规范系统，后者一方面以仁道为实质的内涵，另一方面又有形式的规则，它从不同的层面将人引向文明之“在”。如果缺乏礼的约束，人的存在形态往往具有“野”的特点。所谓“质胜文则野”[①]，“野”主要表现为前文明的形态。在相近的意义上，孔子强调：“不学礼，无以立。”[②]质言之，离开礼的引导，便难以从前文明的形态走向文明的形态。

礼对人之“在”的意义，在成己（成就自我）过程中得到了更具体的体现。成就自我诚然以仁道精神的涵养为实质的内容，但这种涵养同时又展开为一个“复礼”的过程：“颜渊问仁。子曰：‘克己复礼为仁。一日克己复礼，天下归仁焉。为仁由己，而由人乎哉！’颜渊曰：‘请问其目。’子曰：‘非礼勿视，非礼勿听，非礼勿言，非礼勿动。’”[③]复礼即合乎礼或与礼的规定相一致，从视、听到言、行，人的一切活动都属于礼的约束之域。在这里，实质层面达到仁道之境与形式层面与礼相合，表现为相互联系的两个方面。对人格的完善而言，礼的规范具有不可或缺的意义。一旦疏离了礼，某些正面的品格便可能向负面转换：“恭而无礼则劳，慎而无礼则葸，勇而无礼则乱，直而无礼则绞。”[④]反之，“近于礼”，则可以使人“远耻辱”。[⑤]所谓“远耻辱”，即意味着为礼义文明所构成的社会评价系统所认可、肯定。可以看到，作为行为的准则，礼同时在不同的层面体现了对人的塑造作用。

---

① 《论语·雍也》。
② 《论语·季氏》。
③ 《论语·颜渊》。
④ 《论语·泰伯》。
⑤ 《论语·为政》。

对儒家而言，礼既在个体的层面影响着文明的走向及自我的完成，也在社会的层面规定着文明的秩序。荀子曾对礼的历史起源作了如下回溯："礼起于何也？曰：人生而有欲，欲而不得，则不能无求，求而无度量分界，则不能不争，争则乱，乱则穷，先王恶其乱也，故制礼义以分之。"[①]这里特别值得注意的是将礼与"度量分界"联系起来。所谓"度量分界"，也就是给社会成员的权利与责任规定一个界限，使之各安名分，各就其位，避免彼此的越界；从体制的层面看，礼的社会作用，首先就在于通过设立"度量分界"以保证社会的有序化。孔子之所以一再批评他所处时代的各种违礼现象，在相当程度上便是缘于这种现象可能导致社会的失序、文明的失范。他所坚持的"君君，臣臣，父父，子子"[②]的社会模式，则从正面体现了礼制规范之下的社会政治、伦理秩序。

这样，礼一方面将人的存在引向文明的形态，并从形式的方面，担保了个体的自我成就或自我完成；另一方面，又通过建构或维护文明的秩序而在类的层面担保了社会文化价值理想的实现。礼的如上作用，同时也规定了人存在的方式（"如何在"）。"君子博学于文，约之以礼，亦可以弗畔矣夫。"[③]这里的"约"，主要不是外在的要求或强制，而是个体通过自我约束而使行为合乎礼（"复礼"），其特点表现为依礼而"在"或"礼以行之"（《论语·卫灵公》）。在此，"复礼""行礼"便构成了"如何在"的具体形式。

礼作为当然之则，本质上展现为理性的规范；"礼以行之"，首先也表现为理性的选择。在此意义上，对礼的注重，与视人为理性

---

① 《荀子·礼论》。
② 《论语·颜渊》。
③ 《论语·雍也》。

的存在,无疑体现了前后一致的思维趋向。人是理性的存在,也应当以理性的方式存在,这是儒家的基本信念。从把握或认识世界的维度看,这一信念往往体现为"多闻阙疑"的存疑态度:"多闻阙疑,慎言其余,则寡尤。"[①]"阙疑"即对缺乏根据的间接之知,不轻率下判断或盲目接受,其中显然内含着某种理性的精神。在对待鬼神等超验存在的问题上,这种理性的精神则具体表现为敬而远之:"敬鬼神而远之,可谓知矣。"[②]前文曾提及,对彼岸世界的存在,儒家往往持疏离的态度,"敬鬼神而远之"体现了与此一致的立场。不难看到,以冷静、清醒的理性态度面对现实,与宗教的狂热或盲信保持距离,构成了儒家"在"世方式的特点之一。

当然,从某些方面看,儒家似乎并没有完全拒斥形上的存在,其天命观念便表现了这一点。不过,在儒家那里,形上的领域并不表现为一个与现实世界相对的超验世界。孔子已提出"下学而上达"[③]之论。下学,主要指向形下的生活世界;上达,则涉及形上的领域,下学与上达的统一,内在地包含着沟通生活世界与形上存在的意向。前文曾论及,儒家对"向何而在"的理解首先奠基于历史的意识,从而不同于对终极目的之思辨预设。下学与上达的联系,也有别于思辨的形上进路。后来《中庸》所谓"极高明而道中庸",可以看作是上述思路的进一步展开,其内在的旨趣同样在于打通日常存在与终极关切、形下的生活世界与形上的理想之境。由沟通两个世界,儒家一方面展示了其理性精神不同于超验思辨的特点,另一方面也确认了在日常之"在"中追求和达到理想之

---

① 《论语·为政》。
② 《论语·雍也》。
③ 《论语·宪问》。

"在"的存在方式。[①]

作为"在"世的方式，日常之"在"总是展开为自我与他人的共在。海德格尔曾将"共在"（being with）视为"此在"的存在形态，不过，他同时又强调这种共在使人湮没于常人之中，从而失去了本真的自我，由此，海德格尔把"共在"看作是"此在"的沉沦；萨特进一步强调"他人即是地狱"；两者都在实质上赋予共在以负面的意义。与海德格尔及萨特不同，儒家更多地从积极的层面理解与他人的共在。孔子曾以"兄弟"指称与自我共在的他人："四海之内，皆兄弟也。"[②]兄弟是最亲近的人伦之一，以兄弟隐喻他人，意味着与他人的共在并不表现为对自我的否定，相反，它首先具有肯定的意义。对儒家而言，共在同时又是履行政治、伦理义务的日常形式，所谓"出则事公卿，入则事父兄"[③]；正是在这种共在中，以实现政治、伦理价值理想为指向的谋道、弘道过程获得了本体论的背景。这样，共在不仅从"何为人"的层面体现了人的社会品格，而且也构成了存在意义（"为何在"）实现的方式。

作为人"在"世的现实形态，共在具体展开为人我之间的交往过程，后者在儒家看来应当具有开放的性质。孔子一再主张"周而不比""群而不党"："君子周而不比，小人比而不周"[④]，"君子矜而

---

① 儒家不执着于神、人对峙，在此意义上，其进路有别于两个世界之分，但儒家仍肯定超越现实的理想之境或价值界。在此意义上，它并未完全否定两个世界之分。儒家的特点在于：虽承诺两者之分，但同时又以日用即道的观念沟通两者。李泽厚在强调儒家的"一个人生"与"两个世界"之别的同时，对儒家承诺超越的价值界这一取向，似未能作适当定位（参见李泽厚：《实用理性与乐感文化》，第166页）。

② 《论语·颜渊》。

③ 《论语·子罕》。

④ 《论语·为政》。

不争,群而不党”[①]。“周”“群”指的是公共性、开放性,“比”“党”则表现为分帮结派,孔子以“周而不比”“群而不党”为君子的品格,强调的便是在交往过程中,应以公共的、开放的方式而“在”。在同样的意义上,孔子以“和”“同”区分君子与小人:“君子和而不同,小人同而不和。”[②]从共在与交往的角度看,“和”表现出包容性与兼容性,它意味着能够与不同的个体和谐相处,“同”则将交往对象仅仅限定于利益、意见与己相同者,从而表现出某种排他性。“和”“同”之分,展示了不同的“在”世方式。

在更深层的意义上,共在又涉及“信”。孔子十分注重“信”在交往过程中的意义,曾从不同的方面谈到了“信”。宽泛地看,“信”首先与“言”相联系:“言必信,行必果。”[③]这里的“言”,有承诺之意,“言必信”也就是所作承诺必须兑现。在交往过程中,“信”构成了基本的要求。就朋友间的关系而言,“与朋友交,言而有信。”[④]推而广之,“信”应当成为交往的普遍原则:“弟子入则孝,出则弟,谨而信,泛爱众,而亲仁”[⑤],“君子义以为质,礼以行之,孙以出之,信以成之”[⑥],“民无信不立”[⑦]。孝悌涉及的主要是亲子、兄弟间的伦理关系,“泛爱众”则以普遍意义上社会成员之间的相处为前提和背景,而“谨而信”则构成了贯乎两者的共同原则;“信以成之”作为君子共同的行为特征,也呈现为一般的原则;“民无信不立”,强调的同样是“信”的普遍性。从引申的意义上看,“信”的实质的内涵,是真诚性的要求:言而有信,信守承诺,意味着言说者在言说时,能真诚地表达自己的想法,而不是言不由衷、虚言相饰。“信”作为交

---

① 《论语·卫灵公》。

②③ 《论语·子路》。

④⑤ 《论语·学而》。

⑥⑦ 《论语·卫灵公》。

往的普遍原则,其意义也在于其中蕴含着真诚性的规定。从某种意义上说,儒家正是试图以真诚性来担保共在与交往的开放性,①并使之成为人“在”世的肯定形式(避免由共在走向沉沦)。

当然,与他人共在并不意味着遗忘个体;“如何在”的追问也离不开个体之“在”。以成己为价值理想之一,儒家对个体的自我认同也予以了多方面的关注。孔子曾提出个体的“有恒”问题。“有恒”相对于变迁、游移而言,它既指德性的稳定性,也涉及宽泛意义上人格的前后一致。“有恒者”体现了个体基本的人格特征,而对“有恒者”加以肯定的内在寓意则是:个体“在”世,应当保持自我人格的恒定性。

人格的这种恒定性,首先体现为在不同的境遇中,都坚持“弘道”的价值理想。孔子曾对其弟子颜渊赞赏有加:“贤哉,回也!一箪食,一瓢饮,在陋巷,人不堪其忧,回也不改其乐。贤哉,回也!”②这种人生的态度,也体现于孔子自己的“在”世过程:“饭疏食饮水,曲肱而枕之,乐亦在其中矣。不义而富且贵,于我如浮云。”③粗茶淡饭、简陋的住处泛指艰苦的生活境遇,“乐”则是与志于道相联系的积极、向上的精神趋向。这里既展示了理性的志趣对于感性欲求的超越,又体现了人格的恒定性,后者的具体特点便是虽处艰苦的生活条件,依然保持乐观向上的精神追求。在此,人格的恒定性或自我认同(self-identity),便具体化为以志于道为乐的“在”世方式。

以志于道的理性追求为内容,孔颜之乐更多地与普遍的价值理想或精神之境相联系。作为具体的存在形态,人的个体之维,同时

① 前文所论及的“无隐”,便体现了真诚性与开放性的统一。

② 《论语·雍也》。

③ 《论语·述而》。

又体现于对自身特定之“在”的肯定。在谈到如何应对不同的社会政治环境时，孔子指出：“危邦不入，乱邦不居。天下有道则见，无道则隐。”①危乱之邦的特点，在于社会政治处于无序、失范的形态，身处此境，个体不仅无法正常地履行自己的政治伦理义务，而且往往有生存之虞。在这种情况下，合理的选择便是“危邦不入，乱邦不居”。另一方面，只有当政治清明（有道）时，个体才有可能实现自己的政治、社会理想。如果政治昏暗（无道），则个体不仅难以施展自己的政治抱负，而且每每面临各种生存的威胁；这样，在“无道”的背景之下，便只能引身而退（隐而不现）。这种“在”世的方式既体现了“经”（坚持普遍原则）与“权”（因时变通）的统一，又蕴含着对个体生命存在的关注和肯定。如果说，孔颜之乐体现了个体之“在”的价值（理想）指向，那么，“危邦不入”“无道则隐”则以生命存在的维护为个体之“在”的本体论前提。两者的统一，展示了“如何在”的相关维度。

要而言之，儒学将人视为关切的重心。对儒学而言，“如何理解人”既是认识论所指向的问题，也具有深沉的价值内涵。以《论语》这一经典为载体，早期儒学对什么是人、人的存在意义、人以何种方式存在等问题作了多方面的考察，由此展现了儒学对人的具体理解。

---

① 《论语·泰伯》。

《孟子》论治

与《论语》相近，《孟子》也是儒学的重要经典，并在后来升格为十三经之一。作为孟子思想的主要载体，《孟子》一书对社会治理给予了较多的关注。以“群”其存在的方式，人的社会组织本身应当如何建构？其成员及相互关系应怎样定位？社会基本的结构的理想形态是什么？如何担保社会的合理的运作？这些都是理解社会治理无法回避的问题。围绕着这一类论题，《孟子》展开了早期儒家的政治哲学思想，其中也渗入了早期儒学多方面的价值取向。

一

孔子曾提出“君君、臣臣、父父、子子”[①]的原则。父子所指向的是家庭关系，君臣则涉及社会的政治构成。在孔子看来，以父子为核心的家庭关系和以君臣为主干的政治关系，构成了社会的基本结构；社会的有序运行，在于君臣、父子等不同身份的个体都各自认同

① 《论语·颜渊》。

自身的角色，并履行相应的职责。

作为社会政治结构的主导方面，君臣之间无疑蕴含着某种不对称性：如后来的三纲所强调的，君与臣之间存在着支配与被支配、决定与被决定的关系；这种不对称性的实际政治含义，即在社会领域中确认等级差异。与君臣之义相应，儒家往往赋予人与人之间的关系以等级性质，并将这种等级差异引入家庭关系，在不同程度上肯定父子、夫妇之间的单向从属性。儒家所推崇的礼制，也包含着对社会成员之间不对等性的规定；不同社会等级的社会成员，往往有不同的行为要求，其间界限分明，不得逾越。孔子曾对他那个时代各种违背礼制的僭越行为痛心疾首，并对此严厉地加以抨击；而被认为违礼的行为的特点之一，就在于无视等级差异的各种规定。

对君臣之义，以及礼制所规定的等级差异，孟子从更普遍的层面予以了肯定及论证。在孟子的时代，与儒家坚持等级之分相对，崇尚神农的许行主张“贤者与民并耕而食”。[①] 在与这一派的论争中，孟子着重强调了社会分工的意义，并由此指出：“有大人之事，有小人之事。且一人之身，而百工之所为备。如必自为而后用之，是率天下而路也。故曰：或劳心，或劳力，劳心者治人，劳力者治于人；治于人者食人，治人者食于人，天下之通义也。”[②]许行的理想，多少表现了对初民时代人与人之间原始平等关系的缅怀与向往，但其取消社会分工的主张，则显然偏离了社会演化的现实进程。相形之下，孟子对分工必要性的肯定，似乎展示了一种历史的视域。不过，这里所说的“大人”“小人”之分，同时具有社会等级的意义。孟子将经济学意义上的劳动分工与政治学意义上的社会等级完全等而同之，由劳动分工的必要性论证社会等级的合理性，并赋予大人、

---

①② 《孟子·滕文公上》。

小人的社会等级以普遍、永恒的意义（"天下之通义"），无疑又主要体现了对社会等级结构的维护。

然而，在确认君臣之义及大人、小人之别的同时，儒家又对"位"与"德"作了区分。孟子的看法在这方面也具有代表性。在谈到贤者与诸侯的关系时，孟子借子思之口说："以位，则子，君也；我，臣也，何敢与君友也？以德，则子事我者也，奚可以与我友？"[①]"位"相对于社会结构而言，表示个人在等级系统中所处的地位；"德"则涉及人的品格、修养，表示个人在道德领域中所达到的境界。在孟子看来，位与德并不简单地对应，位高未必德高，位卑也不一定德不如人；君主固然在社会地位上高于贤者，但贤者的道德力量却可以超过君主。在后一方面，君主具有从属性（仅仅是"事我者"）。位与德的这种不平衡，意味着政治等级的差异并不是决定社会运行的唯一因素，贤者在道德领域所具有的社会力量，可以对君主在政治等级结构中的主导性有所限制。

这种限制在道与势之辨中得到了具体的体现。关于道与势的关系，孟子作了如下的论述："古之贤王好善而忘势，古之贤士何独不然？乐其道而忘人之势。故王公不致敬尽礼，则不得亟见之。见且犹不得亟，而况得而臣之乎？"[②]"道"和"善"以社会理想（包括道德理想）和道德追求为内容，势则指社会的地位。这里包含二重含义：就君主而言，其贤明性往往表现在不以自身在社会政治结构中的地位（势）自重，而是将道德的追求放在优先的方面（所谓"好善而忘势"）；就贤士而言，其人格的力量则在于不迎合或屈从于外在的势位，以道的认同消解势位对人的压抑（"乐道而忘

---

① 《孟子·万章下》。
② 《孟子·尽心上》。

势”）。在君臣关系的如上形态中，似乎已多少流露出某种交往对等性的要求：贤士与王公之间君臣关系的建立，要以王公“致敬尽礼”为前提，如果王公不“致敬尽礼”，则士可拒绝为臣；君臣之义中君主的绝对主导性，在此无疑受到了一定的限制。上述的交往要求，在尔后受儒家哲学影响的政治实践中，往往体现为礼贤下士的传统。

德位之分、乐道忘势等观念，同时也蕴含着对个体内在人格力量的肯定。孔子强调个体的意志非外力所能决定，所谓“三军可夺帅也，匹夫不可夺志也”①，便表明了这一点。孟子进而将“大丈夫”视为仁人志士应有的人格形态，并对其作了如下界定：“得志与民由之，不得志独行其道。富贵不能淫，贫贱不能移，威武不能屈。此之谓大丈夫。”②富贵、贫贱、威武都属外在的存在境遇及外在的社会力量，而大丈夫的特点则在于完全不为这些外在的力量所左右。对外部境遇和社会力量的抗御与“独行其道”相结合，无疑使“大丈夫”获得了独立人格的意义。如果说，君臣之义及等级差异包含着某种个体从属、依附的观念，那么，对人格独立性的彰显，则多少意味着在道德境界的层面逸出人与人之间的依附关系。

肯定个体可以不受社会政治结构中特定地位的限制而挺立自身的人格，与孟子对人性的理解存在着逻辑的联系。在孟子看来，凡人皆有恻隐之心、羞恶之心、恭敬（辞让）之心以及是非之心，它们构成了道德意识的萌芽（端），仁义礼智即植根于此。孟子由此肯定人性皆本善：“人性之善也，犹水之就下也。人无有不善，水无

---

① 《论语·子罕》。

② 《孟子·滕文公下》。

有不下。"[1]对人性的这种预设在理论上是否圆融，当然是有待讨论的问题，但在孟子自身的系统中，这种人性理论构成了其理解与定位人的出发点。从逻辑上看，人性皆善，意味着在人性这一层面，人与人之间并无本质的差异。在如上意义上，孟子进一步提出了"圣""我"同类的论点："故凡同类者，举相似也，何独至于人而疑之？圣人与我同类者"[2]，"尧舜与人同耳"[3]。这里的着重之点在于从"同"的角度理解人与人之间（包括圣与人之间）的关系，其中无疑渗入了人性平等的观念。不妨说，正是这种"同"或平等的意识，构成了以德抗位（势）、人格挺立的前提。在儒学尔后的演进中，以上观念也同样得到了延续。就宋代新儒学而言，朱熹便肯定："圣人亦人耳，岂有异于人哉？"[4]对"圣"与"人"关系的这种理解，与孟子大致前后相承。

可以看到，孟子对人的定位包括二重维度：一方面，对君臣之义及礼制所规定的等级差异，孟子不仅予以肯定而且从社会分工等角度作了论证；另一方面，从性善论出发，孟子又通过区分位与德、道与势，表达了某种个性独立及人性平等的观念。在对"贵贵"与"尊贤"的双重确认中，以上二重含义得到了更为集中的表述："用下敬上，谓之贵贵；用上敬下，谓之尊贤。贵贵、尊贤，其义一也。"[5]"贵贵"是就政治结构和关系而言，它要求等级结构中的在下者承认在上者的特权地位；"尊贤"则涉及道德领域，它要求在上者对无位而有德者予以同等的尊重。对人的以上二重定位，也使孟子的政治哲学在现代具有了多重意义。

---

①② 《孟子·告子上》。

③ 《孟子·离娄下》。

④ 朱熹：《孟子章句集注·离娄下》，载《朱子全书》第6册，第366页。

⑤ 《孟子·万章下》。

孟子将等级差异视为天经地义，与近代民主政治理念无疑存在着理论的距离。众所周知，民主政治的基本原则之一，是合乎法定要求的每一社会成员都具有参与社会决策的权利，它的前提，则是承认每一社会成员在社会政治结构中具有平等的地位。在这一意义上，民主无法离开平等：它既内含着平等参与社会决策的要求，又以社会成员在政治身份上的平等为其必要的条件。由此反观孟子所代表的儒家思想，则不难看到，对君臣之义的维护，以及将劳心与劳力之分视为天下之通义，使之难以发展出近代的民主理念。

然而，难以自然地发展出民主理念，并不意味着儒学与近代民主完全格格不入。就孟子而言，如前所述，在确认等级差异的同时，孟子又从人性皆善的预设出发，肯定人与人之间，包括圣人与普通人之间存在对等的关系，并提出“乐道忘势”的观点。如果说，圣人与普通人同类，首先从人的存在（首先是道德存在）的层面确认了人与人之间“同”的一面，那么，乐道忘势则蕴含着弱化或淡化等级意识的趋向：“忘势”的直接字面意义即忘却或悬置社会地位上的等级差异。尽管这里对“同”的肯定及“势”的悬置主要侧重于道德上的平等，而不同于政治领域中的权利关系，但作为对人的存在方面的规定，两者并非毫不相关：在对人的本质的理解上，道德上的平等意识与政治上的平等观念存在着一定的相通性，而且前者包含着引向政治实践的某种可能。事实上，当孟子由“圣”“我”同类、乐道忘势而提出尊贤的要求时，已表现出这种思维趋向。尊贤不仅在于对无位而有德者表示敬意，而且包含着尊重贤者意见的要求，后者已涉及实践参与的问题。此外，儒家对自我尊严、个体人格的追求，也有助于抑制对外在“位”“势”的依附、从属心理，后者同时为独立地表达个体的观点、见解提供了前提。对人及人与人之间关系的上述理解，无疑又包含着接受、认同近代民主理念的可能。当代新儒家有所谓“内圣开外王”之说，外王之中即包括民主。内圣是否可以开出外王，固然颇可质疑，但将民主列入外王，却又表现出对民主理念本身的认同。当代新儒家上承传统儒学，它对民主理念的上述立场，也从一个方面表明儒学与近代民主政治之间，存在着某种相容性。

二

对“民”的关注，是儒家政治哲学中的另一重要之点。相对于以人性理论为出发点的形上进路，关于“民”的讨论更多地涉及现实的社会政治立场。在这方面，孟子所代表的儒学同样表现出多重品格。

“民”在儒学的论域中常常与“君”相联系，“民”的意义，也首先通过对君主治理天下或治国过程的制约而得到呈现。按孟子的理解，君主在治理国家的过程中，应注意考察民意。以官吏的任免而言，其进其退，都不能仅仅听取少数人的一面之词，而应尊重国人的意见：“国君进贤，如不得已，将使卑逾尊、疏逾戚，可不慎与？左右皆曰贤，未可也；诸大夫皆曰贤，未可也；国人皆曰贤，然后察之，见贤焉，然后用之。左右皆曰不可，勿听；诸大夫皆曰不可，勿听；国人皆曰不可，然后察之，见不可焉，然后去之。……如此，然后可以为民父母。”①国人即国中之“民”。这里无疑有兼听则明，偏听则暗之意，但其更重要的含义则在于要求君主倾听国人的声音、体察民众的愿望。

进而言之，君主自身的统治，也应当得到“民”的认可。孟子以

---

① 《孟子·梁惠王下》。

舜继尧位为例,对此作了阐释:“昔者尧荐舜于天而天受之,暴之于民而民受之。……使之主事而事治,百姓安之,是民受之也。”①禹继舜位也体现了同样的过程:“昔者舜荐禹于天,十有七年,舜崩。三年之丧毕,禹避舜之子于阳城。天下之民从之,若尧崩之后,不从尧之子而从舜也。”②民受之、民从之,即民众的接受和支持。这里尽管夹杂着“荐于天”之类的神秘表述,从而表明孟子并未放弃对超验之“天”的承诺,但从君与民的关系看,其中所涉及的更实质的问题,在于君主的统治如何获得合法性:唯有为“民”所接受和支持,君主的统治才具有合法的形式。换言之,民众的认可和接受,构成了判断、衡量君主统治合法性的尺度。对“民”与“君”关系的以上看法,显然已超出了“君”应重视、关心“民”这一类简单的规定。

以“民从之”“民受之”为君主统治合法性的根据,同时也使君主地位的至上性受到了某种限制。与之相联系,孟子对君主与天下作了区分,在回答其学生关于尧是否将天下授予舜时,孟子明确地表达了这一观点:“万章曰:‘尧以天下与舜,有诸?’孟子曰:‘否。天子不能以天下与人。’”③天子不能以天下与人,是以天下非天子的个人所有物为前提的。这种区分的内在含义,在于肯定天下非天子个人的天下,而是天下之人或天下之民的天下。事实上,正是在与学生(万章)的同一对话中,孟子将“民受之”“民从之”作为君主统治合法性的根据和标志。对君主与天下关系的这种理解,显然有别于“朕即国家”的独断表述。

也正是从同一原则出发,孟子将“君”与“一夫”区分开来。《孟子·梁惠王下》记载:“齐宣王问曰:‘汤放桀,武王伐纣,有诸?’孟子对曰:‘于传有之。’曰:‘臣弑其君可乎?’曰:‘贼仁者谓之贼,贼

①②③ 《孟子·万章上》。

义者谓之残，残贼之人谓之一夫。闻诛一夫纣矣，未闻弑君也。’”在孟子看来，真正的君主，总是以仁义的原则治理天下，从而为天下之民所接受；与之相对，“一夫”则悖离了仁义，从而与天下对立并为天下所唾弃，作为非仁非义而与天下对立者，他已很难被视为真正意义上的君主了。孟子的上述看法对后来儒家政治哲学的发展，产生了深远的影响。从儒学的演进看，辨析天下之公与个人之私，往往构成了其政治哲学的重要方面，从朱熹肯定“天下者，天下之天下也，非一人之私有故也”①，到明清之际的儒家反对将天下等同于一姓，都表现了这一点。宋明儒者的这种政治观念在公私之辨的形式下，蕴含着对君权的某种限定，而其思想之源，则可以追溯到孟子。

在天下与君主的区分中，君主似乎已不再凌驾于天下之上，相反，其本身的权威需要由天下之民加以确认：民受之，则为君；一旦因贼仁贼义而为民所拒，则为一夫。在上述关系中，君对于天下之人或“民”而言，相应地呈现某种依存性。在著名的“民贵君轻”说中，孟子对此作了进一步的阐述：“民为贵，社稷次之，君为轻。是故得乎丘民而为天子。”②“丘民”在宽泛意义上表示天下的普通民众，所谓“得乎丘民而为天子”，是指唯有得到天下之民的拥护，才能成为真正意义上的君主（天子）。在这里，为民所认可，构成了君临天下的前提；而作为达到君主之位所以可能的条件，民也相应地表现出贵于君的意义。从朱熹开始，人们往往较多地从“以民为本”的角度理解孟子的“民贵君轻”说，但“以民为本”仅仅说明民为社会或国家存在的基础；从以上的分析中可以看到，孟子上述论点具有

---

① 朱熹：《孟子章句集注·万章上》，载《朱子全书》第6册，第374页。
② 《孟子·尽心下》。

更深沉的含义，即从君主的合法性这一层面，界定君与民的关系。

以民为贵，同时也表明“民”有自身的价值。与这一认定相联系，孟子提出了“与民同乐”“保民”等要求，而其仁政、王道的主张，也涉及对民众利益的关切，其具体目标包括“使民养生丧死而无憾”：“养生丧死无憾，王道之始也。”[①]对“民”之价值的这种确认，在“民”之生命与天下的比较中得到了更深刻的体现：“行一不义、杀一不辜而得天下，皆不为也。”[②]这里的“不辜”，是指一般之“民”，杀一无辜，亦即否定一民之生命；得天下，则是获取君主或天子之位。按孟子的看法，获取君主之位不能以牺牲民之生命为代价：天下虽大，但并不足以易一民之生命。换言之，民之生命较君主之位更为可贵，因此不应当将其作为获取君位（得天下）的手段。这里所蕴含的内在观念是：在“民”之生命与君主之位两者之间，前者更具有目的之意义。不难看到，孟子关于民与君主关系的种种论述，在逻辑上一定程度地引向从目的之维来理解和定位“民”，正是后者，与一般意义上的以民为本相区别。

然而，如前所述，孟子最终的政治理想是实现王道或“王天下”，君与民关系的讨论、民在社会中的定位，同样并未离开对王道的追求。从实现王道或王天下的理想看，民便具有了另一重意义。孟子曾提出“与民同乐”的主张，在解释君主何以应与民同乐时，孟子作了如下论述：“乐民之乐者，民亦乐其乐；忧民之忧者，民亦忧其忧。乐以天下，忧以天下，然而不王者，未之有也。”[③]此处之“王”作动词用，指实现王道的理想或将王道推行于天下。一方面，这里依

---

① 《孟子·梁惠王上》。

② 《孟子·公孙丑上》。

③ 《孟子·梁惠王下》。

然把民视为应当加以注重、肯定的对象，要求君主和民忧乐与共，但另一方面，整个过程又指向了“王”（推行王道于天下）：乐民之乐与忧民之忧是为了使民亦能以君主的忧乐为忧乐，而其最终的目标，则是实现王道的理想。相对于王道的政治目标，民在此多少呈现从属的性质。

对民及其作用的以上理解，在关于诸侯治国条件的考察中，得到了进一步的体现。君主治理国家，应当具备何种条件？孟子提出了如下看法：“诸侯之宝三：土地，人民，政事。”①土地既属于自然的资源，又是政治意义上的版图，政事涉及权力及国家管理系统的运作，人民则是社会的主要群体。无土地，国即失去了依托；无政事，国将处于无序状态；两者在不同的层面构成了诸侯治国的手段。土地与政事的这种手段意义，同时也规定了“人民”的性质：当人民与土地、政事相互并列，共处于同一序列时，它无疑也被赋予某种治国手段的意义。

以上分析表明，在区分君主与天下、肯定民贵君轻、反对杀一无辜以得天下，并由此一定程度地从目的之维定位“民”的同时，孟子又从王道的政治理想出发，或多或少将民理解为实现某种政治理念的手段。民贵君轻与民为手段之间的这种纠缠，与前文论及的道德平等、德位相分的主张和与君臣之义的交错呈现某种理论上的对应关系，其意义也具有多方面性。

如前所述，在讨论孟子所代表的儒家思想时，人们往往习惯于从“民本”的角度理解孟子“民贵君轻”的论点，并进而将其与近代的民主观念区分开来。这种看法当然并非毫无根据。但在作上述区分时，人们常常忽视了两者之间的相关性。前文已提及，“民贵君轻”并非

① 《孟子·尽心下》。

孤立的命题,它与君主和天下之分、以民的认同和接受为君主统治合法性的依据、反对以牺牲民之生命而得天下等思想相互关联,形成了对“民”较为系统的理解,而这一系统的核心内涵,则是对“民”自身价值的肯定:所谓“贵”,其字源意义便包含着价值的确认。正是在这一价值确认的层面上,孟子对“民”的理解与近代民主政治的论域具有了某种相通性。如前文所述,民主政治基本原则之一,是承认社会成员具有平等地参与社会决策的权利,这种平等的参与并非仅仅涉及政治运作的程序(运作的程序往往较多地关联着社会成员的参与能力等),它的更深刻的根据在于与视天下为一姓相对的公共意识,以及对社会成员存在价值的确认,这种公共意识与价值确认既表现为对至上君权的解构,也在于从人是目的这一角度肯定社会成员的内在价值。无论是就历史,抑或逻辑的层面看,民主政治的建立,都离不开这一价值前提。孟子诚然不可能质疑君权,也难以达到近代民主政治意义上的价值确认,但他对君与天下的区分及民之为贵等问题的看法,无疑为认同或接受民主政治的价值前提提供了一定的可能。当然,就其将民视为实现王道理想或治国过程的手段而言,孟子的思想似乎又与近代民主政治存在着某种紧张。这种相容而又相拒的关系,从一个方面表现了儒家思想在当代的多重意义。

三

作为价值关注的体现,从民贵君轻等方面界定君与民、君与天下等关系,无疑更多地具有实质的意义。社会政治生活的有效组织和运行,当然还有形式的方面,后者包括制度的运作、规范的约束,等等。从主流的方面看,儒学较为注重形式层面的规范与实质层面的价值之间的沟通,在孟子的政治哲学中,便可较为具体地看到这一特点。

孟子很重视规范的作用，在谈到如何为学时，他已指出了遵循“规矩”的必要性：“大匠诲人，必以规矩；学者亦必以规矩。”[①]规矩是行为的一般准则。就技艺的传授和掌握而言，仅仅凭借个体化的经验，往往很难使人真正了解和把握某种技艺，唯有以一般的规程为纲，才能让人领会相关技艺的行为要领，并逐渐成为某种技艺领域的成员。同样，为学也并不是一个随意的过程，而是应当遵循某种规范。孟子特别指出“规矩”不应因人而异、随意改变：“大匠不为拙工改废绳墨，羿不为拙射变其彀率。”[②]规矩作为一般的行为准则，并不仅仅为某些个体而存在，因此不能因为某些个体不能适应这些规矩而轻易地变更它们。孟子的这些看法，无疑已注意到规范的普遍性、公共性。

规范当然不限于技艺和为学的领域，治国过程同样离不开规范。从“无规矩则无以成方圆”的前提出发，孟子强调了为政过程中遵循先王之道的重要性：“离娄之明，公输子之巧，不以规矩，不能成方圆；师旷之聪，不以六律，不能正五音；尧舜之道，不以仁政，不能平治天下。……为政不因先王之道，可谓智乎？”[③]规矩、六律作为准则，规定了应当如何做，同样，仁政作为先王之道的体现，也蕴含着治国的程序。这里值得注意的是孟子将“道”与规矩联系起来，从而赋予它以普遍规范的意义。以“道”与规范的沟通为前提，由“道”的具体化而形成的仁政，也不再仅仅表现为抽象的理想，而是包含了一套政治实践的操作系统和规程。

---

① 《孟子·告子上》。

② 《孟子·尽心上》。

③ 《孟子·离娄上》。

规范的更具体的形态，往往以“礼”为其存在方式。在儒家的论域中，礼既具有制度的意义（展开为礼制），也表现为行为的准则。相对于道，与体制相联系的礼，往往与日常行为与政治实践有着更切近的联系。孟子从不同的角度对此作了考察。就个人而言，其言行举止都应合乎礼义规范，所谓“非礼无行也”[①]。如果悖离礼义，则往往将导致自我否定：“言非礼义，谓之自暴也。”[②]自暴即损毁、戕贼自我。就治国过程而言，缺乏礼义规范，则将引向社会的无序化：“不信仁贤，则国空虚。无礼义，则上下乱。”[③]在这里，作为社会规范系统的礼，已被视为社会秩序的一种担保。

按一定的礼义规范治国的过程，需要专门的知识，并相应地总是涉及或包含着技术化的方面。孟子将这一过程与工匠治室、玉器加工者治玉加以类比，反对君主对主管具体治国事务者横加干预：“为巨室，则必使工师求大木，工师得大木，则王喜，以为能胜其任也。匠人斫而小之，则王怒，以为不胜其任矣。夫人幼而学之，壮而欲行之。王曰‘姑舍女所学而从我’，则何如？今有璞玉于此，虽万镒，必使玉人雕琢之，至于治国家，则曰‘姑舍女所学而从我’，则何以异于教玉人雕琢玉哉？”[④]从事特定领域的工作，需要有该领域特定的知识、经验。这里的值得注意之点是，孟子将治国也视为特定的技术性的领域。技术性的领域，都需要运用所谓工具理性，后者涉及的，首先是形式层面的合理性；作为需要专门知识的政治实践领域，治国过程也相应地涉及工具理性或技术理性的运用。尽管孟子并没有达到对工具理性与价值理性这一类规定的自觉区分，但其

---

① 《孟子·离娄下》。

② 《孟子·离娄上》。

③ 《孟子·尽心下》。

④ 《孟子·梁惠王下》。

以上的论述,无疑肯定了工具层面或技术层面的理性在治国过程中的意义。

然而,在孟子那里,规范的制约,并非仅仅表现为形式化的理性操作。以治国过程而言,其中所运用的规范,往往与道德人格相联系:“规矩,方员之至也;圣人,人伦之至也。欲为君,尽君道;欲为臣,尽臣道,两者皆法尧舜而已矣。”①“规矩”本来是工匠测定方圆的准则,引申为一般的行为规范,“圣人”是指完美的理想人格,“法”则有依循、仿效之意。孟子将圣人与规矩加以对应,似乎同时也肯定了在“为君”“为臣”这一类政治实践中,行为规范可以取得道德人格的形式;或者说,道德人格能够被赋予某种规范的意义:当圣人成为效法对象时,他同时也对如何“为君”、如何“为臣”的政治实践具有了范导、制约的功能。

把完美的人格引入治国的政治实践,意味着确认道德在政治实践中的作用。从儒学的演进看,在孟子以前,孔子和他的门人已对此予以了相当自觉的关注。广而言之,不仅制度的运作需要道德的制约,而且与技术性操作相联系的规矩或规范,也存在如何以道德进行约束和调节的问题。在谈到技艺或技术性活动及其主体时,孟子指出:“矢人岂不仁于函人哉?矢人唯恐不伤人,函人唯恐伤人。巫匠亦然。故术不可不慎也。”②制造弓箭者总是希望自己所制的弓箭能置人于死地,而盔甲的制造者则每每担心自己所制的盔甲不能使人免受弓箭的伤害,这并不是因为弓箭的制造者比盔甲的制造者更残忍,而是其从事的特定之“术”使然。在这里,孟子似乎已注意到,“术”作为工具性的存在,有其自身的运作模式和发展方向,

---

① 《孟子·离娄上》。
② 《孟子·公孙丑上》。

一旦完全陷于“术”之中，则往往会身不由己地受“术”所支配，就如同“矢人”的情形：最初他也许并非不仁不义之辈，但他所从事的“术”，却会将他引向“唯恐不伤人”的不仁归宿。“术”本来是为人所用的，但一旦缺乏道德的制约，则往往会导致对人本身的否定。正是在这一意义上，孟子强调“术不可不慎”。

从肯定“术”或技术性规范的局限及人格的作用等前提出发，孟子对自我的修养予以了相当的关注。就个体与天下、国、家的关系而言，孟子首先强调了个体的本位意义：“人有恒言，皆曰天下国家。天下之本在国，国之本在家，家之本在身。”[①]身或个体的这种本位性，决定了修身对于平天下的重要性：“君子之守，修其身而天下平。”[②]“平天下”属于广义的政治实践，“修身”则是个体的道德完善；以修身为平天下的前提，意味着政治实践无法离开道德的制约。

修身主要着眼于个体，但道德对于政治实践的意义，当然不限于个体的人格，同时也涉及道德规范。相对于个体的人格，道德的规范更具有普遍的涵盖性，而在儒家的规范系统中，“仁”又被视为核心的原则。对孟子来说，作为基本的规范或原则，“仁”不仅作用于日常的道德实践，而且决定着国家、天下的命运：“三代之得天下也以仁，其失天下也以不仁。国之所以废兴存亡者亦然。天子不仁，不保四海；诸侯不仁，不保社稷；卿大夫不仁，不保宗庙；士庶人不仁，不保四体。”[③]从平民到天子，循仁则昌，违仁则亡；对“仁”与天下得失、国家兴亡关系的这种强调，当然不免有过分渲染的倾向，

---

① 《孟子·离娄上》。

② 《孟子·尽心下》。

③ 《孟子·离娄上》。

但它无疑也注意到了道德在社会政治生活中的不可或缺性。

以道德在政治实践中的作用为参照的背景，孟子对善政与善教的不同特点作了考察："善政，不如善教之得民也。善政民畏之，善教民爱之；善政得民财，善教得民心。"[①]"政"侧重于法制，"教"则侧重于教化。法制的实施，对人具有震慑的作用，使人惧怕而行为谨慎；教化则通过对人的引导，使人心悦诚服，真诚地认同、接受社会、国家的约束；前者具有强制的性质，后者则是自愿的，所谓"畏之""爱之"便体现了两种境界的不同。在孟子以前，孔子已区分了"道之以政"与"道之以德"："道之以政，齐之以刑，民免而无耻；道之以德，齐之以礼，有耻且格。"[②]这里也涉及两种治国方式：其一，用法制约束民众，以刑律统一民众意志和行为；其二，以道德规范引导民众，以礼义统一其观念。孔子所倡导的是后一方式。在孔子看来，对民众不应加以外在强制，而应注重其内心的认同和接受，通过教化，可以使民众在行为与规范冲突时，内心产生羞耻感，从而真正有所触动。孟子的以上看法，显然与孔子的原始儒学一脉相承。

以善教制衡善政，主要侧重于社会之维，就个体而言，则有天爵与人爵之分："有天爵者，有人爵者。仁义忠信，乐善不倦，此天爵也；公卿大夫，此人爵也。古之人修其天爵，而人爵从之。今之人修其天爵，以要人爵；既得人爵，而弃其天爵，则惑之甚者也，终亦必亡而已。"[③]"天爵"以道德境界为内容，"人爵"则涉及现实政治法律制度中的社会身份、社会等级。在孟子看来，社会成员不仅是法制关系中的人，而且也是道德关系中的人；人爵所代表的社会等级或

① 《孟子·尽心上》。
② 《论语·为政》。
③ 《孟子·告子上》。

法制关系中的存在形态,应当以天爵所体现的道德存在方式加以引导和制约。这里孟子已注意到,仅仅以法制意义上的身份、等级为存在方式,无视或否弃社会存在中的道德面向,则将导致消极的社会后果。

总体来说,孟子认为,仅仅关注“善”,与仅仅关注“法”,都难以担保社会的有序运行:“徒善不足以为政,徒法不能以自行。”①“善”是道德的规定,“法”则泛指普遍的规范、制度;前者侧重于社会对个体的要求,所谓“责人”,后者则表现为个体对自我的要求,所谓“责己”。当然,对孟子而言,尽管两者都为治国过程所不可或缺,但“责己”或“善”似乎居于主导的方面:“行有不得者,皆反求诸己,其身正而天下归之。”②不难看到,在道德优先的前提下确认“善”与“法”的统一,构成了孟子政治哲学的特点,而从儒学的发展看,这一立场同时也构成了儒学的主流思想。

相对于孟子所代表的儒学思想,近代的民主政治似乎更多地侧重于工具层面的理性。尽管从早期的启蒙思潮,到当代的自由主义,都在不同意义上包含着自由、个性、人权等多样的价值追求,但从社会生活的组织、政治体制的运行等方面看,民主政治显然以形式的、程序的方面为其主要关注之点。较之传统的等级制,民主的政治体制具有科层制的特点,而科层制本身在相当程度上可以看作是工具理性或技术理性在政治领域中的具体化,它在某种意义上将制度或体制理解为政治或法律的机器;作为机器,其运行常常按照固定的程式,具有超越于人或非人格的性质。民主政治往往试图通过这种形式化、程序化或程式化的运行方式,来担保社会政治生活的公正和效率。

---

①② 《孟子·离娄上》。

以形式化、技术化、程序化的规定为主要指向，德性、人格等方面，往往在民主政治的体制中难以获得适当的定位。如有些学者所指出的，直到当代的罗尔斯、哈贝马斯等，仍将人格修养等问题置于公共领域之外[①]，很少从社会政治生活的合理组织等角度讨论这一类问题。就本体论或存在论的层面而言，上述思维趋向显然未能注意到人的存在的多方面性。如孟子已意识到的，人既是政治法制关系中的存在，也有其道德的面向，作为人的存在的相关方面，这些规定并非彼此悬隔，而是相互交错、融合，并展开于人的同一存在过程。本体论上的这种存在方式，决定了人的政治生活和道德生活不能截然分离。从制度本身的运作来看，它固然涉及非人格的形式化结构，但同时在其运作过程中也包含着人的参与；作为参与的主体，人自身的品格、德性等总是处处影响着参与的过程。在此意义上，体制组织的合理运作既有其形式化的、程序性的前提，也需要道德的担保和制衡[②]；离开了道德等因素的制约，社会生活的理性化只能在技术或工具层面得到实现，从而难以避免片面性。

从以上前提看，孟子关于社会生活如何组织，以及道德与政治的关系等看法，无疑为当代政治哲学的思考提供了值得注意的理论资源。尽管如前所述，他对道德主导性的反复论证，每每蕴含着过分突出道德作用的立场，在某些方面甚而表现出某种泛道德主义的倾向，然而，就总体而言，其整个论述显然不乏正面的建树。如果说，孟子对规范、礼制以及法等作用的肯定、对“徒善不足以为政”的确认，使之包含了与近代民主政治沟通的可能性，那么，他注重人

---

① 参见杜维明：《儒家与自由主义》，载《儒家与自由主义》，三联书店，2001 年，第 67—68 页、第 119 页。

② 参见拙作：《伦理与存在：道德哲学研究》第一章第四节，上海人民出版社，2002 年。

格在政治实践中的规范意义、强调“徒法不能以自行”、要求以善教制衡善政等等,则对近代民主政治过分强化形式化、程序化及技术理性的偏向,可以在思维进路上形成某种纠偏的作用。

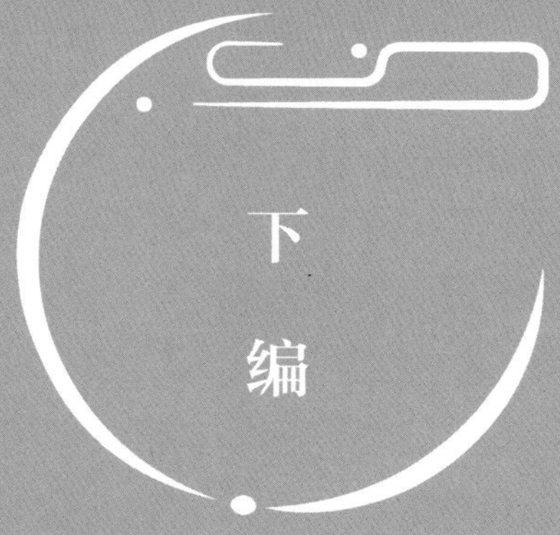

下编

儒家经典与儒学

作为历史中的思想形态,儒学有其形成与发展的过程。如前文所言,就其内涵而言,儒学的发生和演进都无法离开儒家的经典。从早先的五经,到后来的四书,相关的典籍都为儒学提供了理论的资源。无论是仁礼统一的核心观念,还是其他多样的内容,都可以在儒家的经典中找到其生成的根据。何为儒学?对这一问题的深入把握,同样无法离开儒家的经典。本文将结合儒家的文献,对儒学思想作一综合的考察。

一

理解儒学,需要回到儒学自身的历史语境。从其原初形态看,儒学的内涵首先体现于"仁"和"礼",后者同时构成了儒学的核心观念。[①]"仁"主要关乎普遍的价值原则,其基本内涵则在于肯定人

---

① 关于仁和礼的内涵及其与儒学的历史关系,可同时参阅收入本书的《儒学的原初形态与经学》一文,相关的内容这里从略。

自身的存在价值。比较而言,“礼”更多地表现为现实的社会规范和现实的社会体制。从社会规范这一层面看,“礼”可以视为引导社会生活及社会行为的基本准则;在社会体制方面,“礼”则具体化为各种社会的组织形式,包括政治制度。儒家的基本价值取向是:“仁者爱人,有礼者敬人。”[①]其中蕴含着对“仁”和“礼”的双重肯定。以上论域中的“礼”与“义”具有相通之处,“义者,宜也”[②],引申为“当然”,作为当然之则,“义”可以视为规范层面之“礼”的内化形式,“仁”与“义”的相关性在此意义上与“仁”和“礼”的统一呈现一致性。

就“礼”而言,与之相关的首先是“理”。“礼”与“理”的关联,很早就得到了肯定:“故礼者,谓有理也。理也者,明分以谕义之意也。”[③]这里的“理”既指条理、法则,也涉及依据这种条理法则来制约人的知和行,所谓“理也者,明分以谕义之意”便关乎后一方面。与之相应,“礼”与“理”的以上关联,侧重的是“礼”的理性秩序之义及理性引导之义。不过,在与理相关的同时,“礼”并非与“情”完全隔绝,郭店楚简所谓“礼因人之情而为之”[④],便表明了这一点,类似的观念也见于儒家的其他文献:“礼者,因人之情而为之节文,以为民坊者也。”[⑤]这里的“因人之情”,便关乎“礼”与情感沟通和情感凝聚之间的联系。基于情感的这种人与人之间的沟通,在以下看法中得到了更具体的肯定:“礼尚往来,往而不来,非礼也;来而不往,

① 《孟子·离娄下》。
② 《中庸》。
③ 《管子·心术上》。
④ 《郭店楚简·语丛一》。
⑤ 《礼记·坊记》。

亦非礼也。”[1]在此，“礼”展示了制约人与人之间相互交往、相互沟通这一面。

作为儒学的内在核心，“仁”和“礼”同时构成了儒学之为儒学的根本之点，儒学与其他学派的内在区别，也与之相关。这里可以首先对儒学与墨家作一比较。墨家提出“兼爱”，这一观念在肯定人道价值方面，与儒家的“仁”具有相通之处：尽管“仁”基于亲亲之情，“兼爱”则并未赋予亲亲以优先性，后来的儒家学者（尤其是理学家）一再由此辨析“仁”与“兼爱”的差异，但在关切人这一点上，两者确实有一致之处。然而，另一方面，墨家对“礼”在总体上则持批评态度，其“非乐”“节葬”的主张以及对“亲疏尊卑”“昏（婚）礼威仪”[2]的抨击，从不同维度体现了这一点。这种取向，具有重于“仁”而轻于“礼”的特点。后来的佛家在某种意义上也与墨家有相近之处，他们主张慈悲为怀、普度众生，在这方面与“仁”和“兼爱”并不相悖，但同时对“礼”所规定的伦理责任（包括家庭伦理）和社会义务（包括政治义务），则疏而远之。从儒学的角度看，其中同样蕴含有见于“仁”而无见于“礼”的趋向。

相对于墨家之疏离“礼”，法家更倾向于化“礼”为“法”。“礼”与“法”在注重规范性这一点上，有相通之处。但“礼”建立于情理之上，具有引导性的特点；“法”则以法理为基础，表现为非人格、冷冰冰的律令，并具有强制性的特点。法家总体上已由“礼”而走向“法”。与此相应的是对“仁”道的拒斥：谈到法家之时，历史上常常以“刻薄寡恩”来形容，“刻薄寡恩”与“仁”彼此相对。在以上方面，法家与注重“仁”和“礼”统一的儒家形成了明显的差异。

---

① 《礼记·曲礼上》。
② 《墨子·非儒下》。

道家从另一层面表现出来对“仁”和“礼”的疏离。老子曾指出:“绝仁弃义,民复孝慈。”①尽管对“绝仁弃义”有各种不同的解说,但其对“仁”和礼义不予认同的立场,无疑显而易见。这一价值立场与道家注重自然原则、对人文或文明化的规范持批评和怀疑的态度,总体上前后一致。在这一方面,道家与儒家注重“仁”和“礼”的统一,同样形成了某种对照。

作为儒学的核心,“仁”和“礼”的统一既体现于儒家自身的整个思想系统,又展现于人的存在的各个领域。以下从相关的方面对此作一考察。

二

首先需要关注的是精神世界这一层面。从总体上看,精神世界体现的是人的精神的追求、精神的安顿以及精神的提升。在精神世界中,“仁”和“礼”的统一具体展现于三个维度,即宗教性的维度、伦理的维度,以及具有综合意义的精神境界。

在宗教性的层面,终极关切是无法回避的问题。按其本义,终极关切意味着不限定于人的当下存在或此在形态,而是以“极高明”为精神取向。孟子曾指出:“尽其心者,知其性也。知其性,则知天矣。”②这里的“天”可以视为超验意义上的存在,从人之心、性指向天,相应地包含着某种终极关切的意味。需要注意的是,在儒家那里,以上视域中的终极关切,同时建立在“仁”之上。“仁”作为儒家的核心价值,肯定的是人之为人的内在价值;与之相联系,基于

① 《老子·十九章》。
② 《孟子·尽心上》。

“仁”的终极关切，同时指向对人自身存在的关怀。这一意义上的终极关切，其特点在于不离开这个世界：它既非否定人自身或离开此在，也不同于以彼岸世界为指向的所谓“超越”，而更多地侧重于人自身的成长、提升、完成。这里应当对时下比较流行的所谓“内在超越”论作再思考。在这一论域中，“超越”(transcendent)沿袭了西方宗教中的相关观念，意味着走向绝对的、无条件的、无限的存在，而在“超越”之前冠以“内在”则试图表明，儒学所具有的这种所谓“超越性”，同时呈现“内在性”(immanent)。事实上，在儒学那里，终极关切并没有走向以上视域中的“超越”。这里的关键之点，首先在于儒学的终极关切始终与“仁”这一观念联系在一起。正是以“仁”为核心，使儒家的终极关切一开始便以人自身的存在为关切之点，从而避免了离开人的此在而面向彼岸的“超越”。

在儒家那里，终极关切同时涉及“礼”。前面提及，“礼”与“理”相关并内在地蕴含理性的精神。与理性精神的这种联系，使儒家的终极关切既有别于宗教的迷狂，也不同于非理性的蒙昧追求。从早期开始，儒家便对超验的存在保持了某种距离，孔子“不语怪、力、乱、神”[①]，主张“敬鬼神而远之”[②]，已体现了清醒的理性立场。即使在“天者，百神之君也，王者之所最尊也”[③]这一类似乎具有超验性质的表述背后，也不难看到如下理性的取向：借助超验之天的权威，以制衡世上之“君”。[④] 在此，“礼”作为儒学的核心观念之一，从另一方面制约着儒家的终极关切。不难注意到，在仁、礼、现实之人、超验之天(神)四者的关系中，“仁”主要体现为爱人，“礼”则更

---

① 《论语・述而》。

② 《论语・雍也》。

③ 《春秋繁露・郊义》。

④ 参见拙作：《善的历程》第五章，上海人民出版社，1994 年。

多地表现为敬神;前者关乎价值关切,后者则渗入了理性意识。

精神世界不仅关乎具有宗教性的终极关切,而且包含更为现实的道德面向。以“仁”为内核,精神世界中的伦理面向首先表现为德性的完善,即所谓“仁德”或以“仁”为内涵的德性,包括仁爱的取向、基于恻隐之心的普遍同情、天下的情怀等等。这种德性的重要特点之一是包含善的精神定向或善的精神定势,始终以自我的成就和天下的安定(内圣外王)为价值目标。这也可以视为“仁”在伦理意义上的精神世界的体现。

如前所述,与“仁”相联系的“礼”既展现为现实社会规范,也可以内化为理性的原则。在精神世界这个维度上,“礼”则既表现为普遍的伦理规范,也体现为内在的理性观念,两者从不同方面规定着人的品格和德性的培养。儒家要求自我确立理性的主导地位,抑制和克服感性的冲动,避免仅仅跟着欲望走,等等,这都体现了基于“礼”的理性精神。荀子曾指出:“凡治气养心之术,莫径由礼。”[①]所谓“治气养心”,主要以德性的培养为内容,而在荀子看来,内在德性培养的最好途径,即是依循于“礼”。这里的“礼”,主要便是表现为内化的理性原则。

可以看到,在精神世界的伦理之维,“仁”和“礼”的统一具体表现为德性完善和理性自觉之间的统一。《大学》提出“正心诚意”,这里也蕴含了“仁”和“礼”这两个方面对伦理世界的影响。“正心”更多地侧重于以理性的原则来规范、约束人的伦理观念,“诚意”则首先表现为基于“仁”的要求,完善内在道德意识,使之真正成为“实有诸己”的真诚德性。在这一意义上,“正心诚意”无疑从一个方面体现了伦理之维的精神世界所内含的“仁”和“礼”的统一。

---

① 《荀子·修身》。

儒家精神世界更一般的形式,体现于精神境界。精神境界同时包含宗教性、伦理关切等多重方面,从而具有综合性的特点。精神境界在儒家那里有不同的表现形态,包括天下安平、走向大同等等,其实质的内容则包括两个方面,其一是理想的意识,其二是使命的意识。所谓精神境界,从实质的内涵看,即表现为理想意识和使命意识的统一。在儒学那里,这一意义上的精神境界始终没有离开"仁"和"礼"的交融。天下安平、万物一体、走向大同等取向,首先体现了人应当追求的理想,同时又规定了人的使命,即化以上理想为现实。作为理想,以上取向体现的是"仁"的价值原则:天下安平、万物一体、走向大同,都可以视为仁道观念的具体化。从使命的层面看,以上取向则与"礼"所渗入的内在责任和义务相联系:"礼"作为普遍的"当然之则"(规范),包含"应当如何"的要求,关乎责任和义务,精神境界中内含的使命意识,则表现为这种责任和义务观念的引申。仁与礼的统一在以上境界中获得了内在的体现。

三

在体现于精神世界的同时,儒学的具体内涵又展开于社会领域。从传统的观念看,这里所谓社会领域包括"家国天下"这样广义的存在空间;从哲学层面来说,它涉及的则是政治、伦理以及日常的生活世界等方面。

从政治之维看,基于"仁"的政治关切首先在总体上表现为对仁政、王道、德治等政治理念的追求。孔子提出仁道的观念,强调"为政以德",主张对民众"道之以德"①。到了孟子那里,仁道观念

① 《论语·为政》。

进一步引向仁政的学说。仁政学说和儒家所追求的王道、德治等观念紧密地联系在一起，其中包含对人的多方面关切，这种关切同时体现了“仁”的内在精神。

比较而言，在政治领域，“礼”首先表现为确定度量界限，建立包含尊卑等级的社会秩序。前文已论及，荀子在考察“礼”的起源时，曾对此作了具体考察，并肯定，“礼”的核心的方面便体现于通过确立度量界限，建立起一定的社会秩序。

以上是“仁”和“礼”的统一在儒家政治中的总体体现。在具体的政治实践展开过程中，政治的运作同时涉及实质的方面和形式的方面。从“仁”的观念出发，儒家往往比较注重政治实践主体的内在人格和德性在政治生活中的作用。从政治哲学的角度来说，对政治主体及其内在品格德行的注重属于政治实践中实质的方面。从孔子、孟子到荀子，儒家在思考国家治理、政治运作之时，往往把政治实践的主体放在主导性的地位。对他们而言，国家是否得到治理，社会是否陷于纷乱，等等，总是与政治实践主体，即君臣自身的品格、能力联系在一起。儒家比较注重所谓贤能政治，孟子、《礼记》、荀子，都一再强调政治主体应当具备贤与能的品格。对贤能的这种注重，源于儒家“仁”的观念，儒学对政治实践中实质性方面的关注，也与之相关。

在形式的层面，儒家对政治领域的考察更多地与“礼”的观念联系在一起。从肯定“礼”出发，对政治实践运行过程的思考往往会引向对政治规范、政治体制等等的注重，与之相应的是由“礼”而接纳“法”。前面提到，法家的政治走向，是化“礼”为“法”，相形之下，儒家则始终不放弃“礼”的主导性，其特点在于通过“礼”而在政治实践中接纳“法”，或者说，由“礼”而入“法”。在儒家关于政治实践运行过程的具体考察中，不难看到由注重“礼”而进一步关注

“法”的理论取向,荀子的以下论点便体现了这一点:“礼者,法之大分”,“法者,治之端也”,“非礼,是无法也”,“治之经,礼与刑”[①],如此等等。由“礼”而接纳法或由“礼”而入“法”,最后引向礼法交融,构成了儒家在政治哲学上的重要趋向。这一特点也体现于政治实践的层面:在儒学独尊的汉代,政治的实际运作便表现为所谓“霸王道杂之”[②],它所体现的,实质上即是以“礼”为主导的礼法统一。从治国的层面看,以“礼”为主导的礼法统一所侧重的,主要是政治实践的形式之维。

就政治哲学的角度而言,“礼”以度量分界建构社会秩序,同时又关乎社会正义。如前所述,度量分界的实际意义在于把人区分为不同等级和地位,同时为每一等级和地位中的人规定各自的权利和义务;后者在否定的方面要求个体不可彼此越界,从肯定的方面看则意味着每一个体都可以得其应得:在界限允许的范围之内,个体可以得到与其身份、地位一致的社会资源。这一意义上的得其应得,从一个方面体现了正义的要求:自亚里士多德以来,得其应得都被理解为正义的基本规定之一。就此而言,通过“礼”而建构起理性的秩序,同时也为从形式的层面走向正义提供了某种可能。

可以看到,基于“仁”的贤能政治与以“礼”为主导的礼法统一,构成了儒家政治哲学的两个相关方面,被视为“仁”“礼”交融这一儒家核心观念在政治领域的具体体现。按其内涵,“仁”所指向的是人与人之间的沟通,包括建立在情感之上的人际关联,由此达到社会成员彼此和谐相处;“礼”则侧重于区分界限,亦即为不同个体规定不同的等级和地位,使之各有相应的义务和权利,彼此相分,互

① 《荀子·劝学》《荀子·君道》《荀子·修身》《荀子·成相》。
② 《汉书·元帝纪》。

不越界，由此建立社会秩序。概要而言，基于“礼”而分界限、建秩序，与基于“仁”而合同异、趋和谐，构成了儒学总的政治取向。儒家所说的“礼之用，和为贵”①，也从一个方面体现了这一点：礼本言其“分”，“仁”则以“和”为指向，“礼”所规定的人际之“分”，需要通过“仁”而引向社会的和谐，由此，“仁”和“礼”也从不同侧面展示了它们在政治生活中的作用。

与政治的运作相关的社会领域，是伦理关系和伦理实践。事实上，政治和伦理在儒家那里往往难以截然相分。伦理既关乎精神世界，也体现于社会领域，精神世界中的伦理之维，更多地表现在观念层面。在社会领域，伦理则通过人的具体存在、人与人之间的关系以及人的实际行为而展现。

从现实的社会领域考察人的伦理之维，通常面临两个方面的问题，其一，“成就什么？如何成就？”其二，“做什么？如何做？”。“成就什么？如何成就？”主要是以人格的完善、品格的培养为目标，涉及的是道德实践的主体，换言之，它关心的是道德实践主体本身如何生成或成就什么样的道德主体。“做什么？如何做？”则更多地表现为对行为的关切：相对于道德实践主体，它更为关注道德行为本身。在儒家那里，与“仁”“礼”统一这一核心的观念相联系，以上两个问题以及与之相关的不同关切也彼此关联。首先，从“仁”的观念出发，儒家把成就德性、完善人格提到重要地位。众所周知，儒家有“成己”和“成人”之说，其内涵在于把“成就什么”作为主要关切之点。与“仁”相关的是“礼”，在社会领域，“礼”的伦理之维更多地表现为现实的社会伦理规范。一般而言，伦理规范重在指导人们的行为选择和行为展开，与之相应，

① 《论语·学而》。

"礼"的关切之点更多地指向人的具体行为过程,包括人在不同的情景中应该选择什么样的行为、在实践过程中应当如何依"礼"而行,等等。这些问题首先与前面提到的"做什么?如何做?"联系在一起。

历史地看,以上两个问题往往分别与不同的伦理趋向相涉。"成就什么?如何成就?"每每被视为所谓德性伦理的问题。德性伦理所侧重的首先是道德主体的完善,其内在的理论旨趣在于通过人的成就,以达到道德主体的完美,并进一步以道德主体的完美来担保道德行为的完善。"做什么?如何做?"则更多地与行为的关切联系在一起,这种关切在伦理学上属规范伦理的问题。规范伦理首先指向人的行为,如何在行为层面合乎道德规范,是其关心的主要问题。在伦理学上,儒家常常被看作是德性伦理的代表。确实,如前所述,与注重"仁"相联系,儒家将德性(仁德)放在重要地位。然而,儒家同时处处以"礼"为关注之点。"礼"作为普遍规范,以行为的制约为指向。从现实层面看,与"仁"和"礼"的交融相关联,儒家既关注"成就什么、如何成就"这一类德性伦理的问题,也关切"做什么、如何做"等规范伦理意义上的问题。不难注意到,在社会领域的伦理维度上,"仁"和"礼"的关联具体表现为德性伦理和规范伦理的统一。尽管在儒学的演进中,不同的人物常常表现出相异的侧重,如朱熹较多地表现出对规范或规范的形上形态(天理)的关切,比较而言,在王阳明这样的哲学家中,内在德性(良知)则成为其优先的关注之点。但从总体上看,以"仁"和"礼"的关联为前提的德性和规范的统一,构成了儒家在伦理学上的主导取向。

在儒学的演化过程中,政治和伦理彼此相关,总体上表现为"仁"和"礼"的统一。前文已一再提及,孔子注重君臣、父子关系,其中已蕴含了以上趋向。具体而言,“君君、臣臣”更多地涉及政治领域的问题,“父父、子子”则与道德人伦相关联,两者的共同特点在于都在实质的层面指向“仁”和“礼”的沟通。一方面,在个体人格之维,“君君、臣臣”要求“君”和“臣”都要合乎各自的准则:即“君”应有“君”的品格,“臣”要像“臣”的样子。另一方面,从具体实践过程看,“君”和“臣”都应各自履行其承担的政治义务:君应履行“君”之职,“臣”也同样应如此。这里体现了政治领域中实质层面(政治品格)与形式层面(政治规范)的不同要求。与之相关的“父父、子子”主要是侧重于伦理之维。这里同样涉及“仁”和“礼”:一方面,“父父、子子”关乎亲子之情,体现了“仁”的精神,另一方面,其中也包含亲子之间的道德责任,与“礼”的要求相联系。无论从政治之域看,抑或从伦理之维考察,“君君、臣臣、父父、子子”都体现了“仁”和“礼”的相关性。

社会领域的另一个重要方面,是日常生活或生活世界。现代政治学往往区分国家与个体(私人),并以两者之间的社会区域为所谓“公共空间”或“公共领域”。儒学没有对此作这样严格的区分,但宽泛而言,这里将要讨论的日常生活或生活世界近于上述视域中的社会空间,关乎日常处世、日常行事的方方面面。日常生活展开于人的日常存在,生活与生存也具有相关性,在此意义上,日常生活无疑具有本体论意义。不过,在儒学中,日常生活更具体地表现为日用常行:在家庭之中,有事亲、事兄等日常的行为;在家庭之外,则关涉乡邻交往。后一维度中形成了传统社会重要的社会活动空间,如何做到长幼有序、尊老爱幼等等,是其间需要应对的日常问题。在朋友之间的交往中,朋友有信、朋友之间有情有义等等,构成了基本的要求。在师生关系中,则涉及尊师重道、洒扫应对等日常行为。以上的日用常行既包含基于“仁”的情感沟通,也涉及礼仪的形式和礼仪的规范。

日常生活的展开，以多样的人伦关系为背景，人在生活世界中的共在和交往，既关乎规矩，也涉及情感，后者总是渗入了“仁”的精神。孔子认为，能普遍地做到“恭、宽、信、敏、惠”，即意味着达到了“仁”。[①] “恭、宽、信、敏、惠”便涉及情感的沟通，它构成了儒家视域中人与人之间日常交往的基本要求。与之相辅相成的是“礼”：“讲信修睦，尚辞让，去争夺，舍礼何以治之？”[②]对儒家而言，礼本来即以“辞让”为题中之义，所谓“辞让之心，礼之端也”[③]，便表明了这一点。在政治领域，“礼”主要表现为通过确立度量分界，以担保社会秩序，在日常生活中，“礼”则一方面为日常交往提供礼仪形式和礼仪规范，另一方面又通过辞让等要求，避免人与人之间的日常纷争，以保证交往的有序性。礼在政治领域和日常生活中的以上二重规定体现了礼本身的相关方面，荀子和孟子则在一定意义上分别侧重于其中一个方面。从人的日常活动看，以辞让为内在要求的“礼”为人与人之间的和谐交往提供了前提：“尊让絜敬也者，君子之所以相接也。君子尊让则不争，絜敬则不慢，不慢不争，则远于辨矣。不斗不辨，则无暴乱之祸矣。”[④]可以看到，“仁”与“礼”从不同意义上构成了日常生活有序展开所以可能的条件。以人与人的交往而言，“尊老爱幼”更多地体现“仁”的要求，“长幼有序”则首先体现了“礼”的内在规定，两者在显现交往过程多重内涵的同时，也表明了日常生活的展开过程与“仁”和“礼”的相关性。

---

① 《论语·阳货》。

② 《礼记·礼运》。

③ 《孟子·公孙丑上》。

④ 《礼记·乡饮酒义》。

四

就人的存在而言，精神世界主要涉及人和自我的关系，社会领域指向的则是人与人之间的关系：政治、伦理、日常生活等社会领域都以人与人之间的互动为内容。从更广的视域看，人的存在同时关乎天人之间。在儒家那里，对天人关系的理解，同样体现了“仁”和“礼”统一的观念。大致而言，天人关系既有形而上的维度，也有伦理的方面。

在形而上的层面，儒家对天人关系的理解首先表现在强调人为天地之心：“人者，天地之心也。”[①]人为天地之心的实际所指即“仁”为天地之心。关于这一点，从朱熹的以下论述中便不难看到：“盖仁之为道，乃天地生物之心，即物而在。”[②]与张载所说的“为天地立心”相近，人(仁)为天地之心的具体内涵，也就是人为自然确立价值目标和价值的方向。康德在晚年曾将上帝视为“世界之中的人的内在精神。”[③]这里的“内在精神”也关乎价值意义。康德在将世界之中的人的价值意义与上帝联系起来的同时，也似乎表现出以上帝为价值意义的终极根据的趋向。相对于此，儒家以人(仁)为天地之心，显然体现了不同的价值取向。在这里，“仁”作为儒学的核心，同时制约着儒家对天人关系的理解，并由此赋予自然(天)以价值意义。

“仁”与天人之辨相联系的，是从“礼”出发规定天和人的关系。

---

① 《礼记·礼运》。

② 朱熹：《仁说》，载《朱子全书》第二十三册，第3280页。

③ Kant, *Opus Postumum*, Cambridge University Press, 1993, p.240.

在儒家看来,天地有分别,自然也有序,天地之序与社会之序之间,存在着连续性:“大礼与天地同节”,“礼者,天地之序也”,“在天成象,在地成形。如此,则礼者天地之别也”。[①] 从形上之维看,这里所强调的是天道与人道的相关性。按儒家的理解,天地之序既构成了“礼”所表征的社会秩序之形上根据,又展现为基于“礼”的社会之序的投射,天地之序与社会之序通过“礼”而相互沟通。张载对以上关系作了更具体的论述:“生有先后,所以为天序;小大、高下相并而相形焉,是谓天秩。天之生物也有序,物之既形也有秩。知序然后经正,知秩然后礼行。”[②]“天序”与“天秩”体现的是自然之序;“经”与“礼”,则关乎社会之序。在张载看来,经之正、礼之行源于“天序”和“天秩”,天道(自然之序)构成了人道(社会之序)的根据。

“仁”和“礼”与天人之辨的以上关联,主要展现了形上的内涵。广而言之,天人之辨既涉及人与自然(天地)的关系,又与人自身的存在形态相关,两者都包含伦理之维。在形上的视域中,天人关系以“合”(关联)为特点,相对于此,两者在伦理的层面则同时呈现“分”(区别),后者首先表现为人的本然(天)形态与人化(人)形态之分。从肯定人的内在价值出发,儒学始终注重把握人之为人的根本之点,并由此将人与自然之域的存在区别开来,儒家的人禽之辨,便以此为关注之点。对儒家而言,人不同于禽兽的根本之点,就在于人受到“礼”的制约:“是故圣人作,为礼以教人。使人以有礼,知自别于禽兽。”[③]禽兽作为动物,属广义的自然对象(天),人则不同

---

① 《礼记·乐记》。

② 张载:《张载集》,中华书局,1978 年,第 19 页。

③ 《礼记·曲礼上》。

于自然(天)意义上的存在,而人与自然存在(禽兽)之分,首先便基于“礼”。在此,“礼”作为现实的社会规范,同时也为人形成不同于自然(天)的社会(人化)品格提供了担保。

在儒家那里,人禽之辨同时关联着文野之别。这里的“野”大致属自然(天)或前文明的存在状态,“文”则指文明化或具有人文意义的存在形态。儒家要求人的存在由“野”而“文”。从内在的方面看,由“野”而“文”意味着获得仁德等品格,并形成人文的价值取向;从外在行为过程看,由“野”而“文”则要求行为合乎“礼”的规范、趋向文明的交往方式。前文曾提及,“礼”的具体作用包括“节文”,这里的“节”主要与行为的调节和节制相联系,“文”则关乎形式层面的文饰。以“礼”为规范,人的言行举止、交往方式逐渐地趋向于文明化的形态。这一意义上的文野之别既是天人之辨的延续,也渗入了“仁”与“礼”的互动。

当然,伦理意义上的天人关系既有上述天人相分的一面,也包含天人关联的维度。在儒学之中,这种相关性首先体现在将“仁”的观念引申和运用于广义的自然(天)。儒学从孟子开始,便主张“仁民而爱物”[①]。这里包含两个方面。首先是“仁民”,即以仁道的原则对待所有人类共同体中的成员。“爱物”则要求将仁道观念进一步引用于外部自然或外部对象,由此展现对自然的爱护、珍惜。这一意义上的“爱物”,意味着在(生态)伦理意义上肯定天人的相合。《礼记》提出了“树木以时伐”[②]的观念,孟子也主张“斧斤以时入山林”[③],即砍伐树木要合乎“天”(自然)的内在法则,而非仅仅

① 《孟子·尽心上》。
② 《礼记·祭义》。
③ 《孟子·梁惠王上》。

基于人的目的。这里既蕴含着保护自然的观念，也基于“仁”道原则而肯定了天与人之间的统一。

除了“仁民爱物”，天人关系还包含另一方面，即“赞天地之化育”等观念。对儒家而言，人不仅应“成己”，而且有责任“成物”，后者意味着参与现实世界的生成，所谓“赞天地之化育”，便以这一意义上的“成物”为指向。以上观念包含两方面的前提：其一，人具有参与现实世界的生成之能力，其二，人生活于其间的世界并不是本然的洪荒之世，而是与人自身的活动息息相关，处处包含着人的参与。“赞天地之化育”不仅体现了人对世界的责任意识，而且渗入了人对世界的关切意识：在参与世界形成的过程中，人承担对于世界的责任与人关切这个世界表现为彼此相关的两个方面。对世界的这种关切和承担对世界的责任既体现了“仁”的意识，也涉及“礼”的观念。如前所述，“礼”作为普遍的规范，以“当然”（应当如此）为形式，其中蕴含着内在的责任意识和义务意识。“仁”则一开始便表现出对人与世界的普遍关切，由仁民而爱物，即从一个方面体现了这一点。对天人关系的如上理解，从另一个方面体现了“仁”和“礼”统一的观念。

可以看到，儒学以“仁”和“礼”为其思想的内核，“仁”和“礼”的统一作为儒家的核心观念同时渗入儒家思想的各个方面，并体现于精神世界、社会领域、天人之际等人的存在之维。在哲学的层面，“仁”和“礼”的关联交错着伦理、宗教、政治、形而上等不同的关切和进路，儒学本身则由此展开为一个综合性的文化观念系统：儒学之为儒学，即体现于这一综合性的系统之中。有“仁”和“礼”的内核而无多方面展开的儒学是抽象的，有多重方面而无内核的儒学，则缺乏内在灵魂或主导观念，两者都各有所偏；儒学的具体性、真实性，即体现于它的综合性或内核的多方面展开之上。时下所谓心性儒学、政治儒学、制度儒学、生活儒学等等，似乎都仅仅抓住了儒学的某一方面或儒学在某一领域的体现：如果说，心性儒学主要涉及儒学有关精神世界的看法，那么，政治儒学、制度儒学、生活儒学等则分别以儒学在政治、伦理领域以及生活世界的展开形态为关注之点。儒学在某一方面的体现和儒学的本身或儒学的本来形态，应当加以区分。以儒学的某一个方面作为儒学的全部内容，往往很难避免儒学的片面化。诚然，从历史上看，儒学在其衍化过程中，不同的学派和人物每每有各自的侧重，但不能因为儒学在历史中曾出现不同侧重或趋向而把某种侧重当作儒学的全部内容或本然形态，儒学在具体演化过程中的侧重与本来意义上的儒学不应简单加以等同。要而言之，对儒学的理解，需要回到儒学自身的真实形态，后者与“仁”和“礼”的核心观念及其多重展开无法分离。

“六经责我开生面”
——王夫之释中国哲学经典

王夫之可以看作是中国哲学史的一个总结者。在论及传统经典及其意义时，王夫之曾有“六经责我开生面”之说①，他对中国哲学的反省，也确实基于对以往哲学经典的诠释。以阐释经典为形式，王夫之形成了不少独特的哲学观念。从生活的年代来说，王夫之比顾炎武、黄宗羲年轻一些，其著述的时间也比他们稍晚一点，这就使他能更从容地对整个明代思想以及此前的中国哲学思想作一回顾。这种哲学的反省与总结体现在不同方面，涉及本体论、伦理学、认识论等问题。

一

从理论的层面说，哲学总是不断追问形而上的问题；什么是存在、何为世界本源等，都属于这一类问题。在这一方面，王夫之提出

---

① 王夫之曾自撰对联“六经责我开生面，七尺从天乞活埋”。（王夫之自题于湘西草堂）

了不少具有学术个性的观点。在他看来,对何物存在、如何存在这样的问题作考察,必须联系人自身的存在。如果完全撇开人的存在而追问世界的本源,便往往容易趋向于思辨哲学。中国哲学中的一些学派以理、气、心等解释天地万物,常常离开人自身的存在,对世界作思辨的构造。理学中的程朱一系,就表现出这一趋向。然而,除了这一进路,对世界的理解还有另外一种途径,那就是联系人自身之“在”和人自身活动,以把握对象世界的意义。王夫之的形而上学体现了后一特点。

按照王夫之看法,外部存在并不是一种超越于人的对象,对世界的认知,也无法完全离开人自身的存在。他曾引《周易》中的重要论点:“圣人作而万物睹”①。这里的“圣人”可以理解为一般的人,“万物”则指多样的对象,所谓“圣人作而万物睹”,也就是肯定唯有在人出现之后,万物才被理解和认识。这同时表明,对象世界的意义因人而显。由此出发,在社会领域,王夫之认为:“是故以我为子而乃有父,以我为臣而乃有君,以我为己而乃有人,以我为人而乃有物,则亦以我为人而乃有天地。”②在人伦关系中,父子关系是最亲密的;君臣关系在政治领域中具有基本的性质;自我(己)之外的他人,则是社会领域的一般存在;“物”与“天地”泛指万物或广义的外部对象。以上表述并不是说,社会政治领域中的对象在物理层面依赖于“我”,或者说万物之有无以人为依据,而是肯定社会领域以及万物的意义,总是对人敞开:只有当人面对万物或向对象发问时,万物或对象才呈现其意义。与前面所说的“圣人作而万物睹”意思一样,这里所强调的是,没有人,对象的意义就无从呈现。

---

① 《易·乾·文言》。

② 王夫之:《周易外传》卷3,载《船山全书》第1册,岳麓书社,2011年,第905页。

在谈到“天下”时，王夫之对此作了进一步的阐释：“‘天下’，谓事物之与我相感，而我应之受之，以成乎吉凶得失者也。”①宽泛而言，天下涵盖万物，但它并非超然于人，而是人生活于其间的世界。在天下与人之间，存在着相感而相应的关系，离开了与人之间的这种感应关系，天下就不复存在。这里的感应（相互作用）过程既可以展示正面的意义（“吉”），也可表现出负面的意义（“凶”）。正是通过与人的相感相应，天下由“天之天”成为“人之天”。② 在这种存在形态中，人本身无法从存在关系中略去。如上理解无疑已注意到，对人而言，具有现实品格的存在，是取得人化形态（以“人之天”的形态呈现）的存在。“天之天”是自然而然的对象，它还没有与人发生任何关系。“人之天”则是经过人的作用，打上了人的印记的存在。从“天之天”到“人之天”的转化需要经过一个过程，这一转化过程乃是通过人和对象的相互作用完成的。

时间是存在的重要规定。如何理解存在的时间性？在西方哲学的传统中，时间往往与本体论、宇宙论相关，被理解为存在的自在规定。从形而上的视域看，对象存在于时间之中，外部对象和时间之间的关系应该怎样看待？众所周知，在西方哲学的传统中，时间也是很重要的观念，很多哲学家都好谈时间，从奥古斯丁到海德格尔、柏格森等等，都曾谈及时间问题。尽管奥古斯丁等也注意到时间的自我之维，但在主流的西方哲学家那里，时间首先与本体的、宇宙论等问题相联系，关联着对象的变动性和稳定性。中国哲学在这方面与西方有所不同，其侧重点在于将时间与人的活动过程联系在一起。这一看法所关注的不是对象本身的规定，而是时间在人的活

---

① 王夫之：《周易内传》卷6，载《船山全书》第1册，第589页。

② 王夫之：《诗广传》卷4，载《船山全书》第3册，第463页。

动中的展开过程。中国人讲“时中”“时机”,所谓“时中”,便关乎人的活动的最有利的时间条件,也就是其展开过程恰到好处;“时机”则表现为人作用的最佳机会。对王夫之来说,时间同样相对人而言才有意义,离开人的存在,时间便显得空洞抽象。王夫之将时与势、理联系起来,便表达了这一观念:“时异而势异,势异而理亦异。”[①]这里所说的时间,即与人的活动无法相分。

以开端(“始”)来说,王夫之认为:“天地之生,以人为始。”[②]这里的“以人为始”主要不是就本体论而言,而是指天地的意义因人而显。天地的存在固然先于人,然而,在人出现之前,并没有开始与否的问题:天地之始只是相对人的活动而言,离开人的活动谈不上开端。天不生仲尼,万古如长夜。“两间之有,熟知其所自昉乎?无已,则将自人而言之。”[③]这里同样是联系人的存在以把握时间以及内在于时间中的对象。在王夫之以前,荀子曾强调:“天地始者,今日是也。”[④]王夫之承继了这一看法,也认为:“往古来今,则今日也。”[⑤]“今”代表现在。对中国哲学家(包括王夫之)而言,在时间的三态(过去、现在、未来)中,现在具有优先性:过去凝结于现在,未来则蕴含于现在。人的创造是以过去的凝结作为出发点同时又走向未来的过程,而对过去的总结以及向未来敞开,都是以现在作为立足点。为什么“今”如此重要?因为整个创造活动是从现在开始的,“今”构成了创造的现实出发点。按照王夫之的理解,这种创造活动表现了时间的真正意义。

---

① 王夫之:《宋论》卷15,载《船山全书》第11册,第335页。

② 王夫之:《周易外传》卷2,载《船山全书》第1册,第882页。

③ 王夫之:《周易外传》卷7,载《船山全书》第1册,第1076页。

④ 《荀子·不苟》。

⑤ 王夫之:《周易外传》卷5,载《船山全书》第1册,第1005页。

与上述看法相联系，王夫之强调，形上与形下并不是二重存在：“形而上者，非无形之谓。既有形矣，有形而后有形而上。无形之上，亘古今，通万变，穷天穷地，穷人穷物，皆所未有者也。”[①]“形而上者谓之道，形而下者谓之器，统之乎一形，非以相致，而何容相舍乎？”[②]在形而上和形而下的关系中，“形而上”可以理解为超验的存在，形而下则是经验对象的领域，后者与人在经验层面的所思所行相关。对王夫之而言，“形而上”不是离开实在的“形而下”世界而另为一物，这两个方面并非截然对峙。相反，有实在的世界，才有形上与形下之分。总体上，经验世界和形而上世界并不是相互割裂的，形上与形下、道与器等等，无非是同一实在的不同表现形式，两者都内在于这一个实在的世界。

从以上观点出发，王夫之对中国传统哲学中道家以及正统程朱所代表理学家的观点提出了批评。在他看来，道家往往离开形而下的经验世界去寻找形而上的世界，理学的特点则在于离开经验世界去探求所谓清静空阔的理世界，两者都离开“气”所代表的经验世界去追问形而上的理世界。按照王夫之的观点，这都属于离开现实过程的思辨进路；如果把目光指向实在世界，就不应该对形而上、形而下以及理和气作以上分隔。

与之相关的另外一个问题涉及有无及其意义。“有无”是中国哲学中的重要概念，“有”指向存在，“无”则意味着不存在。道家与其他的思辨学派倾向于认为“有”是从“无”中发展过来的，而“有”来自“无”则表明实在的世界是从虚无世界中发展出来的，这也就是所谓“无”中生“有”。与之相关，“有”化为“无”意味着实在世界

① 王夫之：《周易外传》卷5，载《船山全书》第1册，第1028页。

② 同上书，第1029页。

可以转化为虚无的世界，而对世界作如此理解，则易于导向把虚无绝对化：似乎存在的终极原因在于虚无，现实世界来自虚无，最后又复归于虚无。道家以虚静为第一原理，便蕴含着以上观念。怎样解决以上问题？这一追问的实质即如何超越形而上的思辨视域。王夫之的思路是以幽明、隐显的概念取代有无之辨。在王夫之看来，"有无"问题的背后实际上是幽和明或隐与显："幽"与"隐"表明未显现、看不见，"明"与"显"则是明明白白、显现于外。按王夫之的理解，形而上问题的真正内涵并不是存在与不存在，而是隐和显、幽和明的关系："阴阳之盈虚往来，有变易而无生灭，有幽明而无有无。"①依此，对象并不是不存在，而只是常常隐而未显、幽而不明。这样，思辨哲学家所谓的"无"便不是绝对的虚无，而只是隐或幽的独特存在状态。由此，王夫之也在形而上学的层面扬弃了绝对的虚无。

以有无立论，容易把整个世界看成绝对的虚无，甚而认为现实世界源于无。反之，用幽明、隐显来取代有无，则所谓"无"便可归入"幽"或"隐"之域，而有别于完全的虚无或不存在；如此，它与"有"的差异，便仅仅呈现为存在方式上的改变。对王夫之来说，佛、老的根本问题，在于将不可见（隐或幽）等同于无，而未能从认识论的角度，把无形之"幽""隐"视为尚未进入可见之域的存在（有）形态。在中国哲学史上用隐显、幽明来取代有无，无疑是一种重要的观念转换。以上理解可以视为对绝对虚无的否定，它表明，对象只是涉及存在方式上的差异，并不存在绝对的虚无。

与之相联系，王夫之从正面阐发了"诚"的观念，强调："夫诚者实有者也，前有所始、后有所终也。实有者，天下之公有也，有目所

① 王夫之：《周易内传》卷5下，载《船山全书》第1册，第567页。

共见,有耳所共闻也。"[1]"诚"这一概念并不是王夫之第一个提出来的,众所周知,孟子、《中庸》已对"诚"作了考察。其中,《中庸》中所说的"诚"大致有两方面的含义,其一是真诚的德性,其内涵趋向于道德以及价值观;其二,本体意义上的真实存在。这一意义上的"诚"与后来的佛教理论相对:佛教认为整个世界虚妄不实,其看待世界的核心概念是妄或虚妄不实。与之不同,"诚"可以视为对虚妄不实的否定。王夫之在此侧重于本体论的维度:他固然肯定伦理学上的真诚德性,但这里讨论的"诚"主要与虚妄相对,表示真实存在。

对王夫之而言,"诚"即实际存在:"诚者天下之所共见共闻者也。"[2]前面提及的前有所始,后有所终,表明这种真实的存在始终处于过程中。"天下之所共见共闻",则进一步肯定这是为一切人所共睹的真实存在:大家都看到和听到的对象,在王夫之看来就具有存在的真实性。这当然多少是以朴素经验的方式,肯定了世界的实在性。不过,王夫之将"诚"与实沟通起来,着重从正面肯定了世界的真实性,其中体现了形而上的视域。前面以幽明、隐显来取代有无,主要指出了把整个世界看成绝对虚无是不恰当的,而用"实有"来界定"诚"这个概念并肯定"诚者,实有者也",则进一步从正面确认了世界的真实性,也即诚:一切人有目共睹、可以看到听到的对象,便是真实存在的对象。

按王夫之的看法,世界作为真实的存在,并非杂乱无章,而是具有内在的秩序。在界说张载的"太和"概念时,王夫之对此作了具体论述:"太和,和之至也。道者,天地人物之通理,即所谓太极也。

---

① 王夫之:《尚书引义》卷3,载《船山全书》第2册,第306页。

② 王夫之:《尚书引义》卷5,载《船山全书》第2册,第379页。

阴阳异撰,而其细缊于太虚之中,合同而不相悖害,浑沦无间,和之至矣。”①张载曾以“太和”来表示事物之间的秩序。在中国哲学中,“和”与“同”相对,指有差异的统一,差异意味着不同,“和”则肯定了不同方面之间具有内在关联,太和所指也就是最高的统一。与张载相近,王夫之也认为,“太和”即最完美的存在秩序(“和之至”),这种秩序同时又以阴阳等对立面之间的“细缊”“合同”为前提。这一论点注意到了存在的秩序并不仅仅表现为静态的方式,而是在更内在的意义上展开为一个动态的过程。

与太和之说的以上阐释和发挥相联系,王夫之对“以一得万”和“万法归一”作了区分,并将和同之辨进一步引申为“以一得万”对“万法归一”的否定。“万法归一”是佛教的命题,它趋向于用统一性来消解多样性:在佛教的学说中,万法即多样对象,归一则意味着多样性的消解。同时,从哲学的层面来说,这里不仅导向对多样性的否定,而且趋于销用以归体。按王夫之的看法,万法一旦被消解,则作为体的“一”本身也无从落实。与万法归一说相对,“以一得万”在体现多样性统一的同时,又以“敦本亲用”为内容。对“万法归一”或“强万以为一”的拒斥与确认体和用的统一,表现为相辅相成的两个方面。如果说,万法归一较为典型地表现了追求抽象同一的形而上学理论,那么,与太和之说及“敦本亲用”相联系的“以一得万”或“一本万殊”,则通过肯定一与多、体与用的互融和一致,在扬弃形而上学之抽象形态的同时,又展示了较为具体的本体论视域。

王夫之关于世界的形而上看法包含多重方面,具有丰富内容,以上只是简略地作一讨论。从中,已不难看到他对以往的思想的吸

---

① 王夫之:《张子正蒙注》卷1,载《船山全书》第12册,第15页。

取、融合，对佛教、道教的扬弃。无论是对儒家思想的承继，抑或对道家道教或佛教概念的克服，都具有批判、总结的意义。

二

前一节主要以外部世界为考察对象，与之相关的是人自身的存在形态，后者关乎广义的伦理领域。在伦理学上，首先需要关注道德主体。伦理学是实践性的学科，实践行为总是需要具体的承担者或主体。实施各种道德行为的人到底应该具有什么品格？这是伦理学或道德哲学不能不思考的问题。针对佛教的所谓“无我”之说，王夫之指出：“或曰：圣人无我。吾不知其奚以云无也。我者，德之主，性情之所持也。”[①]此处之“德”含有具体规定之意，而并不仅仅限于内在的德性，这一意义上的“我”或“己”，与视听言动的主体相通：“所谓己者，则视、听、言、动是已。”[②]作为现实的个体，人是有血有肉的存在，包含感性的规定，这一意义上的“我”，离不开视、听、言、动等感性的活动以及主体的行动；略去了这些具体的方面，“我”也就抽象化、不复存在了。王夫之肯定了身或生命存在的意义，并由此确认身与“道”“圣”的一致性。在谈到身与道、圣的关系时，王夫之便指出了两者的关联：“即身而道在也。”[③]对人之身与道同在的强调不仅进一步承诺了“我”的存在，而且突出了作为道德主体的“我”所具有的超越感性的规定：道涉及普遍性的原则、法则，从而与理性的品格相关。所谓“德之主”，便以“我”的多方面

---

① 王夫之：《诗广传》卷4，载《船山全书》第3册，第448页。

② 王夫之：《尚书引义》卷1，载《船山全书》第2册，第267页。

③ 王夫之：《尚书引义》卷4，载《船山全书》第2册，第352页。

的统一为其内涵。这样,一方面,身(生命存在)对于自我具有某种本源性,另一方面,“我”作为“德之主”又表现为对多重规定的统摄。

对王夫之而言,道德自我同时以内在的意识为题中之义。与内在意识相关的自我,一方面经历了形成与发展的过程,另一方面又涉及在时间中展开的绵延的统一。按照王夫之的理解,自我同时以内在的意识作为其存在规定,与内在意识相关的自我乃是经过了一个发展过程。作为活生生的具体存在,“我”不是空洞的,而是有思想、有观念、有意向的;谈到“我”,内在意识是不可少的一方面。这种自我一方面并非一开始已成或既定,而是经过发展过程,逐渐生成;另一方面,其存在过程又是在实践中逐渐展开的,实践的展开与存在过程本身密切相关,而肯定人在实践中的成长,也体现这种相关性。

在谈到意识的流变时,王夫之指出:“今与昨相续,彼与此相函。克念之则有,罔念之则亡。”①“夫念,诚不可执也。而惟克念者,斯不执也。有已往者焉,流之源也,而谓之曰过去,不知其未尝去也。有将来者焉,流之归也,而谓之曰未来,不知其必来也。其当前者而谓之现在者,为之名曰刹那(自注:谓如断一丝之顷);不知通已往将来之在念中者,皆其现在,而非仅刹那也。”②个体的意识活动展开为时间之流,在实践中经历了流变的过程。这里包含着过去、现在、未来这样一种前后的绵延变迁,从而,人不能仅仅停留在过去、现在或未来的某个阶段中。意识确实是流变的,但是万变不离其宗,变来变去还是以“我”的存在为主导方面。王夫之确认并强调

① 王夫之:《尚书引义》卷5,《船山全书》第2册,第391页。

② 同上书,第389—390页。

了这一点,这就从另一个侧面肯定了作为道德主体的"我"的实在性:不同时间向度的意识,统一于现实的"我";正是以"我"的现实存在为前提,过去、现在、未来的意识具有了内在的连续性,而意识的连续性同时也从一个方面展示了"我"的连续性。

王夫之同时又肯定,不能把人加以物化。张载曾批评泯灭内在意识、追求外在对象、把人同化为物的现象:"徇物丧心,人化物而灭天理者乎!"[①]王夫之肯定了张载的论点,在他看来,一旦如此,则道德意义上天理也就不复存在。与张载一致,王夫之着重反对把人降低为一种外在之物或外在工具。从正面来说,王夫之注重成就人格,并肯定人可以通过自身努力来成就"圣贤"。"圣贤"是中国文化中一再得到推崇的理想人格形态,成圣也就意味着达到这样一种理想的人格境界。人皆可以成尧舜,这是中国哲学已有的看法,孟子、荀子都肯定了这一点。王夫之则进一步强调,成就圣贤是一个与人的活动无法相分的过程:"人皆可以作圣,亦在于为之而已矣。"[②]较之"人皆可以为尧舜"[③]"涂之人皆可为禹"[④],不仅"作圣"之"圣"不同于"尧、舜、禹"这些具体的人物而具有更广的意义,而且"作"更多地突出了人的作用:人为什么可以成圣?"亦在于为之而已矣","为之"即人的实际作用过程,人是否成圣,归根到底取决于其自身的作用。

孔子在《论语·里仁》中曾提出"仁者安仁,知者利仁"之说。"安仁"即安于仁,体现了基于德性的安顿;"利仁"是让人获得现实利益,有助于人的实际发展。王夫之从成就德性的角度,对此作了

---

① 张载:《正蒙·神化》,载《张载集》,中华书局,1985年,第18页。

② 王夫之:《四书训义》卷11,载《船山全书》第7册,第507页。

③ 《孟子·告子下》。

④ 《荀子·性恶》。

分疏:"'安仁''利仁',总是成德后境界。"①在王夫之看来,安仁、利仁构成了德性涵养中的不同境界。当然,以成德为视域,境界又表现出不同形态,当人仅仅以富贵贫贱为意时,其境界便也难以越出此域,反之,如果始终坚持仁道,在任何时候都不与仁相悖,则意味着进入另一重境界:"到得'君子无终食之间违仁',则他境界自别:赫然天理相为合一。"②一旦超越了利益、富贵这样的利益计较,人就可以始终与仁道原则一致、与天理合一。在这里,境界之别,既涉及德性的高下,也表现为内在精神形态的差异。可以看到,按照王夫之的理解,利仁之境和安仁之境都是道德的境界,但是从内涵来说,一个侧重于对富贵贫贱的关切,另一则关注如何与普遍规范或天理的合二为一,后者体现了更高的道德之境。

在人格的设定方面,王夫之以"新民"为价值目标,趋向于成人与"新民"的关联。王夫之这一看法与朱熹有相近之处。众所周知,《大学》中提出了三纲领,其中有"新民"或"亲民"之别,《大学》所肯定的到底是"新民",还是"亲民"?按照朱熹的说法,人格目标主要是新民,而按照后来王阳明的解释,应该以《大学》古本为标准,并根据其论述,定为亲民。"亲"更多地侧重于对民的关心,"新"则主要表现为对民的改造,亦即使"旧民"提升为"新民"。这样,新民和亲民一字之差,但内涵上却有所不同。在这个问题上,王夫之比较倾向于朱熹的看法,即把人格境界理解为新民的过程,强调人需要改造自己。

按照王夫之的看法,这一改造与社会体制化变革相关联:"'民',天下国家之人也。'新'者,齐之、治之、平之,使孝弟慈,好

① 王夫之:《读四书大全说》卷4,载《船山全书》第6册,第626页。

② 同上书,第629页。

仁好义日进于善也。”[①]就社会身份而言,民具有国家、社会的归属,属天下、国家之人。从社会不是一成不变的这一角度着眼,作为社会化存在的人也不是一成不变的。“亲民”之“亲”在王夫之看来不适用于民,而只能如孟子所言,在“亲亲而仁民”的意义上使用。[②]也就是说,民作为社会化、体制化的存在,只能加以规范、改造。走向新民这一主张,与以往的儒家具有一致性。我们都知道,荀子提出化性起伪,其实际指向是改变人的既成形态。荀子认为人性本恶,“化性”即改造本恶之趋向,“起伪”则强调这一过程包含人自身的参与。到了宋明时期,理学家区分所谓“天地之性”和“气质之性”。气质之性来自浑浊之气,有恶的趋向;天地之性则源于天理,为本善之性。与之相关,理学家要求变化气质,这一主张与化性起伪具有一致性:变化气质的实质也是对人的变革、改造。王夫之对《大学》的解释,以及把人格目标理解为新民,与以上传统具有前后相承的一面。不过,尽管在人格目标(新民)上,王夫之与朱熹等理学家有相通之处,但主流的理学主要把新民的过程与心性的变革联系起来。与这一趋向相异,王夫之并非仅仅关注内在心性,在他看来:“形色则即是天性,而要以天性充形色,必不可于形色求作用。于形色求作用,则但得形色。合下一层粗浮底气魄,乃造化之迹,而非吾形色之实。故必如颜子之复礼以行乎视听言动者,而后为践形之实学。”[③]这里的“形色”主要指人的感性规定。按王夫之的观点,感性的欲求即所谓天性:食色性也。由此,他肯定了感性存在、感性规定的意义。这一看法与正统的理学不同:以程朱为代表的主

① 王夫之:《四书笺解》卷1,载《船山全书》第6册,第110页。

② 王夫之:《礼记章句》卷42,载《船山全书》第4册,第1469页。

③ 王夫之:《读四书大全说》卷10,载《船山全书》第6册,第1133—1134页。

流理学强调存天理、灭人欲,把人的一切感性规定都看作需要否定的对象,由此追求所谓纯粹的道心;与之相异,王夫之同时认为,人不能仅仅从感性趋向出发。不过,与后来自然人性论不同,在王夫之那里,感性和理性之间并不相互排斥,总体上,他倾向于两者的沟通。

从人格的具体培养方式来看,王夫之一再强调艺术在成人过程中的重要性。从历史上看,早期的儒家已开始注意艺术形式与成人的关系,孔子便将"乐"与"礼"并提,荀子同样十分关注礼乐艺术对人的影响和塑造。与传统的儒学一致,王夫之肯定:"乐为神之所依,人之所成也"。[①] 人的成就过程离不开音乐。音乐在中国传统文化是具有重要意义的艺术形式,宽泛而言,绘画、造型艺术等在广义上都是艺术形式,但"乐"则与人的成就过程具有更切近的关系。对王夫之而言,人的精神培养离不开艺术陶冶,这一观念与前面所说的"形色"即天性具有一致性:既然感性存在(形色)是人的存在的重要方面,通过艺术形式以影响人的情感世界,以此提升和成就德性境界,便构成了人存在的重要环节。总之,人格精神的培养,离不开艺术的陶冶。

就道德实践的展开背景而言,如何协调普遍规范与具体情境的关系,是一个无法回避的问题。一方面,在解决道德问题的过程中,总是包含着对规范的引用,即需要遵循道德规范;另一方面,对具体情境的分析,又往往涉及一般原则或规范的变通问题:普遍原则不能涵盖千变万化的具体情境,行动所面对的世界则各有不同;相对静态、确定的原则无法把行动情境面面俱到地加以涉及。在王夫之以前,中国哲学很早已开始关注这一问题,在经权之辨中,便不难看到这一点。"经"是指普遍原则,"权"则关乎变通。按照礼制,男女

---

① 王夫之:《诗广传》卷5,载《船山全书》第3册,第511页。

授受不亲,但是在面对“嫂溺”的特定情况时,便需要伸手拉一把,此时若不伸出援手,就如同豺狼,孟子已对此作了论述。王夫之在这方面作了更深入的分析,并特别指出,经与权的互动,总是与主体及其意识系统联系在一起。在王夫之看来,一方面,“相通之理”作为形式的普遍的规范,需要内化为道德主体的观念结构;另一方面,对具体情境的应对,应以普遍规范为依据。尽管王夫之的以上看法并不仅限于道德实践,但其中无疑兼及这一领域;由道德实践领域视之,将“通”“变”的互动与“一心之所存”联系起来,显然已注意到主体内在的精神结构在普遍规范的引用、情境分析、道德权衡、道德选择等过程中的作用。王夫之的以上看法已在道德领域涉及实践智慧。历史地看,亚里士多德提出了实践智慧,并以此为实践的具体方式。实践智慧的核心关切在于普遍的原则如何与具体情境相结合,从道德角度来说,也就是一般道德规范如何与实践的具体情境互动。实践智慧当然不限于道德,而是具有更为普遍的意义。按照中国哲学的看法,一般的原则和行为的具体情境之间的沟通的关键在于人,普遍原则不可能兼顾方方面面的各种情境,如何以最恰当、最有效的方式使之运用于具体情境,这就需要行动者的智慧,这也就是《易传》所说的“成乎其人”。

从道德实践中规范与情境的关系,转向道德行为的展开机制,行为的动力系统便成为不能不加以关注的问题。中国哲学史上所谓理欲之辨,在某些方面已涉及行为的动力问题。天理可以看作是规范的形而上化,人欲则与人的感性存在相联系,它在广义上亦包括情、意等内容。《礼记·乐记》已提出了理与欲之分,在宋明时期的正统理学中,理欲之间、普遍的原则与感性的欲求之间的关系往往被赋予紧张与对峙的形态。对此,王夫之并不认同。在他看来,“故终不离人而别有天,终不离欲而别有理也。离欲而别为理,其唯释氏为然。盖厌弃物则，而废人之大伦矣。”①“厌弃物则”意味着远离现实的生活世界，由此，道德行为也失去了内在的动力，“废人伦”则是否定道德关系和道德实践，而在王夫之看来，后者正是理与欲分离必然导致的结果。在这里，扬弃理与欲的对峙，被理解为道德实践获得内在推动力从而得以落实的必要条件。

与正统理学不同，王夫之更多地从彼此相容、互动的角度来理解理和欲的关系。按照王夫之的看法，人不能离开天理，人的行为总是需要依循外在法则。但另一方面，人作为具有“形色”（感性）规定的存在，又包含人欲：欲同样也是人的天性。与之相联系，理离不开欲。他一再强调，理无法在天性之外孤立、抽象地存在。在他看来，如果完全无视对象的法则，便意味着放弃人伦秩序；同样，如果完全无视感性的欲求，人的活动便会远离生活实践，整个伦理的规范也将无从着落。由此，道德也会失去内在动力。王夫之之所以反对完全无视人的欲求，主要在于：在他看来，欲望在这里构成了道德行为发生的动力，一旦否定人的感性欲求，也就消解了道德行为的内在动力。

按照王夫之的理解，如果片面强调用天理来抑制人欲，结果就是以抽象的理作为行为动力，完全忽视了活生生的人的欲求的作用。王夫之所批评的理学，在一定意义上与康德哲学相近。在康德那里，普遍形式层面的规范也被提到至上地位，道德行为在他看来主要在于是不是遵循普遍规范，最终行为能够带来什么实际后果，则并不重要。这种看法实质以形式因作为动力因。理学家以理否定欲，一定意义上与康德推崇普遍法则、以此为动力相近。王夫之对此则有比较清醒的认识。在他的理解中，光靠抽象的法则规定，

① 王夫之：《读四书大全说》卷8，载《船山全书》第6册，第913页。

无法使实际的行为发生;道德行为一方面需要用理来引导,另一方面也不能忽略人的实际需要或欲求的促发。理和欲对峙的扬弃,是道德实践形成的前提。

理欲之辨关乎内在的道德意识,道德意识在更广的意义上涉及道德情感。从内在的道德情感看,西方人比较早地关注到内疚感,其中包含责任或义务意识;与之不同,在中国文化中,耻感构成了重要的方面。作为道德情感,耻感更多地与自我尊严的维护相联系,其产生总是伴随着对自我尊严的关注。这种尊严并不基于个体感性的、生物性的规定,而是以人之为人的内在价值为根据。正是在这一意义上,儒家对耻感予以高度的重视。孔子已要求"行己有耻"①,孟子进而将耻感提到了更突出的地位:"耻之于人大矣""人不可以无耻"。②

王夫之也继承中国文化的以上传统,并一再强调知耻的意义:"世教衰,民不兴行,'见不贤而内自省',知耻之功大矣哉!"③对耻感的强调,与前面一再提到的王夫之对道德主体的注重具有内在逻辑关系。知耻是主体的内在意识,这种道德主体同时也内含道德的自觉,知耻在这里从一个侧面表现出对道德实践的自觉意识:知道什么是耻、什么是荣,这是道德主体自觉意识的体现。在知耻的过程中,理性和情感相互融合:一方面,知耻是理性意识,表现为理性活动的过程,另一方面,其中又包含情感,耻感是情感的体现。要而言之,在知耻中,情与理呈现相互统一的形态,这种统一赋予道德主体以具体的品格。

---

① 《论语·子路》。

② 《孟子·尽心上》。

③ 王夫之:《思问录·内篇》,载《船山全书》第12册,第408页。

三

本体论、伦理学与认识论在逻辑上相互关联,王夫之的哲学也体现了这一特点。在认识论上,王夫之首先对“能”与“所”的统一作了肯定。“能”与“所”这两个词是中国本来具有的,但作为哲学概念,则是佛教传来之后逐渐形成实际的影响;中国传统哲学中讲认识主体与认识对象,本来并不用“能”与“所”表示,佛教进入之后,才逐渐运用“能”与“所”来表示认识主体和认识客体。王夫之也吸取这一观念,并作了更具体的阐释:“境之俟用者曰‘所’,用之加乎境而有功者曰‘能’。”①在此,他对“境”与“所”作了区分:“境”还不是认识的对象,只是一般意义上的存在,唯有为“能”作用者,才构成现实的认识对象(“所”)。这一意义上的“所”,近于今天所说的认识意义上的客体。“境”与“所”的区分,基于人的认识活动,与人没有任何关联的对象只是一般的“境”(存在),唯有经过人的作用或可能成为人的作用对象者(“境之俟用者”),才具有“所”的意义。

同样,“能”也与人相关,所谓“用之加乎境而有功者曰‘能’”便表明了这一点,其中的含义是:只有当人作用于相关对象,产生某种结果,这种作用的主体所展现的认识能力,才是“能”,通常意义上静态的、没有与对象发生任何关联的主体所包含的潜在功能,还不是真正的能力。“能”的这一品格与前述“所”相近,“能”与“所”的区分,也相应地近于现代认识意义上的主体与客体之分。在认识论上,客体不同于一般意义上的对象,主体也有别于缺乏实际认识

---

① 王夫之:《尚书引义》卷5,载《船山全书》第2册,第376页。

能力者。客体总是切实的、为人所作用的对象,同样,只有与对象发生某种认识关联,并且通过实际地作用对象而形成某种认识结果者,才可视为认识主体。进而言之,王夫之认为,两者的关系表现为:"体俟用,则因'所'以发'能';用乎体,则'能'必副其'所'。"①一方面,认识能力需要依据客体而发生实际作用;另一方面,主体的认识需要合乎客体,"副"有合乎之意,"副其所"以主体和客体的一致为指向。

从中国哲学的视域看,这一过程表现为形、神、物三者的交互作用:"形也,神也,物也,三相遇而知觉乃发。"②"形"即形体,"神"指人的意识,包括理性的能力,"物"则是客体。在王夫之看来,只有当这三者共同存在并相互作用的时候,知觉才会发生。就广义而言,这里的"知觉"包括"知"与"觉"。王夫之曾对两者作了如下阐释:"随见别白曰知,触心警悟曰觉。"③这一意义上的"知"侧重于对客体的把握,"觉"则关乎主体自身的了悟、警醒,尽管王夫之以上所言可能并非侧重于这一区分,但在逻辑上则蕴含了以上分别。而"知觉"的这一发生过程,则可以看作是对"因'所'以发'能'"和"'能'必副其'所'"说的进一步解释。

按照王夫之的理解,在"因所以发能","能必副其所",以及形、神、物三者相遇而形成知觉的过程中,人的理性作用是不可忽略的。王夫之很简要地对此作了概述:"一人之身,居要者心也。"④在人的整个存在过程中,心居于首要地位。王夫之以"格物致知"为论题,对此作了阐发:"大抵格物之功,心官与耳目均用,学问为主,而思辨

---

① 王夫之:《尚书引义》卷5,载《船山全书》第2册,第376页。

② 王夫之:《张子正蒙注》卷1,载《船山全书》第12册,第33页。

③ 王夫之:《读四书大全说》卷2,载《船山全书》第6册,第451页。

④ 王夫之:《尚书引义》卷6,载《船山全书》第2册,第412页。

辅之,所思所辨者皆其所学问之事。致知之功则唯在心官,思辨为主,而学问辅之,所学问者乃以决其思辨之疑。”①格物致知是中国传统哲学经典《大学》中的重要概念,在此,王夫之对格物与致知作了区分,认为在格物之时,心之官与耳目之官皆用,在这一过程中,学问是主要的,思辨则是次要的;与之相对,在致知过程中,唯有心之官起作用,是思辨为主,学问辅助。这个区分似乎容易引起各种误解,好像过于割裂格物与致知,但实际上,这是对认识过程中不同阶段的分疏:格物涉及感性经验产生的阶段,致知则更多地与理性把握对象相关,就此而言,格物和致知之辨实质上关乎感性经验和理性认识之间的关系。

从前述视域出发,王夫之认为,在感觉经验这一层面之上,人的感官与人的理性作用都是需要的:经验的形成既离不开感官与对象的互动,也有赖于人的理性作用。在致知过程中,人的认识则主要是依赖理性思维,这时,感性经验的作用暂时搁置,理性思维成为主要的方式。此时,感性经验已经形成,以感官的方式把握对象的过程告一段落,主体大致以格物过程所提供的感觉经验为基础,进一步运用理性思维的方式来把握对象。当然,不管是格物或感觉经验的生成,还是致知或理性把握的过程,都无法完全离开感性和理性。事实上,王夫之对两者都给予相当重视:在感觉经验形成的格物过程中,感知固然不可或缺,理性同样参与其间;致知过程诚然主要运用理性的思维,但同样以格物为前提。侧重点可以不同,但感性与理性都无法偏废。

这一过程同时涉及人的认识能力,宽泛而言,整个认识过程的理解都无法离开对主体之“能”的看法。从能所关系来说,人的认

---

① 王夫之:《读四书大全说》卷1,载《船山全书》第6册,第406页。

识能力往往经历一个现实化的过程。按照王夫之的理解，现实能力的形成，离不开人的后天作用过程。他区分了认识的不同形态，包括感知的能力与理性的能力，无论是感知能力还是理性能力，都需要先天的依据，没有先天依据，能力无从形成和发展。人具有不同于其他对象的潜能，后者规定了其尔后的进一步发展。另一方面，人的这种潜能又必须经过后天的作用才会化为现实能力。王夫之对人的感官、心智能力都作了考察。在谈到人的能力由可能到现实的转化时，王夫之指出："夫天与之目力，必竭而后明焉；天与之耳力，必竭而后聪焉；天与之心思，必竭而后睿焉；天与之正气，必竭而后强以贞焉。可竭者天也，竭之者人也。"①在本然或自然的形态下，人的感知、思虑能力仅仅表现为一种潜能，唯有通过人自身在知、行过程中的努力（"竭"），作为潜能的目力、耳力、心思才能转化为"明""聪""睿"等现实的认识能力，从而实现其把握世界的价值意义。就其实质而言，作为"天之所与"的自然禀赋，目力、耳力、心思在未"竭"之前，都具有未完成的性质；正是人的作用过程（"竭"），使之由未完成的潜能，转化为完成了的现实形态。在这里，人从另一方面参与了自然的"完成"。这里所说的"竭"，也就是人自身在践行中的努力过程，只有经过这样努力过程之后，先天的能力才会化为耳聪目明的感官、直觉，并形成思维层面的认知对象的能力。这里，王夫之对认识能力的本来形态和现实的形态作了区分，从先天的本来形态到现实形态的转换，乃是通过人自身的努力过程而实现的，人自身的参与构成了必不可少的环节。

在中国哲学中，认识能力从本然到现实的转换过程常常与知行之辨联系在一起。知行关系是中国哲学一直讨论的问题，从先秦到

---

① 王夫之：《续春秋左氏传博议》卷下，载《船山全书》第5册，第617页。

宋明，知行之辨构成了重要的论题。在宋明时期，正统理学尽管也肯定知与行的相关性，但总体上侧重于肯定知先行后。到了王阳明，则提出知行合一，认为知和行无法分离。不管是知先行后说，抑或知行合一论，都可以看作是对知行关系的理解。按照王夫之的看法，哲学史上的这些看法都有各自的问题：从认识秩序来说，知先行后说将知看作先于行，这显然不合乎认识的实际过程；而知行合一则趋向于销行入知，把行为消解于知的过程中。以上批评在一定意义构成了王夫之理解知行关系的前提。

对王夫之而言，知和行之间更多地展开为互动关系："知虽可以为行之资，而行乃可以为知之实。"①知可以作为行之资，这一点程朱理学已经注意到了。对他们来说，唯有先获得某种自觉之知，才能指导行为过程，在此意义上，知可以为行之资。王夫之则进一步认为，行动过程固然需要有理性认识的引导，但其真正完成又离不开行的过程。王夫之非常注重行，一再强调行对知的重要性，如"君子之学，未尝离行以为知也"②。他对王阳明的知行合一的批评，也基于这一看法。按照王夫之的理解，知行关系具体表现为"知行相资以为用"："知行相资以为用，唯其各有致功而亦各有其效，故相资以互用，则于其相互，益知其必分矣。同者不相为用，资于异者乃和同而起功，此定理也。"③在此，知与行相互依存，又相互作用：一方面知对于行给予各种引导，另一方面行又是知的具体落实，两者呈现动态作用的关系。

按照王夫之的理解，在知行的互动中，行具有优先性："行可兼

---

① 王夫之：《四书训义》卷2，载《船山全书》第7册，第118页。

② 王夫之：《尚书引义》卷3，载《船山全书》第2册，第314页。

③ 王夫之：《礼记章句》卷31，载《船山全书》第4册，第1256页。

知,而知不可兼行。"①也就是说,行可以包含知,知则无法包含行。这一理解与王阳明相对,王阳明似乎认为知可以兼容行的过程,而在王夫之看来,实际情况正好相反:行可以兼容知,知则不能反过来兼容行。对王夫之而言,"知之尽,则实践之而已。实践之,乃心所素知,行焉皆顺。"②在此,行表现为知的目的,知的彻底贯彻(知之尽)需落实于行。只有当行具体展开之后,知行关系才能达到统一的形态。由此,王夫之对这两者之间的关系作了概述:"行而后知有道。"③可以看到,王夫之对行给予了更多的关注:只有实践地去行之后,才能够认识到对象之间的内在法则(道)。总体上看,王夫之强调了知与行相互依存、相互作用,而在这一过程中,行又被赋予主导性地位。以上理解从一个方面对中国哲学史上的知行观作了理论上的总结。

四

王夫之的哲学当然不限于上述方面,其思考包含更为丰富的内容。在社会历史领域,王夫之对事、势、理之间的关系作了分析。王夫之主张以"事"释物,将事视为基本的存在形态:"物,谓事也;事不成之谓无物。"④这里的"事"即人之所为,具有综合的选择。所谓"事不成,则无物",意味着现实世界的形成与人的作用(人所作之事)无法相分。与之相应,人所作之"事"被看作是现实世界的本源。就事本身而言,王夫之强调其包含正当与否的不同品格;从事

---

① 王夫之:《尚书引义》卷3,载《船山全书》第2册,第314页。

② 王夫之:《张子正蒙注》卷5,载《船山全书》第12册,第199页。

③ 王夫之:《思问录·内篇》,载《船山全书》第12册,第402页。

④ 王夫之:《张子正蒙注》卷3,载《船山全书》第12册,第115页。

的发展趋向来说,则肯定其关乎"势":"可否者,事也,事所成者,势也。"①"势"是一种无法改变的趋向:"一动而不可止者,势也。"②"势"之中又内含着理,通过"势",可以进一步把握理:"只在势之必然处见理"③"势既然而不得不然,则即此为理也"④。"见理"即认识和理解"势"中之理。"理"作为必然法则,与"势"具有一致性;"势"的发展趋向,体现了理之当然:"势之顺者,即理之当然者已。"⑤两者的相通,一方面规定了"势"可以赋予"理"以相关品格:"势异而理亦异"⑥;另一方面,势本身的发展则离不开理:"理成势者也"⑦。在这里,事、势、理展开为一个统一的过程,这一看法蕴含着对存在法则、发展趋向与人自身实践之间关联的肯定。

理不仅与势相关,而且涉及道。按王夫之的看法,较之"理",道更多地呈现普遍性的品格,理则相对而言具有特殊性的特点:"故云'天下有道',不可云'天下有理'。则天下无道之非无理,明矣。道者,一定之理也。"⑧作为具有特殊性的存在形态,理涉及"当然",包括人的理想、行为规范:理既是物之固然,亦即对象的内在法则,也是人事之所当然,即人的活动之规范。后者展开为多样的规范:"理者当然之宰制。"⑨这里的"当然"即与人之所作相关,表现为制约行为的准则。作为与"事"相关的规范,理同时体现于人心,引申

① 王夫之:《诗广传》卷3,载《船山全书》第3册,第421页。
② 王夫之:《读通鉴论》卷15,载《船山全书》第10册,第582页。
③ 王夫之:《读四书大全说》卷9,载《船山全书》第6册,第994页。
④ 同上书,第992页。
⑤ 同上书,第993页。
⑥ 王夫之:《宋论》卷15,载《船山全书》第11册,第335页。
⑦ 王夫之:《诗广传》卷3,载《船山全书》第3册,第421页。
⑧ 王夫之:《读四书大全说》卷9,载《船山全书》第6册,第994页。
⑨ 王夫之:《四书训义》卷31,载《船山全书》第8册,第431页。

而言,"民心之大同者,理在是,天即在是。"[①]民心是天理的体现,人心即天理:所谓天理自在人心。这里的"民心"既体现了公共的心理、意愿,也展示了天意,天意在此即为人意。在这里,"理"不仅与对象意义上的"势""道"相关,而且内在于"人心",普遍法则与个体意愿呈现相互交融的形态。

作为社会历史观的延伸,王夫之同时讨论了性命关系,认为:"君子有事于性,无事于命。"[②]有事于性,与"习成而性与成也"[③]相应:人之性虽然是先天的,但并非固定不变,它乃是在人的后天作用下变化发展的。"命"的作用外在于人:"天之命,有理而无心者也。有人于此而寿矣,有人于此而夭矣……其或寿或夭不可知者,所谓命也。而非天必欲寿之,必欲夭之。"[④]在此,命呈现为自然而然的过程,而非出于有意识的安排。中国哲学所说的命,大致包含以下含义,其一为"天之所命",其所指为形而上层面的超验必然;其二,命又具有不确定性,其中关乎命之中的偶然性。以上视域中的命,都非人所能支配。王夫之也肯定,作为事物衍化的必然趋向以及自然而然的过程,"命"非人所能左右,所谓命"有理而无心",也表明了这一点。然而,在王夫之看来,人并非对命完全无能为力:"惟循理以畏天,则命在己矣。"[⑤]命固然无法支配,但人可以在把握理的前提下,使自身的活动合乎命、循乎理。在此意义上,命与理、势彼此相通。正如人可以在把握理、势之后,进一步将这种认识作用于对象一样,人也可以通过"循理以畏天",掌握自身之命。对王

① 王夫之:《张子正蒙注》卷2,载《船山全书》第12册,第71页。
② 王夫之:《张子正蒙注》卷3,载《船山全书》第12册,第122页。
③ 王夫之:《尚书引义》卷3,载《船山全书》第2册,第299页。
④ 王夫之:《读通鉴论》卷24,载《船山全书》第10册,第936页。
⑤ 同上书,第936—937页。

夫之而言,命在表现为确定不移的趋势这一点上,近于"理",这一意义上的"命"只能把握、接受。要而言之,对于命,一方面不能无视其中蕴含的必然趋向,肆意妄为,另一方面也不能以命定论的立场对待。合理的方式是:在理解命的前提下,顺乎自然法则,这也就是所谓"受之以道":"受之以道,则虽危而安,虽亡而存,而君相之道得矣。"①

庄子曾主张"安命":"知其不可奈何而安之若命,德之至也。"②与之相对,以"命在己"为前提,王夫之反对"安命":"君子言知命、立命而不言安命,所安者遇也。以遇为命者,不知命者也。"③以"遇"为应对"命"的依据,是安于偶然,在王夫之看来,命固然非人能控制,但人不能安于命运。所谓"安于",也就是无所事事,"以遇为命者",主要就"安于"或放弃自身的努力而言。王夫之批评这种立场为"不知命",其内在含义是:安命意味着不懂得"命"之于人的存在意义及人的能动作用。与之相联系,王夫之提出了"造命"说:"乃唯能造命者,而后可以俟命,能受命者,而后可以造命,推致其极,又岂徒君相为然哉!"④俟命、受命一方面含有尊重外部必然的意味,另一方面又具有消极等待的趋向。王夫之更多地突出了人的作用,肯定人可以造万物之命,也就是确认人能变革对象:"圣人赞天地之化,则可以造万物之命"⑤。正是这种积极的作用过程,构成了合乎外在必然意义上的"俟命""受命"的前提。

在心、性、情的关系上,王夫之同样提出了独到的见解。心、性、

---

① 王夫之:《姜斋文集》,载《船山全书》第15册,第88页。

② 《庄子·人间世》。

③ 王夫之:《张子正蒙注》卷9,载《船山全书》第12册,第368页。

④ 王夫之:《读通鉴论》卷24,载《船山全书》第10册,第936页。

⑤ 王夫之:《姜斋文集》,载《船山全书》第15册,第88页。

情是理学的重要论题。宽泛而言,"心"之所指,主要是综合性的意识或心理现象,包括知、情、意、想象、直觉、体验、感受等等。在心与物之辨中,与"物"相对的"心",便指广义的意识或心理现象。这一意义上的心既是认识层面的对象,又是形而上之域的存在。相对于"心",中国哲学中的"情"包含更为复杂的含义,它既指情实,即实际情形,也关乎人的情感。与心、情相关的是性,其原初意义指本然的规定。王夫之认为,情与性相互关联:"情者,性之端也。"①就心与性的关系而言,心侧重于人的意识,性则表示人的普遍本质。孟子所说的"尽心知性",意味着通过反思人的意识,即可把握人的本质,这是一种由意识入手以把握本质的进路。这一思路与"恻隐之心,仁之端"之说具有一致性:人心之中即蕴含普遍本质,故尽人之心,即可尽性(达到普遍本质)。人的意识与人的本质的以上关联一方面体现了内向的进路,悬置了人与人的交往和人与物的互动,另一方面又蕴含了现实的趋向:联系人的存在,以把握普遍本质。王夫之着重发挥了后一观念,强调"循情而可以定性也。"②这里的"情",与孟子所说的"恻隐之心"具有相关性,循情而定性,着重肯定了由人的现实存在敞开人的内在本质。

作为与人相关的存在规定,心、情、性之间本身呈现何种关系?王夫之发挥了张载思想,肯定"心,统性情者也"③。从认识论的角度看,心统性情意味着理性与情感均属人的意识或精神,两者在不同层面上受到意识结构的制约;而在理解人的意识与精神这一更为宽泛的意义上,心统性情之说则体现了对精神世界统一性的肯定。与"心统性情"的以上二重含义一致,心的主导不仅引导着性、情的

①② 王夫之:《诗广传》卷2,载《船山全书》第3册,第353页。

③ 王夫之:《尚书引义》卷1,载《船山全书》第2册,第261页。

发展，而且表现为意识活动对人性的制约和统摄，后者同时涉及价值系统，关乎价值意义上成己与成人。王夫之认为，“‘心统性情’，‘统’字只作‘兼’字看”①，无疑亦注意到了“心统性情”的以上两个方面。

王夫之的以上看法围绕中国哲学的论域，既是形上学、伦理学、认识论观念的延续，也从更广的层面展现了对古典哲学的反思与超越。

① 王夫之：《读四书大全说》卷8，载《船山全书》第6册，第947页。